EDITORA intersaberes

O selo DIALÓGICA da Editora InterSaberes faz referência às publicações que privilegiam uma linguagem na qual o autor dialoga com o leitor por meio de recursos textuais e visuais, o que torna o conteúdo muito mais dinâmico. São livros que criam um ambiente de interação com o leitor – seu universo cultural, social e de elaboração de conhecimentos –, possibilitando um real processo de interlocução para que a comunicação se efetive.

Estado e políticas sociais no Brasil: avanços e retrocessos

Loivo José Mallmann
Nádia Luzia Balestrin
Rodolfo dos Santos Silva

EDITORA intersaberes

Conselho editorial
Dr. Ivo José Both (presidente)
Drª Elena Godoy
Dr. Nelson Luís Dias
Dr. Neri dos Santos
Dr. Ulf Gregor Baranow

Editor-chefe
Lindsay Azambuja

Supervisora editorial
Ariadne Nunes Wenger

Analista editorial
Ariadne Nunes Wenger

Preparação de originais
Masterpress

Projeto gráfico e capa
Laís Galvão dos Santos

Diagramação
Renata Silveira

Iconografia
Regina Claudia Cruz Prestes

Dados Internacionais de Catalogação na Publicação (CIP)
(Câmara Brasileira do Livro, SP, Brasil)

Mallmann, Loivo José
 Estado e políticas sociais no Brasil: avanços e retrocessos/ Loivo José Mallmann, Nádia Luzia Balestrin, Rodolfo dos Santos Silva. Curitiba: InterSaberes, 2017. (Série Metodologia do Serviço Social)

Bibliografia
ISBN 978-85-5972-368-7

1. Assistência social 2. Brasil – Política social – História 3. Brasil – Política e governo – História 4. O Estado I. Balestrin, Nadia Luzia. II. Silva, Rodolfo dos Santos. III. Título IV. Série.

17-02464   CDU-361.610981

Índices para catálogo sistemático:
1. Brasi: Políticas sociais: Bem-estar social 361.610981

1ª *edição, 2017.*
Foi feito o depósito legal.

Informamos que é de inteira responsabilidade dos autores a emissão de conceitos.

Nenhuma parte desta publicação poderá ser reproduzida por qualquer meio ou forma sem a prévia autorização da Editora InterSaberes.

A violação dos direitos autorais é crime estabelecido na Lei n. 9.610/1998 e punido pelo art. 184 do Código Penal.

Rua Clara Vendramin, 58 ▪ Mossunguê ▪ CEP 81200-170 ▪ Curitiba ▪ PR ▪ Brasil
Fone: (41) 2106-4170 ▪ www.intersaberes.com ▪ editora@editoraintersaberes.com.br

Sumário

Apresentação | 7
Como aproveitar ao máximo este livro | 12

1. **A formação do Estado | 17**
    1.1 Origem e formação do Estado | 19
    1.2 Evolução histórica do Estado | 21
    1.3 As teorias contratualistas de Estado | 29
    1.4 Elementos constitutivos do Estado | 37
    1.5 Finalidade, funções e poder do Estado | 43

2. **Estado e governo | 57**
    2.1 Sistemas de governo | 59
    2.2 As formas de governo | 63
    2.3 Os regimes políticos | 65
    2.4 Estado liberal, Estado social, Estado neoliberal e Estado socialista | 72

3. **As políticas sociais no Brasil | 93**
    3.1 Origem e aspectos históricos das políticas sociais | 95
    3.2 Aspectos históricos das políticas sociais no Brasil | 104
    3.3 As políticas sociais no cenário do populismo nacionalista de Getúlio Vargas | 112
    3.4 O Governo de JK e suas políticas desenvolvimentistas | 123
    3.5 Jânio Quadros: a esperança da classe média | 125
    3.6 João Goulart e suas políticas sociais (as reformas de base) | 127

3.7 O golpe militar de 1964 e o controle social | 129
3.8 A redemocratização do Brasil e a Constituição Federal de 1988: resgate da democracia participativa | 145
3.9 O processo de consolidação das políticas sociais no Brasil | 148
3.10 As políticas sociais do século XXI – desafios e perspectivas | 158

4. **Políticas sociais no Brasil rural e urbano | 167**
4.1 Reforma agrária: a redemocratização da terra | 171
4.2 Política de segurança alimentar e nutricional no Brasil | 181
4.3 Programa de transferência de renda – o caso do Programa Bolsa Família | 189
4.4 A assistência social: um direito do cidadão e um dever do Estado | 192
4.5 Previdência social: uma política de seguridade social | 199
4.6 A saúde como política social e direito de todos | 203
4.7 A educação, emancipação e cidadania | 208
4.8 Política social de habitação popular e saneamento no Brasil | 212

Estudo de caso | 225
Para concluir... | 227
Referências | 235
Respostas | 253
Sobre os autores | 259

Apresentação

A presença do Estado na economia e na determinação de políticas sociais tem sido constante e isso pode ser percebido com mais clareza em momentos de crise do sistema capitalista. Em 1929, o Estado interferiu fortemente na economia com programas de geração de emprego e renda e proteção social. Na crise de 2008, o Estado brasileiro buscou assegurar o emprego e incentivar o consumo por meio de programas de renda mínima, como o Bolsa Família, e da redução de alíquotas de impostos para as indústrias automobilísticas e de "linha branca" (geladeiras, fogões etc.). Essas iniciativas demonstram que o Estado tem desempenhado um papel muito importante na elaboração de políticas sociais e econômicas que buscam garantir a viabilidade e o funcionamento do sistema econômico. O Estado também implementa políticas sociais para garantir um menor custo da reprodução da força de trabalho e favorecer o acúmulo de capital. Em outros momentos, age de forma a reduzir os gastos governamentais com a área social para fazer prevalecer o interesse do setor produtivo e do mercado.

Neste livro, vamos estudar as teorias que fundamentam o Estado e sua relação com a sociedade e o serviço social. Apresentaremos uma abordagem histórica que nos permitirá ver que as políticas sociais foram implementadas acompanhando os processos de urbanização e de modernização capitalista, ambos permeados por diversos conflitos sociais. Para favorecer o seu aprendizado sobre esse tema, dividimos esta obra didaticamente em quatro capítulos, em que abordaremos e discutiremos temas relacionados com o Estado e as políticas sociais.

No Capítulo 1, apresentaremos o conceito de *Estado*, sua origem e sua formação histórica. Nessa análise histórica, buscamos analisar os aspectos do Estado grego, do Estado romano, do Estado medieval e do Estado moderno, incluindo também os autores contratualistas do século XVI a XVIII. Nesse momento, discutiremos também os principais elementos que constituem o Estado.

No Capítulo 2, com base em diversos autores, abordaremos os sistemas e as formas de governo (parlamentarismo e presidencialismo), os regimes políticos (democrático, autoritário e totalitário), o Estado liberal, o Estado de bem-estar social, o Estado neoliberal e o Estado socialista.

No Capítulo 3, abordaremos os aspectos históricos conceituais das políticas sociais, destacando o surgimento do serviço social e a sua afirmação enquanto profissão no desenvolvimento da relação cidade e indústria. Destacaremos aqui a ampliação do modo de produção capitalista e a emergência dos sindicatos e dos movimentos sociais organizados. Discutiremos como as novas demandas dos sindicatos e movimentos sociais são conflitantes com os interesses da classe hegemônica no poder e como o Estado age para normatizar as regras estabelecidas para a manutenção do poder e do funcionamento do sistema econômico. Nesse capítulo, apresentaremos também um breve desenvolvimento histórico das *Poor Laws* (leis dos pobres) e discutiremos sua aceitação pelos trabalhadores, Estado, classe dominante e economistas. Destacaremos ainda as instituições de caridade e pessoas cuja contribuição para o desenvolvimento do serviço social foram significativas. Abordaremos, por meio dos aspectos históricos das políticas sociais no Brasil, as políticas sociais colocadas em prática no final do século XIX e no início do século XX, como a vacinação em massa dos moradores da cidade do Rio de Janeiro e a derrubada de casas, barracos e cortiços para dar lugar à higienização e grandes avenidas. Discutiremos um pouco mais sobre as políticas sociais implementadas pelos governos de Getúlio Vargas, Juscelino Kubitschek e João Goulart. Observaremos ainda, como ocorreram as reformas políticas e sociais durante o regime militar e a forma repressiva como foram tratadas as manifestações e organizações populares. Por fim, discutiremos os avanços sociais e políticos por meio da promulgação da Constituição Federal de 1988 (Brasil, 1988) e os governos responsáveis pela colocação em práticas desses avanços: Collor, FHC e Lula.

No Capítulo 4, apresentaremos algumas políticas sociais desenvolvidas no Brasil ao longo da sua trajetória histórica, política, social e econômica. Iniciaremos pela reforma agrária, que remete ao processo de concentração fundiária existente desde o início da colonização e discutiremos como a Constituição de 1988 tratou a questão da terra e como o Estado brasileiro, geralmente alinhado aos interesses dos grandes latifundiários, mostrou-se reticente à reforma agrária. Nesse contexto, destacaremos o surgimento do Movimento dos Trabalhadores Rurais sem Terra (MST), na década de 1980, como um movimento social que abraçou a causa da reforma agrária e abordaremos a questão da segurança alimentar e nutricional, compreendida como a realização do direito de todos ao acesso regular e permanente a alimentos de qualidade, em quantidade suficiente, pela Lei de Segurança Alimentar e Nutricional (Losan) – Lei n. 11.346, de 15 de setembro de 2006 (Brasil, 2006a).

Ainda nesse último capítulo, falaremos sobrea a seguridade social e seu caráter universalizante com base na Constituição de 1988 e daremos destaque à educação, por meio da discussão do art. 136 da Constituição (Brasil, 1988), que a estabelece como direito de todos e a reconhece como ferramenta fundamental para a construção da cidadania, num país tão desigual e polarizado.

Nosso objetivo com esta obra é lhe proporcionar uma reflexão apurada sobre as políticas sociais no Brasil dentro de uma perspectiva histórica, crítica e dialética, sob olhares que consideram a totalidade do contexto das relações econômicas, políticas, sociais e culturais da sociedade brasileira.

Como aproveitar ao máximo este livro

Este livro traz alguns recursos que visam enriquecer o seu aprendizado, facilitar a compreensão dos conteúdos e tornar a leitura mais dinâmica. São ferramentas projetadas de acordo com a natureza dos temas que vamos examinar. Veja a seguir como esses recursos se encontram distribuídos no decorrer desta obra.

Conteúdos do capítulo:
- Evolução histórica do Estado.
- As teorias contratualistas de Estado.
- Elementos constitutivos do Estado: povo, território e soberania.
- Finalidade, funções e poder do Estado.

Após o estudo deste capítulo, você será capaz de:
1. compreender temáticas relacionadas à formação do Estado, sua evolução histórica e sua implicação na vida cotidiana das pessoas;
2. identificar diferenças e elementos centrais das principais teorias contratualistas e entender a importância delas na atualidade;
3. entender o significado dos elementos centrais que constituem o Estado moderno;
4. estabelecer relação entre as teorias que tratam do Estado e as práticas e ações estatais que são executas na sociedade.

Conteúdos do capítulo:

Logo na abertura do capítulo, você fica conhecendo os conteúdos que nele serão abordados.

Após o estudo deste capítulo, você será capaz de:

Você também é informado a respeito das competências que irá desenvolver e dos conhecimentos que irá adquirir com o estudo do capítulo.

A formação do Estado

seguir a vontade divina legitima o poder estatal; nos regimes monárquicos, o poder legítimo é aquele que segue as normas da hereditariedade e as tradições; nos governos aristocráticos, a legitimidade é respeitada quando os melhores (posição que varia conforme o tipo de aristocracia, podendo se referir, por exemplo, aos mais fortes, aos mais ricos ou aos mais bem preparados) assumem as funções de comando; nos Estados democráticos, o poder legítimo é aquele que nasce da vontade popular por meio do sufrágio universal.

Síntese

Neste capítulo, buscamos inicialmente apresentar algumas ideias sobre a origem e a formação histórica do Estado – palavra oriunda do latim *status* e popularizada por meio da obra *O príncipe*, escrita por Maquiavel, no século XVI, que se refere ao corpo administrativo que detém o poder em determinada sociedade. Ao estudar a evolução histórica do conceito de *Estado*, analisamos os seguintes aspectos: o Estado teocrático, os Estados grego e romano, o Estado medieval e o Estado moderno – nesse último, estão inseridos os autores contratualistas.

Na Grécia clássica, não havia um Estado único, mas cidades-Estado, uma forma de organização política que incentivava a participação dos cidadãos na tomada de decisões políticas. Já no império romano, havia várias formas de organização política, com destaque para o poder de *dominium*, restrito ao âmbito das relações familiares; o poder *potestas*, reservado aos magistrados; e o poder *imperium*, ou poder supremo, que era reservado aos cônsules.

Na Idade Média, o Estado era fragmentado e foi permeado pelo choque entre o poder espiritual e o poder temporal representado pelos senhores e príncipes feudais. Com o Renascimento, ocorreram mudanças significativas em todas as áreas da vida em sociedade, inclusive no campo da política. O Estado moderno, segundo Gruppi (1996), apresenta três características novas: a

Síntese

Você dispõe, ao final do capítulo, de uma síntese que traz os principais conceitos nele abordados.

Para saber mais

Você pode consultar as obras indicadas nesta seção para aprofundar sua aprendizagem.

Para saber mais

Filmes

BATISMO de sangue. Direção: Helvécio Ratton. Brasil: Elo Audiovisual, 2007. 110 min.

Esse filme é uma adaptação do livro homônimo de Frei Betto e retrata a perseguição e a tortura que frades dominicanos sofreram no final dos anos de 1960 por resistirem ao regime militar que então vigorava no país. A película narra a história dos freis Tito (Caio Blat), Fernando (Léo Quintão), Betto (Daniel de Oliveira) e outros que são acusados de apoiar e proteger pessoas ligadas ao grupo armado Ação Libertadora Nacional (ALN), dirigida por Marighella (Marku Ribas). Com o intuito de prender Marighella e outros participantes do grupo revolucionário os policiais passam a vigiar os freis. Posteriormente eles também são presos e submetidos à tortura física e psicológica para delatar o paradeiro de Marighella. Frei Tito foi um dos mais torturados e, mesmo depois de libertado e longe do Brasil (foi viver na França), o personagem não consegue se livrar dos seus algozes, pois as sequelas psíquicas das atrocidades permanecem. Um ótimo filme para conhecer melhor a violência que marcou o regime militar brasileiro de 1964 até 1985.

CAPITALISMO: uma história de amor. Direção: Michael Moore. EUA: Overture Films, 2008. 127 min.

O documentário foi realizado por Michael Moore, escritor e crítico da violência armada e das desigualdades econômicas provocadas pelas grandes corporações. Ele ficou conhecido pela produção de Fahrenheit 9/11 (2004), que critica George Bush e a invasão do Iraque e Tiros em Columbine (2002), em que aborda a violência armada no seu país. Capitalismo: uma história de amor analisa as raízes da crise financeira ocorrida em 2008, iniciada com a especulação imobiliária. Moore mostra as contradições do sistema capitalista, que busca auxílio dos governos para cobrir os seus rombos enquanto a população mais pobre sofre as consequências da voracidade das corporações que buscam o ganho a qualquer preço.

A formação do Estado

Questões para revisão

1. Sobre o Estado e sua definição, assinale a alternativa **incorreta**:
   a) Para Weber, é legítimo entender o Estado como a instituição que pode fazer uso da força física para garantir a manutenção da ordem.
   b) Para constituir um Estado, um dos elementos centrais é a existência de um povo soberano.
   c) Ter um território demarcado com fronteiras estabelecidas é uma condição secundária para a constituição do Estado.
   d) O Estado é a estrutura administrativa que detém o poder político de uma sociedade.

2. Sobre a evolução histórica da concepção de Estado, indique se as afirmativas a seguir são verdadeiras (V) ou falsas (F):
   ( ) O Estado medieval tem, entre outras características, a defesa e a ampliação da forma de governo democrática. Os governantes também procuram atuar com autonomia frente à religião.
   ( ) O Estado moderno tem como elementos centrais a defesa da soberania nacional, a formação do território e a constituição de um povo.
   ( ) O Estado grego é caracterizado pela desenvolvimento de um tipo de governo, o monárquico, e privilegia a autonomia e a vontade individual em detrimento da coletiva.
   ( ) O Estado romano estendeu seu domínio por diversas regiões e se constitui como um império mundial; o papel dos magistrados nesse governo era significativo.

3. As teorias contratualistas defendem que o Estado é uma criação racional com o objetivo de solucionar conflitos que provêm da convivência social dos homens. No pensamento contratualista, a criação do Estado político marca a passagem do estado de natureza para o estado civil. Assim, "o pensamento contratualista pretende estabelecer, ao mesmo tempo, a origem do Estado e o fundamento do poder político a partir de um acordo de vontades" (Streck; Morais, 2003, p. 31).

Questões para revisão

Com estas atividades, você tem a possibilidade de rever os principais conceitos analisados. Ao final do livro, os autores disponibilizam as respostas às questões, a fim de que você possa verificar como está sua aprendizagem.

---

etária de 6 a 15 anos, tenham uma frequência escolar mínima de 75%. Disserte sobre a forma de execução do programa Bolsa Família e sua conexão com outras políticas sociais.

5. A Constituição Federal de 1988 (Brasil, 1988), identificada como *Constituição Cidadã*, preconiza a seguridade social. Quais são os campos de abrangência da seguridade social? Qual a relevância para o cidadão?

Questões para reflexão

Leia a seguir um trecho da obra *O que é política social?* de Vicente Faleiros, professor da Universidade de Brasília desde 1984 e pesquisador nas áreas das políticas sociais e do serviço social, e reflita sobre as políticas sociais no universo da sociedade capitalista contemporânea

> As políticas sociais são, assim formas e mecanismos de relação e articulação de processos políticos e econômicos. Os processos políticos de obtenção do consentimento do povo, da aceitação de grupos e classes de manutenção da ordem social estão vinculados aos processos econômicos de manutenção do trabalhador e das relações de produção das riquezas. Através de políticas sociais, como a Previdência Social, o trabalhador repõe certos desgastes de sua força de trabalho, obtém benefícios que contribuem para a reprodução de seus filhos ou para sua manutenção quando estiver temporariamente excluído do mercado de trabalho. É por isso que se afirma que as políticas sociais constituem mecanismos de reprodução da força de trabalho. (Faleiros, 2013, p. 43-44)

1. O que Faleiros quer dizer quando afirma que "as políticas sociais constituem mecanismos de reprodução da força de trabalho"?

2. Como você situa a atuação do assistente social no cenário das políticas sociais no Brasil?

Questões para reflexão

Nesta seção, a proposta é levá-lo a refletir criticamente sobre alguns assuntos e trocar ideias e experiências com seus pares.

Estudo de caso

Estudo de caso

Esta seção traz ao seu conhecimento situações que vão aproximar os conteúdos estudados de sua prática profissional.

Acesso ao ensino superior por meio do Programa Universidade para Todos (Prouni) e da política de ações afirmativas

A família das Neves está em festa pois um filho está se formando no ensino superior. Antônio, o mais novo de três irmãos, filho de uma empregada doméstica e de um auxiliar de serviços gerais, acaba de concluir a graduação em Medicina em uma universidade pública. Ser médico era um sonho que acompanhava Antônio desde a sua infância e que só foi realizado graças à política de ações afirmativas (cotas), que foi regulamentada em 2012 pelo governo federal.

As cotas garantem vagas nas instituições públicas de ensino superior para alunos oriundos de

CAPÍTULO 1

A formação do Estado

Conteúdos do capítulo:

- Evolução histórica do Estado.
- As teorias contratualistas de Estado.
- Elementos constitutivos do Estado: povo, território e soberania.
- Finalidade, funções e poder do Estado.

Após o estudo deste capítulo, você será capaz de:

1. compreender temáticas relacionadas à formação do Estado, sua evolução histórica e sua implicação na vida cotidiana das pessoas;
2. identificar diferenças e elementos centrais das principais teorias contratualistas e entender a importância delas na atualidade;
3. entender o significado dos elementos centrais que constituem o Estado moderno;
4. estabelecer relação entre as teorias que tratam do Estado e as práticas e ações estatais que são executas na sociedade.

O Estado é uma instituição política central na organização da sociedade contemporânea. É o Estado que vai, por meio de seus organismos, elaborar e aplicar políticas públicas que buscam o desenvolvimento da sociedade. O conceito de *Estado* refere-se à totalidade da sociedade política em um dado território e, para cumprir sua função de garantir o bem comum, essa instituição cria mecanismos para legislar, administrar e gerir os conflitos de interesse presentes na sociedade.

Existem várias concepções e maneiras de entender o Estado, suas funções e características centrais. Com isso em mente, neste capítulo temos como objetivo apresentar alguns elementos e características fundamentais que podem lhe ajudar a entender esse conceito, esclarecendo seu significado e sua evolução ao longo da história – o que veremos mais detalhadamente por meio de um estudo sobre os Estados grego, romano, medieval e moderno.

Assim, os pensadores contratualistas Thomas Hobbes, John Locke e Jean-Jacques Rousseau são o terceiro tópico que desenvolveremos nesta etapa de estudos. Na sequência, analisaremos os três elementos constitutivos do Estado – o *povo*, o *território* e a *soberania* – e, por fim, exploraremos a finalidade, as funções e o poder do Estado.

1.1 Origem e formação do Estado

Ao longo da história, muitas instituições foram criadas para exercer o poder político e uma dessas criações foi o Estado. Mas como definir esse conceito? Dallari (2003, p. 60) esclarece que a palavra *estado* vem do vocábulo latino *status* "estar firme" e designa "todas as sociedades políticas que, com autoridade superior fixaram as regras de convivência de seus membros". Diferentes autores já discutiram o tema e propuseram algum tipo de definição sobre ele. Uma descrição clássica foi elaborada por Max Weber. Para o pensador alemão, o Estado contemporâneo é concebido "como uma comunidade humana que, dentro dos limites de determinado território – a noção de território corresponde a um dos elementos essenciais do Estado – reivindica o monopólio do uso legítimo da violência física" (Weber, 2011, p. 56).

A palavra *Estado*, segundo Dallari (2003), apareceu pela primeira vez na obra *O príncipe*, de Maquiavel (1999, p. 33): "Todos os Estados, todos os domínios que imperaram e imperam sobre os homens, foram e são ou repúblicas ou principados". Isso não significa que Maquiavel criou o conceito de *Estado*, apenas que o tornou popular. Dessa forma, o termo *Estado*, conforme foi introduzido por Maquiavel (1999), foi substituindo conceitos tradicionais que faziam referência à organização de um grupo de indivíduos sobre um território. Entre diversos conceitos contemplados pela palavra *Estado*, destacam-se a *pólis* grega e as expressões latinas *civitas* e *res publica*, que designavam o conjunto de instituições políticas presentes na sociedade (Bobbio, 2000).

Inúmeras teorias, com pontos de vista distintos, tratam sobre a época do aparecimento do Estado. Para Dallari (2003), três posições prevalecem para explicar o período histórico do surgimento do Estado.

1. A primeira visão defende a ideia de que o Estado, assim como a sociedade, é um elemento universal na organização social humana e existe desde que o homem vive sobre a Terra.
2. Um segundo grupo de autores reconhece que, por muito tempo, a sociedade humana existiu sem o Estado, que teria surgido para atender às necessidades dos grupos sociais.
3. Outra posição argumenta que o Estado, na condição de sociedade política constituída por um poder soberano e com unidade territorial, surgiu apenas no século XVII, com a assinatura do Tratado de Paz de Vestfália, em 1648, na Alemanha.

As teorias que analisam a formação originária do Estado são classificadas em dois grandes grupos: um que defende a **formação natural e espontânea do Estado**; e outro que sustenta a **formação contratual do Estado**. Entre os teóricos que defendem a formação natural do Estado, há ainda quatro diferentes visões concernentes à sua origem (Dallari, 2003):

1. origem familial ou patriarcal;
2. origem em atos de força, violência e conquista – nessa perspectiva, o Estado teria surgido para normatizar as relações bélicas entre os grupos sociais;
3. origem em causas econômicas e patrimoniais – o pensamento de Marx e Engels se encaixa nessa categoria em decorrência da afirmação que o Estado teria surgido para garantir a acumulação da classe dominante e perpetuar o seu domínio sobre a classe proletária;
4. origem do Estado por meio do desenvolvimento interno da sociedade – na medida em que a sociedade se torna mais complexa, surge a necessidade da criação da esfera estatal.

Conforme explica Dias (2008, p. 55), a palavra *Estado* hoje tem sido utilizada de forma ampla, "sempre significando um corpo administrativo que detém o poder político em determinada sociedade". A etimologia da palavra suscita assim múltiplas interpretações e por isso a explicação do termo envolve o uso de dados históricos, sociológicos, filosóficos e jurídicos. Por isso, no próximo tópico analisaremos a evolução histórica do conceito de *Estado*.

1.2 Evolução histórica do Estado

Ao estudar a evolução histórica do conceito de *Estado*, a maioria dos autores analisam o tema de forma cronológica, compreendendo a seguinte sequência de fases: o Estado antigo ou teocrático; os Estados grego e romano; o Estado medieval; e o Estado moderno.

1.2.1 O Estado antigo ou teocrático

O Estado antigo ou teocrático é representado pelos grandes impérios que se formaram a partir do ano 3000 a.C. nas regiões do Oriente (Mesopotâmia, região do Rio Nilo) e do Mediterrâneo (Maluf,

1995) e, para Dallari (2003), tem como características centrais a natureza unitária e a religiosidade. Nessa perspectiva, a relação entre o Estado e a divindade é estreita e apresenta duas formas distintas:

> a. Em certos casos, o governo é unipessoal e o governante é considerado um representante do poder divino, confundindo-se, às vezes, com a própria divindade. [...]
> b. Em outros casos, o poder do governante é limitado pela vontade da divindade, cujo veículo, porém, é um órgão especial: a classe sacerdotal [...]. (Dallari, 2003, p. 63)

Na Antiguidade, por serem representantes da vontade divina, os monarcas ou as autoridades tinham poderes ilimitados. Dessa forma, o faraó, no Egito, era a encarnação da divindade, os reis assírios eram chamados de *vigários dos deuses* e o rei da Pérsia era conhecido como *sacerdote magno* (Maluf, 1995). Em Israel, entre os anos 1000 a.C. e 700 a.C. o Estado teocrático também ficou evidente, conforme explicação de Maluf (1995, p. 103): "O rei de Israel era apenas chefe civil e militar, escolhido por Deus através de uma manifestação providencial da vontade divina. E, em razão dessa origem do seu poder, o rei era, na ordem temporal, o intérprete e o executor da vontade de Deus".

1.2.2 A *pólis* grega e as *civitas* romana

No período clássico, não havia um único Estado grego, mas inúmeras cidades-Estados – como Esparta, Atenas, Tebas, Mileto e Corinto. Todas elas tinham estruturas políticas complexas e, no interior dessas *pólis*, foram se desenvolvendo novas formas de organização política.

Por meio da prática da política, os gregos tinham como ideal construir uma cidade justa, na qual cada cidadão deveria exercer uma tarefa específica (Dias, 2008). Platão (1965, p. 220), em *A república*, apresenta esse mesmo pensamento: "quando a classe dos homens de negócios a dos auxiliares e a dos guardiães exercem cada uma a sua própria função e se dedicam apena a

esta função, não se trata do oposto de injustiça e do que torna a cidade justa?"

No Estado grego, o exercício das atividades políticas era restrita aos cidadãos – classe esta que excluía os estrangeiros, as mulheres e os escravos (Aranha; Martins, 2009). Contudo, apesar de suas contradições e limitações, o ideal democrático grego representou uma novidade da concepção de poder político e na busca do bem comum. De acordo com Dallari (2003, p. 64), "No Estado grego o indivíduo tem uma posição peculiar. Há uma elite, que compõe a classe política, com intensa participação nas decisões do Estado, a respeito dos assuntos de caráter público. Entretanto, nas relações de caráter privado a autonomia da vontade individual é bastante restrita".

A cultura romana também revelou grande interesse pela administração da coisa pública e pela sistematização da ordem jurídica. Nesse cenário, é difícil falar de uma única forma de organização política, pois foram vários os modelos adotados durante a existência do império romano. Dias (2008, p. 57) destaca as formas que "vão da monarquia, ou *regnum*, passando pela república, *res publica*, e culminando no império, *imperium*". Para Maluf (1995, p. 112), podemos distinguir três tipos de poderes no Estado romano:

> *dominium* era o poder menor, restrito ao âmbito das relações familiares; *potestas*, era o poder maior, próprio dos magistrados com funções civis determinadas; *imperium* era o poder supremo, poder político, de soberania, de comando interno e externo. O poder de *imperium* era exercido pelos cônsules.

Um dos elementos centrais do Estado romano foi a organização por meio da base familiar ou do conjunto de famílias, também denominada de *civitas*. Assim, a cidade era o centro dessa comunidade juridicamente organizada e administrada pela Assembleia, o Senado e o povo (Dias, 2008). A noção de *civitas* é assim descrita por Dallari (2003, p. 65):

> [Resultado] da união de grupos familiares (as *gens*), razão pela qual sempre se concederam privilégios especiais aos membros das famílias patrícias, compostas pelos descendentes dos fundadores do

Estado. Assim como no Estado Grego, também no Estado romano, durante muitos séculos, o povo participava diretamente do governo, mas a noção de povo era muito restrita, compreendendo apenas uma faixa estreita da população. Como governantes supremos havia os magistrados, sendo certo que durante muito tempo as principais magistraturas foram reservadas às famílias patrícias.

Ao longo do tempo, outros grupos sociais tiveram seus direitos ampliados. Ainda assim, apesar da integração jurídica dos povos conquistados, os cidadãos nascidos em Roma mantinham alguns privilégios sobre os demais membros do império (Dallari, 2003).

1.2.3 O Estado medieval

A Idade Média compreende o período que vai do século V ao XV e foi marcada pelo declínio do império romano e pela expansão do cristianismo e do poder da Igreja Católica no Ocidente. Nesse período, o poder político estava limitado "em seu exercício pela submissão a leis mais poderosas que seu reinado; leis que tem origem no direito natural e divino, daí que transgredir a ordem equivale a rebelar-se contra os desígnios de Deus" (Dias, 2008, p. 58).

Segundo Dallari (2003), três elementos ajudam a entender a sociedade política e a caracterização do Estado medieval: o **cristianismo**, as **invasões bárbaras** e o **feudalismo**. Assim, a Igreja Católica tinha a pretensão de expandir a fé cristã a todos os povos e assim constituir o império da cristandade. Por isso, o Papa Leão III, no ano de 800, conferiu o título de *imperador* a Carlos Magno. Com isso, o imperador foi investido pelo papa e prometeu defender e proteger a Igreja. Dessa forma, como nos explica Chaui (2003, p. 365), "o imperador depende do papa para receber o poder político, mas o papa depende do imperador para manter o poder eclesiástico".

No final da Idade Média, os conflitos entre o papa e o imperador aumentaram, o que favoreceu o surgimento do Estado moderno. Nesse cenário, as invasões dos povos vindos do norte da Europa, denominados de *bárbaros*, constituíram forte ameaça à integridade do império romano e, com a intensificação dos processos de invasão e a dissolução do poder e da supremacia romana, novas unidades políticas independentes foram surgindo.

Sobre a ordem e a unidade política do período medieval, Dallari (2003, p. 68-69) destaca os seguintes aspectos:

> Desde logo se percebe que, no Estado Medieval, a ordem era sempre bastante precária, pela improvisação das chefias, pelo abandono ou pela transformação de padrões tradicionais, pela presença de uma burocracia voraz e quase sempre todo-poderosa, pela constante situação de guerra e, inevitavelmente, pela própria indefinição das fronteiras políticas.

Um terceiro aspecto que influenciou o Estado medieval foi o sistema econômico feudal, que tinha como um de seus elementos centrais a relação de **vassalagem**. Esse tema é descrito por Loyn (1997, p. 146) com as seguintes características:

> Numa análise das características fundamentais do feudalismo, poderíamos colocar a vassalagem antes do feudo, porquanto se trata de uma sociedade baseada numa suserania, numa hierarquia de vassalos e senhores que culminava no rei ou príncipe. O relacionamento era criado por uma desenvolvida e elevada forma de encomendação germânica antiga, pela qual um homem livre se submetia a um outro por um ato de homenagem (as mãos juntas colocadas entre as do senhor), confirmado por um juramento sagrado de fidelidade e vassalagem e usualmente acompanhado pela outorga de um feudo.

Outra forma de servidão era o **benefício**, espécie de contrato entre o senhor feudal e as pessoas que não tinham terras e recebiam uma área do senhor para plantar e garantir a sobrevivência de suas famílias – contudo, tinham também de repassar uma parte da produção para o dono da propriedade. Nesse acordo, o senhor feudal adquiria sobre a família do servo o "direito de vida e de morte, podendo assim estabelecer as regras de seu comportamento social e privado" (Dallari, 2003, p. 69).

As características do sistema feudal, o contexto de insegurança, a ameaça de invasão e o domínio da fé cristã deram origem a um Estado medieval fragmentado, em que o poder era exercido por autoridades diversas como o imperador, os senhores feudais e os representantes da hierarquia eclesiástica. Para Streck e Morais (2003), a forma estatal medieval foi marcada pela instabilidade econômica, social e política; pelas relações de dependência; e pelo confronto entre os poderes espiritual e temporal. Assim, a instauração da ordem, da autoridade e da estabilidade política foram metas somente alcançadas com a criação do Estado moderno.

1.2.4 O Estado moderno

O Estado moderno surgiu com o Renascimento, que ocorreu na Europa a partir do século XV. O movimento renascentista, de caráter cultural, político, econômico e social, questionou os fundamentos que pautavam a sociedade medieval e, dessa forma, o humanismo renascentista e o progresso do campo das ciências valorizaram o individualismo em detrimento do coletivismo e questionaram a primazia do poder religioso sobre o laico. Nesse contexto, a valorização das línguas nacionais contribuiu para a construção de uma nova concepção de Estado-nação.

> A natureza humana é valorizada e a publicação de grandes obras intelectuais contribui para a renovação das línguas nacionais, ao mesmo tempo em que se inicia o culto aos heróis nacionais.
>
> [...] Surge, desse modo, a concepção de um soberano fonte de todo poder e de todo sentimento nacionalista. Essa transformação radical do pensamento e da prática política será o reflexo das mudanças que ocorreram nas instituições econômicas medievais. (Dias, 2008, p. 59)

Para Gruppi (1996), o Estado moderno apresenta características que o distinguem das formas de Estado que existiam na Grécia, em Roma e na Idade Média. As distinções que esse autor faz são as seguintes:

- **Autonomia** – A autoridade do Estado não se fundamenta em elementos exteriores, como a religião.
- **Distinção entre Estado e sociedade civil** – O Estado passa a ser a expressão da sociedade civil.

※ **Identificação entre o Estado e o monarca** – Na Idade Média, o Estado era propriedade do senhor feudal. A expressão *"L'état c'est moi"* (O Estado sou eu), proferida pelo rei francês Luís XIV no final de 1600, revela a identificação entre o soberano e o Estado.

A assinatura do Tratado de Paz de Vestfália em 1648 pôs fim à Guerra dos Trinta Anos[1] e é considerado o marco inicial de um novo tipo de Estado moderno, caracterizado pela unidade territorial e pela existência de um poder soberano (Dallari, 2003). Entre as medidas estabelecidas pelo tratado estão o reconhecimento da soberania dos monarcas sobre os seus territórios; da igualdade soberana dos Estados e da não intervenção em temas internos de cada Estado (Dias, 2008). Com isso, o tratado fixou princípios que permitiram o reconhecimento mútuo dos Estados e fortaleceu a negociação como estratégia de resolução de conflitos. O tratado "não excluía a guerra, mas a submetia a regras de cunho diplomático" (Dias, 2008, p. 64).

De acordo com Tavares (1982), a convergência de quatro movimentos contribuiu para o desenvolvimento do Estado moderno:

1. a centralização e a concentração do poder;
2. a supressão e a neutralização das instituições e comunidades intermediárias;
3. a sujeição das massas a um poder direto e abstrato;
4. o poder do Estado se destaca e isola a sociedade.

Essas transformações ocorrem no contexto do fortalecimento de uma nova economia que produz para o mercado e supera as relações feudais de produção.

Para Strayer (citado por Kritsch, 2004), o Estado moderno constituiu-se por meio de três condições essenciais:

---

1 A Guerra dos Trinta Anos foi um conflito religioso entre as potências católicas sob domínio da dinastia Habsburgo, os territórios luteranos e calvinistas localizados ao norte da Alemanha e os Estados protestantes da região da Escandinávia (Jesus, 2010).

1. o surgimento de unidades políticas duráveis no tempo e estáveis do ponto de vista geográfico;
2. o estabelecimento de instituições permanentes e impessoais;
3. o aparecimento de um consenso sobre a necessidade de uma autoridade soberana que fosse aceita pelos subordinados.

Assim, de acordo com Dias (2008), a implantação do Estado moderno e a centralização do poder político ocorreu devido a uma série de fatores, entre os quais se destacam a adoção do direito romano, a Reforma Protestante e o papel do novo modo de produção capitalista.

O direito romano, com seu ordenamento jurídico objetivo, superou o subjetivismo que marcava as normas medievais e fortaleceu o direito de propriedade, o que permitiu o desenvolvimento e a ascensão da classe burguesa. Segundo Heller (1968), há uma relação de reciprocidade entre a consolidação do Estado moderno e o desenvolvimento da economia capitalista. Assim, para Heller (1968, p. 319), "ambas tornam-se possíveis tecnicamente por uma racionalização formal do direito que procede do Direito Romano comum".

A Reforma Protestante, realizada por Martinho Lutero, no início do século XVI, enfraqueceu o poder da Igreja Católica romana e fortaleceu o poder político laico. Lutero questionou o poder absoluto do papa e recebeu o apoio de príncipes alemães na sua luta contra o centralismo da Igreja de Roma. Dessa forma, a ruptura com Roma incentivou o fortalecimento dos Estados nacionais, conforme expresso nas palavras de Dias (2008, p. 65): "Desse modo, os protestantes acabaram por reforçar o poder do Estado, surgindo as igrejas nacionais nas quais o rei era seu chefe temporal. Assim, as igrejas reformistas, ao se liberarem do poder papal, acabaram se submetendo ao poder secular representado pelo Estado".

O fim das barreiras comerciais internas e a fixação de novos impostos propiciaram o desenvolvimento do capitalismo e a consolidação do poder dos Estados nacionais. A dicotomia *público-privado* e a separação entre o poder político e o econômico foram impulsionados pela economia de mercado. Assim, a "separação entre as funções administrativas, políticas e a sociedade civil, são as principais especificidades que marcaram a passagem da forma estatal medieval para o Estado Moderno" (Streck; Morais, 2003, p. 28).

O tema das características e dos elementos essenciais do Estado Moderno foram analisados por diversos autores, sob distintos pontos de vista. Dallari (2003) destaca alguns teóricos que discutem os elementos constitutivos do Estado Moderno:

- **Santi Romano**, o qual defende que apenas a soberania e a territorialidade são elementos centrais do Estado;
- **Del Vecchio**, para quem, além dos elementos *povo* e *território*, devemos considerar o *vínculo jurídico*;
- **Groppali**, que adota os três elementos anteriores e inclui também a finalidade do Estado;
- **Ataliba Nogueira**, que apresenta cinco elementos constitutivos do Estado: o *território*; o *povo* (elementos materiais); a *soberania*; o *poder de império* (aspectos do poder); e a *finalidade* ou *regulação da vida social*.

Para Dallari (2003), o conceito de Estado é formado por quatro elementos essenciais: a *soberania*, o *território*, o *povo* e a *finalidade*.

1.3 As teorias contratualistas de Estado

As teorias contratualistas defendem que o Estado é uma criação racional com o objetivo de solucionar conflitos que provêm da convivência social dos homens. Assim, no pensamento contratualista, a criação do Estado político marca a passagem do estado de natureza para o estado civil. Nas palavras de Streck e Morais (2003, p. 31), "o pensamento contratualista pretende estabelecer, ao mesmo tempo, a origem do Estado e o fundamento do poder político a partir de um acordo de vontades".

O pensador italiano Norberto Bobbio (1992, p. 272) define o contratualismo da seguinte forma:

> Em sentido muito amplo o Contratualismo compreende todas aquelas teorias políticas que veem a origem da sociedade e o fundamento do poder político (chamado, quando em quando, *potestas, imperium*, Governo, soberania, Estado) num contrato, isto é, num acordo tácito ou expresso entre a maioria dos indivíduos, acordo que assinalaria o fim do estado natural e o início do estado social e político. Num sentido mais restrito, por tal termo se entende uma escola que floresceu na Europa entre os começos do século XVII e os fins do XVIII e teve seus máximos expoentes em J. Althusius (1557-1638), T. Hobbes (1588-1679), B. Spinoza (1632-1677), S. Pufendorf (1632-1694), J. Locke (1632-1704), J.-J. Rousseau (1712-1778), I. Kant (1724-1804). Por escola entendemos aqui não uma comum orientação política, mas o comum uso de uma mesma sintaxe ou de uma mesma estrutura conceitual para racionalizar a força e alicerçar o poder no consenso.

O texto de Bobbio (1992) ressalta que o pensamento contratualista compreende o surgimento do Estado como resultado de um contrato que instaura o Estado social e político. Entre os autores clássicos da teoria contratualista – como Thomas Hobbes, John Locke e Jean-Jacques Rousseau – há algumas características importantes a serem destacadas (Dias, 2008):

- O **estado de natureza**, que é anterior à constituição da sociedade civil, garante a busca de direitos naturais.
- Por meio do **contrato social**, as pessoas constroem a sociedade civil regida por leis positivas e resolvem questões e conflitos oriundos do estado de natureza.
- Diversos tipos de Estado surgem do contrato social como o absolutista (Hobbes), o liberal (Locke) e o democrático (Rousseau).

O contratualismo reforça a centralidade do indivíduo como agente social e fortalece o pensamento político liberal. Assim, a teoria contratualista de Locke representou o auge do direito natural sedimentado no pensamento individualista moderno (Streck; Morais, 2003). Para aprofundar o tema do contratualismo, é necessário conhecer mais sobre a compreensão da natureza humana, o tipo de contrato social e a noção de sociedade civil presente em autores como Hobbes, Locke e Rousseau.

1.3.1 O contrato segundo Thomas Hobbes

Thomas Hobbes nasceu em 1588 numa família pobre inglesa e, graças à sua convivência com a nobreza, teve acesso aos estudos. Ele teve contato com René Descartes, Francis Bacon e Galileu Galilei. No campo da filosofia destacou-se nos estudos sobre o problema do conhecimento, tornando-se um representante do pensamento empirista, além de contribuir para o desenvolvimento do pensamento político (Aranha; Martins, 2009). Suas obras de maior destaque na área da política são *Do cidadão* e *Leviatã*.

Para Hobbes, o **pacto social** marca a passagem do estado de natureza para o estado civil ou a sociedade civil e, para entender essa passagem, é necessário identificar como vivem os homens no estado de natureza. Este fragmento da obra *Leviatã* destaca que, antes de viver em sociedade, o homem tinha direito a tudo:

> O direito de natureza, a que os autores geralmente chamam de *jus naturale*, é a liberdade que cada homem possui de usar seu próprio poder, da maneira que quiser, para a preservação de sua própria natureza, ou seja, de sua vida; e consequentemente de fazer tudo aquilo que seu próprio julgamento e razão lhe indiquem como meios adequados a esse fim. (Hobbes, 1974, p. 82)

Por terem direito a tudo, os homens tornavam-se vulneráveis, uma vez que cada um buscava os seus interesses pessoais para garantir a própria sobrevivência. Consequentemente, o medo aumentava, por não existir uma autoridade constituída que pudesse fazer a mediação entre os interesses em conflito. A convivência entre as pessoas tornava-se perigosa e colocava em risco a integridade física dos membros da comunidade. Em outra passagem de *Leviatã*, Hobbes (1974, p. 76) revela como seria a convivência entre os homens em tal situação:

> Com isto se torna manifesto que, durante o tempo em que os homens vivem sem um poder comum capaz de os manter a todos em respeito, eles se encontram naquela condição a que se chama guerra; e uma guerra que é de todos os homens contra todos os homens. Pois a guerra não consiste apenas na batalha, ou no ato de lutar, mas

> naquele lapso de tempo durante o qual a vontade de travar batalha é suficientemente conhecida.

Para Hobbes, a belicosidade que faz com que o "homem se transforme em lobo do homem" predomina no estado de natureza. Nessa situação aguerrida, conforme explicam Reale e Antiseri (2003, p. 496), o homem poderia perder seu bem mais precioso, a própria vida, pois estaria constantemente exposto ao perigo da morte violenta. Dessa forma, explica Chaui (2003), a vida se tornaria insegura e o direito à propriedade estaria constantemente ameaçado. A única lei que prevaleceria seria a da força do mais forte que pretende subjugar os mais frágeis.

A visão de Hobbes sobre a natureza humana contrapõe-se à clássica visão aristotélica, que compreendia o homem como um animal político (*zoon politikon*, em grego) cuja natureza seria feita "para viver com os outros em sociedade politicamente estruturada" (Reale; Antiseri, 2003, p. 495). Para Hobbes, o homem não tem uma inclinação natural para a cooperação ou a busca de um interesse comum. Assim, o que moveria a ação das pessoas seria a busca do próprio interesse e da garantia da sobrevivência. Por isso, de acordo com Cortés Rodas (2010), o homem usaria da força física e intelectual para dominar e persuadir os demais e assim conseguir realizar os seus propósitos. Dessa forma, no entanto, a insegurança e o medo prevaleceriam, pois todos poderiam ser vítimas do poder e da força do outro.

Assim, na perspectiva de Hobbes (1974), o conflito permanente entre os homens somente cessará com a criação de um poder superior capaz de reprimir os ímpetos mais primitivos e garantir a paz social. Para o inglês, esse poder capaz de garantir a sobrevivência das pessoas é o Estado.

> Pois graças a esta autoridade que lhe é dada por cada indivíduo no Estado, é-lhe conferido o uso de tamanho poder e força que o terror assim inspirado o torna capaz de conformar as vontades de todos eles, no sentido da paz no seu próprio país, e da ajuda mútua contra os inimigos estrangeiros. É nele que consiste a essência do Estado, a qual pode ser assim definida: **uma pessoa de cujos atos uma grande multidão, mediante pactos recíprocos uns com os**

outros, foi instituída por cada um como autora, de modo a ela poder usara força e os recursos de todos, da maneira que considerar conveniente, para assegurar a paz e a defesa comum. Aquele que é portador dessa pessoa chama-se soberano, e dele se diz que possui poder soberano. Todos os restantes são súditos. (Hobbes, 1974, p. 109-110, grifo do original)

Mediante o pacto em favor da autoridade do Estado, os súditos "renunciam à liberdade e a qualquer direito que possa colocar em perigo a paz" (Dias, 2008, p. 68). O contrato social institui a autoridade política e transfere para o soberano o poder de criar e aplicar as leis, declarar a guerra e a paz. Para cumprir suas funções, o soberano pode recorrer inclusive ao uso da força. Assim, por meio do direito natural, "os indivíduos fazem um pacto de viver em comum sem causar dano uns aos outros. Com isso firmam livremente uma vontade social que os leva a transferir ao soberano o poder para governá-los" (Chaui, 2003, p. 373).

Na perspectiva da obra *Leviatã* de Hobbes, o poder do soberano deveria ser ilimitado para conseguir aplacar os desejos humanos e instaurar a paz. Nesse sentido, o soberano seria, portanto, uma espécie de Leviatã, monstro marinho que aparece nos escritos bíblicos. Como bem coloca Weffort (2002, p. 63), para o pensador inglês não há alternativa: "ou o poder é absoluto, ou continuamos na condição de guerra, entre poderes que se enfrentam". O soberano passa a ser a única fonte de direito e tem autoridade para legislar inclusive sobre assuntos espirituais ou religiosos.

1.3.2 O contrato segundo John Locke

John Locke nasceu em Wrington, na Inglaterra, em 1632, e estudou na Universidade de Oxford. Seus estudos abrangem os campos da medicina, anatomia, física, filosofia e política. Em 1672, tornou-se secretário do lorde Ashley Cooper, chanceler da Inglaterra, e passou a ocupar-se mais intensamente dos assuntos políticos (Reale; Antiseri, 2003). Suas obras mais importantes são *Ensaio sobre o entendimento humano*, que trata da teoria do conhecimento, e *Dois tratados sobre o governo civil*, que aborda temas de filosofia política – ambas foram escritas em 1690. Locke é considerado o fundador da teoria empirista, que considera a experiência como fonte primeira do conhecimento.

Para Locke, o indivíduo existe antes do surgimento da sociedade e do Estado. Assim, as pessoas viveriam no estado de natureza em um estágio caracterizado pela busca da liberdade e da igualdade, em relativa concórdia e harmonia. Nessa fase pré-política, os homens já detinham a propriedade de bens como a vida e a liberdade, que são os direitos naturais do ser humano (Weffort, 2002).

O estado de natureza descrito por Locke não é tão belicoso como aquele analisado por Hobbes. O que levaria então as pessoas a abandonar essa situação e delegar o poder a outrem? Para Locke, no estado de natureza há algum risco e ameaça, uma vez que cada um é juiz em causa própria. Por isso, "visando à segurança e à tranquilidade necessárias ao gozo da propriedade, todos consentem em instituir o corpo político" (Aranha; Martins, 2009, p. 305). O fragmento a seguir deixa claro o pensamento de Locke sobre a instituição do poder político:

> Se todos os homens são, como se tem dito, livres, iguais e independentes por natureza, ninguém pode ser retirado deste estado e se sujeitar ao poder político de outro sem o seu próprio consentimento. A única maneira pela qual alguém se despoja de sua liberdade natural e se coloca dentro das limitações da sociedade civil é através do acordo com outros homens para se associarem e se unirem em uma comunidade para uma vida confortável, segura e pacífica uns com os outros, desfrutando com segurança de suas propriedades e melhor protegidos contra aqueles que não são daquela comunidade. (Locke, 1994. p. 139)

Podemos dizer então que, para Locke, o homem é livre por natureza e somente por meio do seu consentimento ele pode ser submetido a qualquer tipo de poder político. Assim, a sociedade civil que surgiria por meio do contrato preservaria e consolidaria os direitos que as pessoas já possuíam no estado de natureza.

Dessa forma, os direitos naturais "inalienáveis do ser humano à vida, à liberdade e aos bens estão melhor protegidos sob o amparo da lei, do árbitro e da força comum de um corpo político unitário" (Weffort, 2002, p. 86).

Locke (1994) divide o poder do governo em três poderes: o legislativo, o executivo e o federativo. O mais importante é o legislativo, ao qual se subordinam os outros dois. Cabe ao poder federativo cuidar das relações externas e cuidar de temas como a guerra e a paz. Dessa forma, Locke (1994) contesta a visão de Hobbes que defende um governo com poderes absolutos e, nessa perspectiva, como explica Weffort (2002), independentemente de qual seja sua forma, o governo tem o papel de buscar o bem da comunidade e garantir a posse da propriedade (vida, liberdade, bens).

Dessa forma, quando o Estado não cumpre com o seu papel de garantir a propriedade, ele deixa de cumprir a finalidade para a qual foi criado, tornando-se ilegal e tirânico. Para Locke, no entendimento de Mora (2001), é legítimo as pessoas se rebelarem contra o governo que não cumpre com a sua função. Dessa forma, seria válido haver uma resistência para "defender-se da opressão de um governo tirânico como para libertar-se do domínio de uma nação estrangeira" (Weffort, 2002, p. 88).

1.3.3 O contrato segundo Jean-Jacques Rousseau

O terceiro contratualista que vamos analisar é Jean-Jacques Rousseau, nascido em Genebra, Suíça, em 1712. A mãe de Rousseau morreu no parto e foi criado pelo pai, que era relojoeiro. Na adolescência, ficou sob os cuidados de um pastor calvinista e depois de um tio. Na vida adulta, tornou-se um dos maiores representantes do iluminismo. Para alguns é o teórico do sentimento interior; para outros, é liberal; e há quem se refira a ele como o primeiro teórico do socialismo. Para todos, contudo, é o primeiro pedagogo do período moderno (Reale; Antiseri, 2003).

No campo da reflexão política, suas principais obras são *Discurso sobre a origem da desigualdade* e *Do contrato social*. Rousseau (1999, p. 53) constata que "o homem nasce livre, e por toda parte encontra-se a ferros. O que se crê senhor dos demais, não deixa de ser mais escravo do que eles. Como adveio tal mudança?". Essa situação se contrapõe ao estado de natureza, concepção que considera que os indivíduos viviam em harmonia na condição de seres livres, bons e inocentes. Nessa perspectiva, de acordo com Chaui (2003), a convivência pacífica teria acabado com o surgimento da propriedade privada, constituindo o estado de sociedade.

A questão que Rousseau levanta trata de como recuperar a liberdade natural perdida e superar o estado de servidão que marca a vida do homem em sociedade. Dessa forma, o contrato social seria legítimo se cada associado abdicasse de seus direitos em favor da comunidade. Como todos renunciam a direitos, ninguém perde, pois "é um ato de associação que produz, em lugar da pessoa particular de cada contratante, um corpo moral e coletivo composto de tantos membros quantos são os votos da assembleia e que, por esse mesmo ato, ganha a sua unidade, seu eu comum, sua vida e sua vontade" (Rousseau, 1999, p. 71).

O princípio de legitimidade do poder político é a vontade geral, pois somente ela pode garantir o bem comum. Mas o que vem a ser a vontade geral? Para entender esse conceito é necessário fazer a distinção entre pessoa pública e pessoa privada. A pessoa privada busca seus interesses particulares. Como explicam Aranha e Martins (2009, p. 309), cada indivíduo em "particular também pertence ao espaço público, faz parte de um corpo coletivo com interesses comuns, expressos pela vontade geral".

Quando o sujeito dá livre consentimento à lei que foi estabelecida, ele mantém a sua liberdade. Assim, obedecer à vontade geral é obedecer a si mesmo. Sobre esse tema, Rousseau esclarece: "Aquele que recusar obedecer à vontade geral a tanto será constrangido por todo um corpo, o que não significa senão que o forçarão a ser livre, pois é essa a condição que, entregando cada

cidadão à pátria, o garante contra qualquer dependência pessoal" (Rousseau, 1999, p. 75).
Dessa forma, para Rousseau (1999), o povo é soberano, compreendido como vontade geral. Por meio do contrato, os indivíduos transferem os seus direitos naturais, que são transformados em direitos civis. O contrato social também dá "origem a um estado democrático, na medida em que o poder já não pertence a um príncipe ou uma oligarquia, e sim à comunidade" (Streck; Morais, 2003, p. 40). O governante passa a ser o representante da soberania popular. Os indivíduos, ao abrirem mão do direito natural à posse dos bens, tornam-se cidadãos e adquirem o direito civil à propriedade de bens. Assim, os indivíduos tornam-se "cidadãos do Estado e súditos das leis" (Chaui, 2003, p. 374).

1.4 Elementos constitutivos do Estado

A maioria dos autores indica três elementos essências para existência do Estado: o povo, o território e o governo. Os dois primeiros são elementos materiais e o último é denominado de formal (Dallari, 2003). Alguns autores utilizam a expressão *soberania*, ou *governo soberano*, no lugar da palavra *governo*. De acordo com Maluf (1995), para o Estado existir, deve haver a presença concomitante destes três elementos: território inalienável, população homogênea e governo soberano (independente). Esses elementos constituintes do Estado não explicam por si só a estrutura complexa denominada de *Estado* (Streck; Morais, 2003). Há outros fatores, como a questão do poder e dos vínculos jurídicos, que articulam os elementos que formam o Estado. Na sequência, analisaremos os três aspectos essenciais para a constituição do Estado.

1.4.1 Povo

De acordo com Streck e Morais (2003), o *povo* é o primeiro elemento pessoal constitutivo do Estado e é distinto de *população*, termo que diz respeito a todos aqueles que habitam o território, ainda que de forma temporária. Outra expressão que por vezes é usada para se referir ao povo é *nação*, termo que, para Dallari (2003, p. 96), tem um significado amplo:

> o termo nação se aplica a uma comunidade de base histórico-cultural, pertencendo a ela, em regra, os que nascem num certo ambiente cultural feito de tradições e costumes, geralmente expresso numa língua comum tendo um conceito idêntico de vida e dinamizado pelas mesmas aspirações de futuro e os mesmos ideais coletivos.

O conceito de *povo*, no sentido jurídico, é uma construção recente que remonta à Revolução Americana, de 1776, e à Revolução Francesa, de 1789 (Streck; Morais, 2003). Para Ospitali (citado por Bonavides, 2003, p. 76) povo é "o conjunto de pessoas que pertencem ao Estado pela relação de cidadania" e, dessa forma, a cidadania é o elemento que dá identidade e revela o vínculo entre o indivíduo e o Estado. Por meio dessa relação, o indivíduo constitui parte de um povo e, assim, cidadania pode ser entendida como um estatuto jurídico que estipula os direitos e as obrigações que a pessoa tem em relação ao Estado.

Segundo Dallari (2003), o povo é o elemento que permite ao Estado formar e externar a sua vontade. Nesse contexto, o conceito *povo* pode ser entendido como "o conjunto dos indivíduos que, através de um momento jurídico, se unem para constituir o Estado, estabelecendo com este um vínculo jurídico de caráter permanente, participando da formação da vontade do Estado e do exercício do poder soberano" (Dallari, 2003, p. 99-100). Com base nisso, podemos entender que povo é o conjunto de cidadãos de um determinado Estado.

Nesse sentido, o próprio Estado estabelece as condições para a aquisição da cidadania, que tem validade mesmo quando o indivíduo está em outro território. Se deixar de atender aos requisitos estabelecidos para a preservação da cidadania, o sujeito pode perdê-la e "ser excluído do povo do Estado" (Dallari, 2003, p. 100). Essas pessoas passariam então a viver em outros países como exilados políticos. Situação semelhante aconteceu com milhares de brasileiros que tiveram de deixar o país nas décadas de 1960 e 1970 por contestarem os princípios e as regras estabelecidas pelo governo militar, em 1964, que estabeleceu um regime autoritário no país.

É importante destacar aqui o processo de formação do povo brasileiro, que tem a miscigenação como uma forte marca de sua formação. Nesse sentido, Darcy Ribeiro (1995) destaca a contribuição de três matrizes culturais na nossa formação de nação: a indígena, a africana e a lusitana. Assim, a língua, a culinária e a religiosidade, entre outras características relacionadas ao modo de ser brasileiro, foram desenvolvidas com base nessas três matrizes. Os processos de escravidão a que foram submetidos os povos trazidos da África e o descaso com os povos indígenas deixaram marcas profundas e sequelas que ainda hoje marcam a nossa cultura.

1.4.2 Território

Segundo Hans Kelsen, citado por Maluf (1995, p. 25), "o território é a base física, o âmbito geográfico da nação, onde ocorre a validade da sua ordem jurídica". Na área territorial, o governo organiza os serviços públicos de forma autônoma e soberana. Dessa forma, o território desempenha uma função positiva e outra negativa, como explicam Streck e Morais (2003): "Na tradição, o território desempenha uma função positiva de que tudo e todos que se encontram nos seus limites ficam sujeitos à sua autoridade e que uma função negativa de exclusão de toda e qualquer outra autoridade diversa daquela do Estado" (Streck; Morais, 2003, p. 152).

Sobre o tema *território*, há bastante divergência entre autores. Alguns pontos, no entanto, são convergentes, conforme destaca Dallari (2003):

- Não existe Estado sem território. Não há tamanho mínimo de território para que se constitua um Estado.
- O território determina a área onde o Estado exerce a sua ação soberana. Há casos em que algumas normas jurídicas do Estado vão atuar para além das fronteiras territoriais. Isto sempre se dará com a permissão do Estado onde as normas vão incidir.
- O Estado tem o monopólio de ocupação do espaço territorial. Por isso não pode haver simultaneamente duas soberanias atuando em um mesmo território.

O território compreende não somente as áreas circunscritas pelas fronteiras, mas inclui ainda o subsolo, o ar e as águas territoriais. Para delimitar as fronteiras do território podem ser usadas as seguintes linhas horizontais (Streck; Morais, 2003):

- Divisões terrestres – Podem ser linhas geográficas imaginárias ou divisões indicadas por meio de marcas.
- Rios – Pode-se considerar apenas a linha média entre as margens ou levar em conta a presença de pontes.
- Divisões marítimas – No século XVIII ficou estabelecido o limite de 3 milhas como zona de exploração do mar territorial. O Brasil, a partir de 1970, dilatou sua área de limite de mar territorial para 200 milhas.

Outra questão de difícil solução é sobre a delimitação do espaço aéreo. Com o crescimento do transporte em aviões e o desenvolvimento de novas tecnologias espaciais, surgiu a necessidade de estabelecer novas regras para o uso do espaço aéreo. O critério tradicional considera parte do território de qualquer Estado a coluna de ar existente sobre ele, assegurando, contudo, a passagem inocente dos aviões mediante anuncio prévio da passagem (Dallari, 2003). A *Declaração dos princípios jurídicos reguladores das atividades dos Estados na exploração e uso do espaço cósmico*, adotada pela Organização das Nações Unidas (ONU), em 1963, estabelece regras para o uso do espaço cósmico e proíbe que possa ser objeto de apropriação nacional (Bonavides, 2003).

O terreno das embaixadas em outros países e os navios mercantes também são objeto de discussão. Em alto-mar, os navios de guerra, assim como os navios mercantes, seguem as normativas jurídicas do Estado de sua bandeira (Streck; Morais, 2003). As representações diplomáticas e as embaixadas também seguem a jurisdição dos países que representam.

1.4.3 Soberania

A partir do século XVI, o tema *soberania* passou a ser analisado pelos teóricos do Estado quando o conceito apareceu na obra *Les six livres de la République*, de Jean Bodin (Dallari, 2003), na qual soberania é entendida como o poder absoluto e perpétuo de um Estado. Em 1762, o tema *soberania* foi destaque na obra *O contrato social*, de Rousseau, para quem a soberania é indivisível. Segundo as ideias do teórico suíço, o poder do soberano, contudo, não pode ultrapassar os limites estabelecidos pelas convenções gerais (Rousseau, 1999). Na perspectiva de Bonavides (2003), Rousseau concebe a soberania como representação do povo ou soberania popular e assim valoriza o processo democrático fundado na igualdade política dos cidadãos e no sufrágio universal.

No século XIX, a soberania foi entendida como expressão do poder político do Estado, sendo fundamental para que o Estado pudesse exercer o controle e legislar sobre a sua população dentro do seu território. Para De Cicco e Gonzaga (2009, p. 50), a soberania pode ser definida como

> a autodeterminação de seu governo, sem depender de potências estrangeiras, quer no campo político, econômico ou cultural. Soberano é o Estado cujo governo faz suas próprias leis, administra segundo as necessidades da população, julga de acordo com a justiça que resolve concretamente os problemas jurídicos e sociais em seu território.

Para o jurista Miguel Reale, citado por Streck e Morais (2003, p. 156), soberania "é o poder que tem uma nação de organizar-se juridicamente e de fazer valer dentro de seu território a universalidade de suas decisões nos limites dos fins éticos de conivência".

Entende-se assim que o Estado tem o poder de impor o cumprimento de regras e normas que tenham o respaldo e a concordância daqueles que estão sob o seu poder.

A soberania, segundo Dallari (2003), apresenta quatro características básicas: ela é una, indivisível, imprescritível e inalienável. Em mais detalhes, esse mesmo autor explica que:

> Ela é una porque não se admite num mesmo Estado a convivência e duas soberanias. Seja ela poder incontrastável, ou poder de decisão em última instância sobre a atributividade das normas, é sempre poder superior a todos os demais que existam no Estado, não sendo concebível a convivência de mais de um poder superior no mesmo âmbito. É indivisível porque, além das razões que impõem sua unidade, ela se aplica à universalidade dos fatos ocorridos no Estado, sendo inadmissível, por isso mesmo, a existência de várias partes separadas da mesma soberania. [...] A soberania é inalienável, pois aquele que a detém desaparece quando ficar sem ela, seja o povo, a nação, ou o Estado. Finalmente, é imprescritível porque jamais seria verdadeiramente superior se tivesse prazo certo de duração. Todo poder soberano aspira a existir permanentemente e só desaparece quando forçado por uma vontade superior. (Dallari, 2003, p. 81)

Com o surgimento de organizações internacionais, depois da Segunda Guerra Mundial, questões relacionadas ao meio ambiente e aos direitos humanos, ao avanço tecnológico, à globalização e à formação de blocos econômicos alteram a compreensão da soberania. No plano internacional, passou a existir uma maior interdependência entre os Estados e houve um significativo aumento da cooperação econômica, jurídica e social, o que pode comprometer e enfraquecer a ideia de autonomia nacional (Streck; Morais, 2003).

Diante de organismos internacionais, como a ONU, o conceito de soberania dos Estados fica relativizado. Temas de interesse geral, como a paz mundial e outras questões globais, justificam a nova compreensão de soberania nacional. A globalização, principalmente a econômica, teve forte impacto na soberania dos Estados, trazendo reflexos mais drásticos "entre os países chamados do terceiro mundo ou em desenvolvimento, os quais ficam mais vulneráveis, diante da incapacidade de enfrentamento das imposições originadas da ordem internacional" (Maluf, 1995, p. 40).

Para fortalecer as relações comerciais e minimizar os efeitos negativos da globalização, foram criados blocos econômicos e organizações intergovernamentais e supranacionais. Entre as entidades criadas, destacam-se o Mercado Comum do Sul (Mercosul); o *North America Free Trade Agreement* (Nafta) – tratado de livre comércio entre os Estados Unidos, o Canadá e o México; a União Europeia (UE), entre outras. Para Streck e Morais (2003), as comunidades supranacionais atingiram profundamente as pretensões de soberania nacional uma vez que impõem aos Estados membros seguir normativas internacionais que não foram discutidas internamente.

1.5 Finalidade, funções e poder do Estado

A finalidade e as funções do Estado são descritas de forma distinta ao longo da história. Analisaremos agora algumas das discussões desenvolvidas por teóricos e estudiosos desse tema e refletiremos também sobre o poder do Estado e suas características.

1.5.1 Finalidade do Estado

Ao falar de finalidade do Estado, é necessário não confundi-lo com os interesses daqueles que ocuparam temporariamente o governo. Dallari (2003) cita o pensamento de Mortati que entende que a finalidade do Estado é uma questão ampla e genérica e que, por isso, é difícil chegar a um consenso. Para Groppali (citado por Dallari, 2003) temas como a defesa, a ordem, a busca do progresso e do bem-estar são finalidades inerentes à atividade estatal.

Alguns doutrinadores fazem a distinção entre os **fins objetivos** e os **fins subjetivos do Estado**. No primeiro tema, entram os estudos que analisam o papel do Estado na história e sua contribuição para o desenvolvimento da humanidade, cabendo nisso o pensamento político de Platão, Aristóteles e de filósofos cristãos medievais – pensadores que sustentam a existência de finalidades comuns a todos os Estados, independentemente do período histórico (Maluf, 1995).

Os fins subjetivos do Estado são resultado da relação entre os interesses estatais e os interesses particulares dos indivíduos. Assim, o Estado é uma unidade constituída pelo "desejo de realização de inúmeros fins particulares, sendo importante localizar os finas que conduzem à unificação" (Dallari, 2003, p. 104). Nesse contexto, podemos entender também os fins subjetivos do Estado como os fins particulares dos seus membros e que são manifestos em determinado contexto e período histórico.

O pensador grego Aristóteles (2005), na obra *Política*, assegura que a finalidade do Estado é garantir uma vida feliz para seus habitantes. Da mesma forma, no processo de independência dos Estados Unidos da América, o documento denominado *The Federalist Papers*, publicado em 1788, declara que "a segurança e a felicidade da sociedade são os fins a que aspiram todas as instituições políticas e aos quais todas estas instituições devem sacrificar-se" (Hamilton et al., citado por Dias, 2008, p. 90).

Para Dallari (2003) e Dias (2008) o fim próprio do Estado é o bem comum – conceito que é trabalhado na teologia católica, especialmente no pensamento de Tomás de Aquino. Na perspectiva de realização do bem comum, o fim do Estado, compreende uma série de elementos, conforme exposto a seguir:

> Dito de outro modo, o Estado tem por fim último oferecer condições para que todas as pessoas que integram a comunidade política realizem seus desejos e aspirações, e para tanto assegura a ordem, a justiça, o bem-estar e a paz externa, que são os elementos necessários para que as outras necessidades públicas sejam atendidas. (Dias, 2008, p. 91)

Assim, em síntese, podemos constatar que o "Estado, como sociedade política, tem um fim geral, constituindo-se em meio para que os indivíduos e as demais sociedades possam atingir seus respectivos fins particulares" (Dallari, 2003, p. 107). Dessa forma, o bem comum é o fim geral do Estado e pode ser entendido como a busca de "condições que [...] favoreçam o desenvolvimento integral da personalidade humana" (Dallari, 2003, p. 107).

1.5.2 Funções do Estado

O poder do Estado é exercido por meio de três funções: a Executiva, a Legislativa e a Judiciária. Os três órgãos funcionam de forma independente e harmônica e "representam a essência do sistema constitucional" (Maluf, 1995, p. 217). O Poder Legislativo tem a função de elaborar as leis e as regras que orientam a vida em sociedade; o Poder Executivo administra o Estado e implementa as normas aprovadas no Legislativo; e o Poder Judiciário interpreta e aplica as leis, além de julgar os conflitos que surgem na sociedade.
O princípio da separação dos poderes foi originalmente sistematizado por Montesquieu na obra *O espírito das leis* (originalmente escrita em 1748), ainda que em outros períodos históricos apareçam relatos sobre a divisão do poder. Essa doutrina da divisão dos poderes foi acolhida com entusiasmo pelos Estados liberais, tendo sido adotada pela primeira vez na Constituição da Virgínia, na independência dos Estados Unidos da América, em 1776 (Maluf, 1995). Atualmente a maioria dos países do Ocidente adotam o sistema de três poderes para organizar as funções e o poder do Estado.
As funções do Estado, divididas em três poderes, sofreram modificações ao longo da história. Se, por um lado, cada função tem uma especificidade, por outro, há uma interpenetração e interligação entre elas. Juntos, os três poderes expressam o poder do Estado e, sem correlação e integração, perderiam força. Assim, conforme Streck e Morais (2003), cada um dos poderes funciona como uma espécie de freio e contrapeso para garantir a liberdade e impedir que um poder se sobreponha aos demais.
Para que as funções estatais possam se desenvolver de forma satisfatória, Dias (2008) apresenta três requisitos básicos:

a) Desenvolvimento pleno do Estado de direito, no qual exista segurança jurídica de acordo com as exigências da sociedade; b) incentivo à participação dos cidadãos no processo político, com existência de liberdade de expressão, que permita o desenvolvimento pleno das pessoas e dos grupos sociais; c) que as regras que permitam o funcionamento da sociedade sejam claras e a sua compreensão acessível a todos. (Dias, 2008, p. 124)

Com base nessas ideias, podemos questionar a necessidade de realizar reformas e mudanças na forma como o Estado desempenha as suas funções para que possamos enfrentar os desafios atuais. Nesse sentido, Dias (2008) defende que, entre as alterações possíveis, a descentralização do poder do Estado, de modo a promover uma maior participação da sociedade na tomada de decisões de interesse público, pode ser algo interessante. A isso, podemos adicionar que a prestação de contas, a transparência nos assuntos públicos, a simplificação e eficácia nos processos administrativos são também medidas importantes para resgatar a credibilidade nas ações do Estado.

1.5.3 O poder do Estado

As discussões sobre o poder do Estado ocupam um lugar central na teoria geral do Estado. Para Heller (citado por Dias, 2008, p. 81) o "poder do Estado é, pois, sempre legal, isto é, poder político juridicamente organizado". Assim, o poder do Estado é distinto da soberania e, segundo Jellinek (citado por Dallari, 2003) divide-se em duas espécies: poder dominante e poder não dominante. Nesse sentido, o poder do Estado é dominante, pois estabelece as regras e leis que orientam a vida social em um determinado território; nessa mesma perspectiva, é considerado poder não dominante aquele que está presente em todas as sociedades e que não é o do Estado.

Ao longo da história medieval, o poder político do Estado era atrelado ao poder divino. Na modernidade, o poder passou a ser subordinado ao direito, constituindo assim o Estado de direito.

O poder do Estado, segundo Dias (2008) apresenta quatro características centrais:

1. **Institucionalização** – O poder do Estado se despersonaliza e torna-se funcional; a promoção do bem público pelo Estado é colocada acima da busca dos interesses particulares.
2. **Dominação** – O poder do Estado é exercido no âmbito do seu território e tem origem em si mesmo, segundo seu próprio direito.
3. **Coerção** – Diferente das outras formas de poder, o Estado tem o monopólio do uso legítimo da força.
4. **Autonomia** – O Estado formula suas próprias leis e atua em conformidade com os limites estabelecidos por elas; o Estado também não reconhece qualquer tipo de poder acima de si e independente da realidade política.

O poder do Estado também pode ser analisado a partir das categorias de *legalidade* e *legitimidade*. O princípio da legalidade é um dos pilares do Estado de direito e segundo Bobbio, Matteucci e Pasquino (1992, p. 674) pode ser entendido como "aquele pelo qual todos os organismos que exercem poder púbico, devem atuar no âmbito das leis". Já a legalidade supõe o respeito aos decretos e leis ordinárias e, principalmente, o respeito à Constituição (Bonavides, 2003).

Discutir sobre o conceito de *legitimidade* é fundamental para compreender o poder do Estado. Assim, para Bobbio, Matteucci e Pasquino (1992, p. 675):

> podemos definir a legitimidade como sendo um atributo do Estado, que consiste na presença, em uma parcela significativa da população, de um grau de consenso capaz de assegurar a obediência sem a necessidade de recorrer ao uso da força, a não ser em casos esporádicos. É por esta razão que todo poder busca alcançar consenso, de maneira que seja reconhecido como legítimo, transformando a obediência em adesão.

Dessa forma, podemos dizer que, quando o poder não tem legitimidade, ele é arbitrário. Contudo, diversos princípios de legitimidade do poder foram adotados ao longo da história, conforme descrição de Aranha e Martins (2009): nos Estados teocráticos, seguir a vontade divina legitima o poder estatal; nos regimes monárquicos, o poder legítimo é aquele que segue as normas da hereditariedade e as tradições; nos governos aristocráticos, a legitimidade é respeitada quando os melhores (posição que varia conforme o tipo de aristocracia, podendo se referir, por exemplo, aos mais fortes, aos mais ricos ou aos mais bem preparados) assumem as funções de comando; nos Estados democráticos, o poder legítimo é aquele que nasce da vontade popular por meio do sufrágio universal.

Síntese

Neste capítulo, buscamos inicialmente apresentar algumas ideias sobre a origem e a formação histórica do Estado – palavra oriunda do latim *status* e popularizada por meio da obra *O príncipe*, escrita por Maquiavel, no século XVI, que se refere ao corpo administrativo que detém o poder em determinada sociedade. Ao estudar a evolução histórica do conceito de *Estado*, analisamos os seguintes aspectos: o Estado teocrático, os Estados grego e romano, o Estado medieval e o Estado moderno – nesse último, estão inseridos os autores contratualistas.

Na Grécia clássica, não havia um Estado único, mas cidades-Estado, uma forma de organização política que incentivava a participação dos cidadãos na tomada de decisões políticas. Já no império romano, havia várias formas de organização política, com destaque para o poder de *dominium*, restrito ao âmbito das relações familiares; o poder *potestas*, reservado aos magistrados; e o poder *imperium*, ou poder supremo, que era reservado aos cônsules.

Na Idade Média, o Estado era fragmentado e foi permeado pelo choque entre o poder espiritual e o poder temporal representado pelos senhores e príncipes feudais. Com o Renascimento, ocorreram mudanças significativas em todas as áreas da vida em sociedade, inclusive no campo da política. O Estado moderno, segundo Gruppi (1996), apresenta três características novas: a separação entre Estado e religião; a distinção entre o Estado e a sociedade civil; e a identificação entre o Estado e o monarca. As teorias contratualistas constituem outro tema abordado neste capítulo, com destaque para a visão de Thomas Hobbes, John Locke e Jean-Jacques Rousseau. Dessa forma, vimos que o contratualismo compreende todas as teorias desenvolvidas, a partir do século XVI, que defendem que o Estado e o poder político teriam surgido por meio de acordos firmados entre as pessoas, marcando assim a passagem do estado de natureza para o estado civil.

Nesse sentido, para Thomas Hobbes, o conflito e a insegurança do estado de natureza são uma ameaça para a sobrevivência do homem e somente um contrato social com a criação de um estado forte, uma espécie de Leviatã, poderia garantir a paz e a ordem. John Locke, por sua vez, entendia que o contrato social deveria garantir os direitos naturais à vida, à liberdade e à propriedade de bens, e o pensador Rousseau defendia que, no estado de natureza, o homem seria pacífico e teria sido o convívio social a corromper sua natureza. Na obra *Do contrato social*, Rousseau (1999) defende que o poder político é legítimo quando é fundado na vontade geral, isto é, os interesses coletivos deveriam prevalecer sobre os interesses particulares – o contrato social de Rousseau também dá origem a um Estado democrático.

Na sequência do capítulo, discutimos sobre elementos que constituem o Estado, destacando três características que garantem a existência do Estado: o povo, o território e a soberania. Dessa forma, vimos que o povo é "o conjunto de pessoas que pertencem ao Estado pela relação de cidadania" (Bonavides, 2003, p. 76), sendo o elemento que permite que o Estado externe a sua vontade. Nessa mesma perspectiva, pudemos compreender o território como o elemento material essencial ao Estado, pois é onde este exerce sua soberania. Assim, consideramos que o território vai além das fronteiras circunscritas e abrange as águas territoriais, o subsolo e o ar. Além disso, pudemos falar sobre o terceiro elemento que constitui o Estado, a soberania, que, segundo Reale (citado por Streck; Morais, 2003, p. 156) "é o poder que tem uma nação de organizar-se juridicamente e de fazer valer dentro de seu território a universalidade de suas decisões nos limites dos fins éticos de conivência".

O último tema que exploramos neste capítulo trata das finalidades, das funções e do poder do Estado – destacamos ainda que hão há um consenso sobre a finalidade do Estado. Para Dallari (2003), a defesa, a ordem, a busca do progresso e a promoção do bem-estar são atividades estatais clássicas e a busca do bem comum também é considerada uma finalidade central do Estado.

Nesse contexto, vimos que as funções clássicas do Estado são: Executiva, Legislativa e Judiciária. A separação em três poderes atuando de forma autônoma foi sistematizada por Montesquieu, na obra *O espírito da leis*, de 1748. Dessa forma, percebemos que o poder do Estado é juridicamente organizado e que, a partir da modernidade, o poder político ficou subordinado ao direito, constituindo assim o Estado de direito. Para Dias (2008), o poder do Estado apresenta quatro características centrais – a institucionalização, a dominação, a coerção e a autonomia – e pode também pode ser analisado com base nas categorias de *legalidade* e *legitimidade*.

Para saber mais

Filmes

O HOMEM da máscara de ferro. Direção: Randall Wallace. EUA/Reino Unido: 20th Century Fox Home Entertainment, 1998. 132 min.

A história narrada nesse filme é fundamentada na obra O Visconde de Bragelonne, de Alexandre Dumas, e mostra o absolutismo francês do século XVII, época em que reinava Luís XIV (interpretado por Leonardo DiCaprio), que, na obra, governa de forma despótica e age com crueldade. Para não ter de dividir o poder com seu irmão gêmeo, o personagem de Luís XIV manda prendê-lo em uma masmorra. Depois de anos, contudo, o segredo é descoberto e o mosqueteiro Aramis (Jeremy Irons), com a ajuda de seus companheiros, tenta salvar o prisioneiro.

O SENHOR das moscas. Direção: Harry Hook. EUA: Columbia Pictures, 1990. 90 min.

O filme foi inspirado no livro homônimo de William Golding, ganhador do Prêmio Nobel de Literatura de 1883, e retrata a história de um grupo de estudantes adolescentes que sobrevivem em uma ilha deserta depois de sofrerem um desastre de avião. Ao buscarem se organizar para sobreviver, diferenças e conflitos surgem e nos fazem lembrar das teorias de Hobbes e Rousseau sobre a natureza humana.

Livros

WEFFORT, F. (Org.). **Os clássicos da política**: Maquiavel, Hobbes, Locke, Montesquieu, Rousseau, "O Federalista". 13. ed. São Paulo: Ática, 2002. v. 1.

Essa obra é uma referência para o estudo da organização política a partir do período Moderno. Como o próprio título revela, o livro traz estudos sobre o pensamento de autores clássicos como Maquiavel, Montesquieu, Hobbes, Locke e Rousseau. Os textos foram escritos por autores renomados e profundos conhecedores dos pensadores em análise. Cada capítulo foca em um autor e apresenta elementos centrais da sua teoria política. No final de cada tema, são apresentados textos selecionados das principais obras dos pensadores estudados. O livro foi concebido para estudantes universitários e é uma leitura indispensável para aprimorar o conhecimento no campo da ciência política.

ROUSSEAU, J.-J. **Do contrato social**. São Paulo: Nova Cultural, 1999. (Coleção Os Pensadores).

Essa obra, é uma das mais importantes de Rousseau e apresenta a noção de contrato social que ele propõe para justificar a passagem do estado de natureza para a criação do Estado. Trata-se de uma leitura fundamental.

Questões para revisão

1. Sobre o Estado e sua definição, assinale a alternativa **incorreta**:
   a) Para Weber, é legítimo entender o Estado como a instituição que pode fazer uso da força física para garantir a manutenção da ordem.
   b) Para constituir um Estado, um dos elementos centrais é a existência de um povo soberano.
   c) Ter um território demarcado com fronteiras estabelecidas é uma condição secundária para a constituição do Estado.
   d) O Estado é a estrutura administrativa que detém o poder político de uma sociedade.

2. Sobre a evolução histórica da concepção de Estado, indique se as afirmativas a seguir são verdadeiras (V) ou falsas (F):
   ( ) O Estado medieval tem, entre outras características, a defesa e a ampliação da forma de governo democrática. Os governantes também procuram atuar com autonomia frente à religião.
   ( ) O Estado moderno tem como elementos centrais a defesa da soberania nacional, a formação do território e a constituição de um povo.
   ( ) O Estado grego é caracterizado pela desenvolvimento de um tipo de governo, o monárquico, e privilegia a autonomia e a vontade individual em detrimento da coletiva.
   ( ) O Estado romano estendeu seu domínio por diversas regiões e se constitui como um império mundial; o papel dos magistrados nesse governo era significativo.

3. As teorias contratualistas defendem que o Estado é uma criação racional com o objetivo de solucionar conflitos que provêm da convivência social dos homens. No pensamento contratualista, a criação do Estado político marca a passagem do estado de natureza para o estado civil. Assim, "o pensamento contratualista pretende estabelecer, ao mesmo tempo, a origem do Estado e o fundamento do poder político a partir de um acordo de vontades" (Streck; Morais, 2003, p. 31).

Sobre o tema do contratualismo, assinale a alternativa correta:
   a) Por meio do contrato social, os poderes do soberano são limitados e ele fica impedido de usar a força e a coerção para punir os criminosos.
   b) Inúmeros pensadores criaram teorias contratualistas e dentre eles destacam-se Descartes, Maquiavel e Kant.
   c) Com o contrato social, a sociedade civil desapareceu e a única instituição que prevaleceu foi o Estado monárquico e absoluto.
   d) Por meio do contrato social, as pessoas abrem mão do direito natural de ter acesso a todos os bens e transferem para a autoridade política o gerenciamento dos conflitos sociais.

4. Como podemos definir o conceito de Estado?

5. Hobbes e Rousseau têm visões distintas sobre a natureza humana e a teoria do contrato social. Apresente as principais diferenças nas concepções desses autores em relação a esses dois temas.

Questões para reflexão

Leia o texto a seguir e responda as questões.

Reflexos da globalização na soberania dos Estados e na institucionalização da democracia

Diante desses esclarecimentos podemos partir para a reflexão sobre o impacto que a globalização traz para as tradicionais teorias de Estado e de democracia.

A questão é: a globalização busca uma unificação real do mundo e essa unificação é de interesse social ou mercadológico-capitalista?

Para SADER (2002), a globalização implantou de tal forma a mercadologia em detrimento do social que a própria soberania de alguns Estados já está a venda, como no caso dos paraísos fiscais, que alugam sua soberania para articulações de mercado, política e transações financeiras ilícitas.

Ainda segundo SADER (2002), os presidentes de Estado, como o presidente brasileiro de 1995-2002, Fernando Henrique Cardoso, vendem seus Estados para os grupos de grande poder financeiro em troca de apoio monetário em suas campanhas políticas.

Além disso, dão subsídios ou monopólios a grupos empresariais para explorar o mercado a custo de impostos baixíssimos, promovem práticas de juros altos e inflação controlada. Tudo isto, para suprir as demandas de lucros como pagamento dos financiamentos de campanhas promovidos, em detrimento das necessidades da população.

Para SOUZA (2004), a globalização é apenas a "evolução" do processo liberalista-capitalista engendrado a muito no seio da sociedade. A globalização, segundo este autor, seria um retorno a estrutura capitalista moderna.

> [...] alguns países mantêm o controle da dívida externa, dos investimentos, da tecnologia e da possibilidade de dividir bem esses aos seus nacionais, enquanto uma grande maioria é o campo de exploração, marcados e massacrados pela dívida, pela falta de investimentos, tecnologia e de cruel concentração de riqueza, o que gera conflitos sociais que minam, de forma concreta, qualquer possibilidade da sobrevivência da democracia enquanto ideologia, apesar dela ser propalada como ator principal do espetáculo político. (SOUZA, 2004)

Para SOUZA (2004), a globalização não é um processo de unificação benéfico, mas um dos responsáveis pelo perecimento do Estado democrático de direito.

SOUZA (2004) ainda salienta que a globalização não é um processo que busca unificação ou equidade entre nações. Ao contrário, a globalização acaba por estabelecer uma exclusão tanto intra quanto interestatal, ao obrigar os Estados a se adaptar a uma estrutura política baseada na mercadologia e na permissividade de ações (de invasão e transposição da soberania) de grupos economicamente fortes.

> A globalização não tem nenhum respeito aos espaços tradicionais do Estado-nacional, pois o capital busca romper toda e qualquer limitação ao seu movimento [...] Dessa forma, o mercado virtual mundial trabalha num espaço e numa noção de tempo completamente ágeis e bastante maleáveis, para não dizer inseguras, e que exigem uma redefinição dos conceitos políticos tradicionais, entre eles os do Estado, da política e do político. (SOUZA, 2004)
>
> Segundo PIOVESAN (2001), a globalização implantou uma nova estrutura de Estado, uma base política que "tem por plataforma o neoliberalismo, a redução das despesas públicas, a privatização, a flexibilização das relações de trabalho, a disciplina fiscal para a eliminação do déficit público, a reforma tributária e a abertura do mercado ao comércio exterior" (PIOVESAN, 2001).
> Portanto, para PIOVESAN (2001), a globalização tem como consequência a disparidade das diferenças sociais, aumentando a má distribuição de renda e a pobreza.

Fonte: Cambraia, 2017, p. 17-19.

1. Com base na leitura desse texto, faça uma análise dos impactos da globalização sobre os Estados.

2. Disserte sobre o tema da soberania nacional em um contexto de globalização econômica.

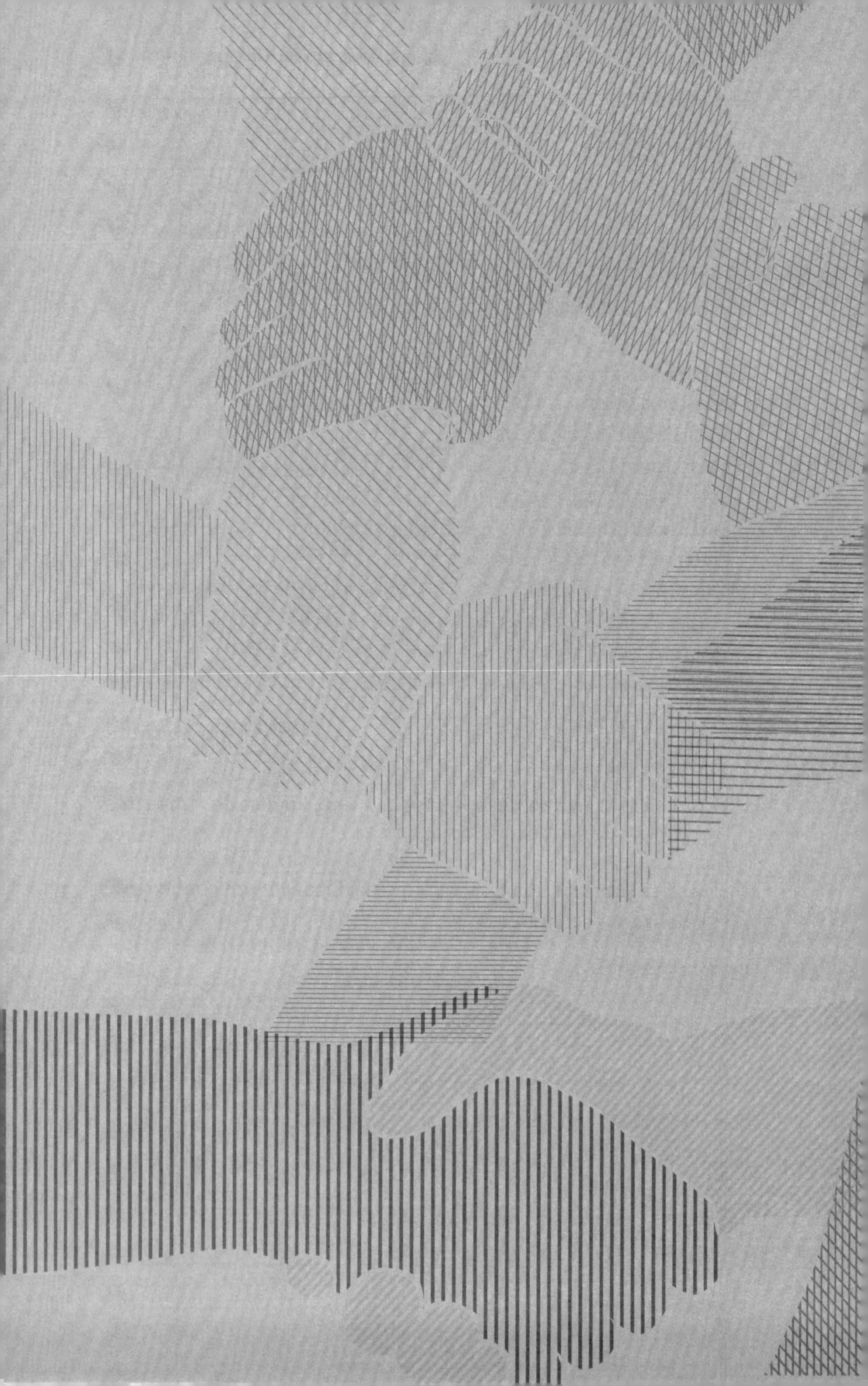

CAPÍTULO 2

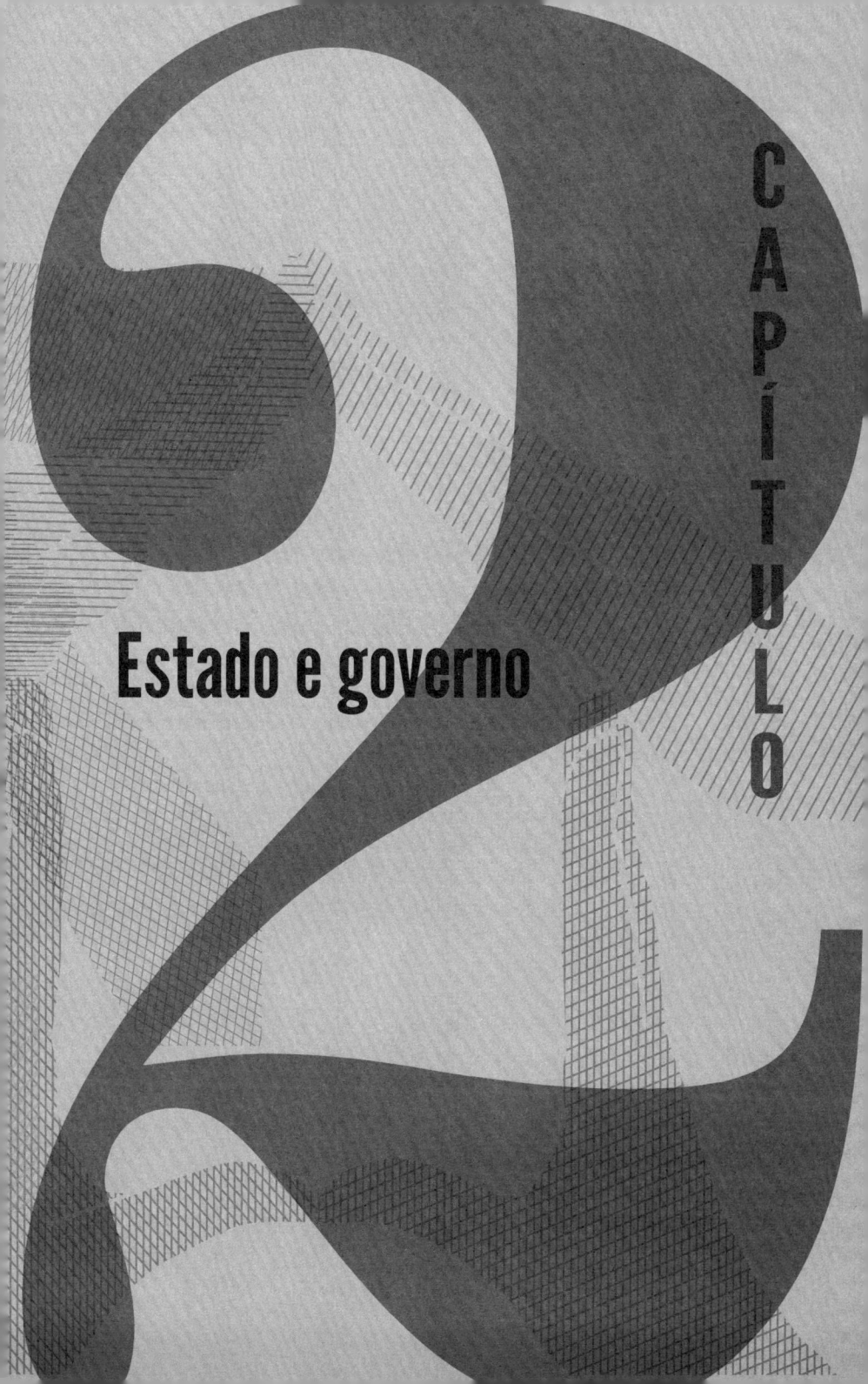

Estado e governo

Conteúdos do capítulo:

- Sistemas de governo: parlamentarismo e presidencialismo.
- Formas de governo.
- Regimes políticos democrático, autoritário e totalitário.
- Estado liberal, estado de bem-estar social, neoliberal e socialista.

Após o estudo deste capítulo, você será capaz de:

1. compreender de forma crítica os regimes políticos e a implicação destes na vida das pessoas;
2. identificar as formas deturpadas de ação política;
3. entender a importância da vida política como espaço de elaboração de normas e regras que orientam a vida em sociedade;
4. identificar as diferentes formas de organização do Estado, suas contradições e possibilidades para a construção do bem comum.

Neste capítulo, vamos refletir sobre os elementos centrais relacionados à discussão dos temas *Estado* e *governo*. Em um primeiro momento, vamos abordar as características, vantagens e desvantagens dos sistemas de governo parlamentarista e presidencialista. Na sequência, vamos centrar nossa atenção na tipologia das formas de governo, apresentando os regimes políticos democrático, autoritário e totalitário. O quarto tópico que trabalharemos aqui são as formas de Estado que foram construídas ao longo da história: o Estado liberal, o social, o neoliberal e o socialista.

2.1 Sistemas de governo

Para Bobbio, Matteucci e Pasquino (1992, p. 553), podemos definir *governo* como "o conjunto de pessoas que exercem o poder político e que determinam a orientação política de uma determinada sociedade". Nesse sentido, o governo constitui um aspecto central do Estado moderno e tem a função de gerir a sociedade política. Da relação entre os Poderes Executivo, Legislativo e Judiciário surgem dois sistemas clássicos de governo: o parlamentarista e o presidencialista.

2.1.1 Parlamentarismo

O parlamentarismo foi gestado ao longo de vários séculos. As primeiras referências a esse sistema de governo remontam ao século XIII, na Inglaterra, havendo relatos que apontam a existência de reuniões políticas com a presença de nobres e burgueses. Assim, conforme conta Dallari (2003, p. 229), "no ano de 1295 o rei Eduardo I oficializou essas reuniões, consolidando a criação do Parlamento".

No século XVIII, mais precisamente em 1714, com a ascensão de Jorge II ao trono inglês, o parlamentarismo ganhou novos contornos. Com a instalação do Gabinete, o parlamento tomou as decisões sem a presença do monarca (Streck; Morais, 2003). Assim, a partir do século XIX, o parlamentarismo se tornou um sistema hegemônico no continente europeu e o primeiro ministro passou a ser escolhido entre o partido ou a coligação que tivesse a maioria parlamentar.

De acordo com Dallari (2003) e Dias (2008), podemos verificar as seguintes características centrais no parlamentarismo:

- **A distinção entre chefe de Estado e chefe de governo** – O chefe de Estado, que pode ser um monarca ou presidente da república, exerce a função de representante do Estado e não participa das decisões do governo, indicando o primeiro ministro para compor o Gabinete; assim, o chefe de governo é o primeiro ministro, que exerce o Poder Executivo e permanece no cargo enquanto tiver a aprovação da maioria parlamentar.
- **O chefe de governo tem responsabilidade política** – O primeiro ministro não tem mandato fixo e pode permanecer no cargo por alguns dias ou por vários anos. Pode ser demitido em duas situações: caso perca a maioria da aprovação parlamentar ou tenha um voto de desconfiança.
- **A estreita relação entre governo e parlamento** – O governo se legitima e se mantém com base no apoio que recebe do parlamento.

De acordo com Streck e Morais (2003), uma vantagem do parlamentarismo é que esse sistema favorece uma maior colaboração entre os Poderes Executivo e Legislativo, além de permitir a montagem de uma "burocracia governamental especializada e profissionalizada". Outras vantagens são elencadas por Dallari (2003, p. 237):

> Os defensores do parlamentarismo consideram-no, de fato, mais racional e menos personalista, porque atribui responsabilidade política ao chefe do executivo e transfere ao Parlamento, onde estão

representadas todas as grandes tendências do povo, a competência para fixar a política do Estado, ou, pelo menos, para decidir sobre a validade da política fixada. Os que são contrários a esse tipo de governo argumentam com sua fragilidade e instabilidade, sobretudo na época atual em que o Estado não pode ficar numa atitude passiva, de mero vigilante das relações sociais.

O Brasil teve duas experiências de parlamentarismo, uma durante o Império e outra durante a República. A primeira ocorreu no período do segundo reinado de Dom Pedro II (1847-1888), que exercia o poder moderador e escolhia o presidente do conselho de ministros, responsável pela escolha dos demais ministros (Streck; Morais, 2003). A segunda experiência parlamentarista ocorreu entre setembro de 1961 e janeiro de 1963, quando o sistema foi implementado para diminuir os poderes do Vice-Presidente João Goulart (Jango), que assumiu o poder após a renúncia do Presidente Jânio Quadros – Tancredo Neves foi o primeiro ministro nesse período. Em 1993, foi realizado um plebiscito para escolher entre o sistema parlamentarista e o presidencialista e a última opção ganhou por ampla maioria.

2.1.2 Presidencialismo

O sistema presidencialista foi criado no século XVIII com a Convenção de Filadélfia, em 1787. Os então Estados confederados da América do Norte já haviam proclamado a República e não queriam repetir o modelo monárquico e parlamentar inglês, por isso criaram uma forma de governo em que o Poder Executivo fosse independente do Poder Legislativo. No presidencialismo, a teoria da separação de poderes proposta por Montesquieu fica evidente e cada poder controla os demais a fim de evitar o arbítrio (Bastos, 1999).

Dentre as características centrais do presidencialismo, (Dallari, 2003; Dias 2008; Streck; Morais, 2003), podemos destacar as seguintes:

- **O presidente da república assume a função de chefe de Estado e de Governo** – O presidente acumula as funções de representação e de comando do Poder Executivo; a chefia do Poder Executivo é unipessoal, cabendo ao presidente a responsabilidade das decisões políticas do governo.
- **O presidente da república é escolhido pelo voto, por um prazo determinado** – Na maioria dos países que adotam o sistema presidencialista, o chefe do executivo é escolhido em eleição direta para cumprir um mandato determinado por lei; alguns países, como o Brasil, estipularam que o chefe do executivo federal pode ser reeleito uma vez. O mandato, contudo, pode ser interrompido pelo processo de *impeachment* – que é acionado quando o mandatário comete crime de responsabilidade, como ocorreu com Fernando Collor de Mello, em 1992. Em 2016, também houve o afastamento da presidente Dilma Rousseff em um processo controverso e contraditório.
- **O Poder Legislativo é atribuído a um parlamento bicameral** – O Congresso é formado pelo Senado e pela Câmara dos Deputados; os parlamentares são eleitos por meio de sufrágio universal e têm mandato fixo.
- **O presidente da república tem poder de veto** – Guiado pelo princípio da separação de poderes, o sistema presidencialista prevê que os projetos aprovados pelo Legislativo sejam remetidos ao chefe do executivo para serem sancionados ou vetados; com isso, o presidente da república não fica refém do Poder Legislativo.

Pesam favoravelmente ao presidencialismo os argumentos da "rapidez no decidir e no concretizar as decisões, a unidade de comando e a energia na utilização dos recursos do Estado" (Dallari, 2003, p. 244). Por outro lado, um argumento contrário ao presidencialismo é que ele pode ser transformar em uma ditadura de prazo fixo, pois o chefe do executivo pode agir contra a vontade do povo ou do congresso, diminuindo a importância dos partidos políticos (Streck; Morais, 2003).

2.2 As formas de governo

Na teoria política, existe uma ampla discussão a respeito das diferentes formas de governo, que refere-se ao modo como o poder político é organizado e exercido. Os filósofos gregos já discutiam qual era a melhor forma de governo e, para Aristóteles, as boas formas de governo seriam as que buscassem o bem comum e as corrompidas, as guiadas por interesses particulares (Aristóteles, 2005). Assim, esse teórico considera a monarquia e a politeia boas formas de governo, ao passo que a tirania e a democracia seriam formas degeneradas (Aranha; Martins, 2009).

Já para o pensador francês Rousseau, as formas de governo se distinguiriam pelo número de membros que as compõem: a democracia ocorria quando o governo é confiado para a maioria do povo; a aristocracia consistiria no governo de um pequeno grupo; e a monarquia concentraria o poder do governo em um único magistrado (Streck; Morais, 2003).

No século XVI, Maquiavel substituiu a divisão proposta por Aristóteles pela divisão dualista das formas de governo: a república e a monarquia (Bobbio, 1986; Maluf, 1995). Dois séculos depois de Maquiavel, o pensador francês Montesquieu reconhece uma terceira forma de governo, a despótica (Dallari, 2003), na qual o governante não segue leis e regras, mas realiza a sua vontade e seus caprichos. Na atualidade, a monarquia e a república são as formas predominantes de governo, cada qual com características próprias.

2.2.1 A monarquia

A forma monárquica de governo foi adotada por inúmeros Estados ao longo da história. Com o final do feudalismo, as monarquias absolutistas voltaram com toda a força na Europa e atualmente prevalecem as monarquias constitucionais, em que o governante "está sujeito às limitações jurídicas estabelecidas na Lei – Constituição" (Streck; Morais, 2003, p. 167).

Entre as características centrais da monarquia, Dallari (2003) destaca as seguintes:

- **Vitaliciedade** – O monarca governa enquanto tiver condições para exercer o cargo.
- **Hereditariedade** – O cargo é preenchido por meio de linha de sucessão; quando o cargo está vago, por conta da morte do monarca, o herdeiro da coroa o assume.
- **Irresponsabilidade** – O monarca não tem a obrigação de dar explicações sobre os motivos de suas decisões políticas.

A monarquia vem perdendo força e a maioria dos países que adotam essa forma de governo estão localizados na Europa. Inglaterra, Suécia, Bélgica, Noruega, Espanha, Holanda, entre outros, são alguns exemplos de governos monárquicos da atualidade. Contudo, nesses países prevalecem as monarquias constitucionais, com governo parlamentar. "O Rei é tão somente o chefe de Estado, sendo o governo exercido por um Gabinete ou por um Presidente do Governo, como é o caso da Espanha" (Streck; Morais, 2003, p. 168).

2.2.2 A república

A república é a forma de governo que aparece nos escritos de Maquiavel e que se contrapõe à monarquia. A partir do século XVIII, tanto na Europa como na América do Norte, cresceram os movimentos contrários à monarquia e que defendem a soberania popular como forma de governo (Dallari, 2003). Para os precursores da independência dos Estados Unidos da América, a "república era expressão democrática de governo, era a limitação do poder dos governantes e era a atribuição de responsabilidade política, podendo, assim, assegurar a liberdade individual" (Dallari, 2003, p. 228).

O propósito principal da república seria atender às reivindicações da população e instaurar um governo mais democrático. Sendo assim, uma de suas marcas principais é a limitação do poder e a rotatividade daqueles que ocupam os cargos de governo. Outras características da república como forma de governo são (Dallari, 2003, citado por Streck; Morais, 2003):

- **Temporariedade** – O chefe de governo tem um mandato fixo com possibilidade de ser reconduzido ao cargo, dependendo das regras de cada país;
- **Eletividade** – Os mandatários são eleitos pelo voto universal;
- **Responsabilidade** – O chefe de governo tem a obrigação de prestar contas à nação sobre as condutas e decisões políticas que toma.

Segundo Bobbio, Matteucci e Pasquino (1992), há repúblicas nascidas tanto de revoluções burguesas como de socialistas. Para pensadores marxistas, a república socialista não faz a distinção entre a sociedade e o Estado para garantir a implantação do comunismo. Para pensadores políticos não marxistas, as repúblicas socialistas não garantem a diversidade democrática ao pautarem suas ações em um regime de "partido único o hegemônico" (Bobbio; Matteucci; Pasquino, 1992, p. 1109).

A forma republicana de governo predomina em todo continente americano; no Brasil, foi implantada em 1889, após a Proclamação da República. Em 1993, foi realizado um plebiscito no país e a república foi confirmada com ampla maioria de votos (Streck; Morais, 2003, p. 167).

2.3 Os regimes políticos

Para Bobbio, Matteucci e Pasquino (1992, p. 1081), regime político é o conjunto das instituições que regulam a luta pelo poder e o seu exercício, bem como a prática dos valores que animam as instituições". Nesse sentido, cada regime político é orientado por valores e princípios que pautam as escolhas e as práticas que serão implementadas em determinada sociedade.

O regime político dá as diretrizes que marcam a relação entre governantes e governados, assim como pauta as relações econômicas e sociais entre os membros da sociedade. De acordo com Cotrim (2006), os regimes políticos são classificados na literatura política contemporânea em dois tipos fundamentais: democracia e ditadura. Para Srour (1987), além da democracia são considerados os regimes autoritário e totalitário.

2.3.1 O regime democrático

A palavra *democracia* vem do grego – *demos* significa povo e *kratos*, poder; assim, *democracia* significa poder do povo. Era um dos regimes políticos adotados na Grécia clássica. Os outros dois eram a monarquia e a aristocracia. No primeiro o poder está concentrado na mão de uma pessoa e no segundo um pequeno grupo assume o poder.

Na democracia, conforme explica Ribeiro (2005), o governo pode ser de uma só pessoa ou de um grupo, o fundamental é que o povo escolha quem governa e possa controlar a forma como governam. Para Chaui (2003), a democracia é a única forma de governo que considera legítimos os conflitos presentes na sociedade. Para essa autora, o regime democrático "não só trabalha politicamente os conflitos de necessidades e de interesses [...], mas procura instituí-los como direitos e, como tais, exige que sejam reconhecidos e respeitados" (Chaui, 2003, p. 406).

Do ponto de vista formal, podemos distinguir três modalidades de democracia: a direta, a semidireta e a representativa.

- **Democracia direta** – Modelo que foi aplicado em Atenas, mais precisamente durante o governo de Péricles, no século V a.C. Nessa modalidade, os cidadãos livres reuniam-se em assembleias para decidir os destinos da cidade – mulheres, escravos e estrangeiros eram excluídos de participar dessas reuniões políticas (Aranha; Martins, 2009). Rousseau também foi um defensor da democracia direta por considerar que esta seria a única forma capaz de fazer valer a vontade geral (Bastos, 1999).

- **Democracia semidireta** – Modelo que surgiu na Suíça e se expandiu pela Europa e América do Norte após a Primeira Guerra Mundial. Nesse modelo, foram criados mecanismos que permitem que o povo possa intervir nos processos legislativos. Entre esses instrumentos de participação popular, destacam-se o referendo, a iniciativa popular, o plebiscito e o *recall* (Bastos, 1999; Bonavides, 2003). Alguns desses instrumentos, como o referendo, a consulta popular e o plebiscito foram incorporados na Constituição Federal de 1988 (Brasil, 1988), mais precisamente no art. 17, incisos I, II e III.
- **Democracia representativa** – Essa forma de democracia prevalece na atualidade e foi instituída na luta contra o Antigo Regime (Chaui, 2003). Nesse modelo, escolhem-se representantes, por meio do voto, que tomarão as decisões políticas em nome do povo. Assim, os representantes eleitos ocupam as casas legislativas, o Senado e outros órgãos para fazer valer a vontade popular.

Para o cientista político Robert Dahl (Lemos, 2010), o regime político é considerado democrático quando cumpre uma série de exigências, como:

- permite a liberdade de organização em associações, entidades de classe, partidos etc.;
- há liberdade de expressão, na forma individual ou coletiva;
- as pessoas têm direito de voto em eleições livres e idôneas;
- os ocupantes de cargos públicos são eleitos;
- há imprensa livre e responsável, com acesso a fontes alternativas de informação.

Bobbio (1986) realiza uma análise detalhada da democracia representativa e faz um contraponto entre o ideal apresentado por esse modelo e as dificuldades que encontra na sua aplicação – contradições essas que o autor chama de *promessas não cumpridas*. Com base nisso, apresentamos, no Quadro 2.1, um contraponto entre o modelo democrático teórico e o modelo democrático real.

Quadro 2.1 – Modelo democrático teórico e real

Aspecto	Modelo democrático teórico	Modelo democrático (real)
Protagonistas	Indivíduo – sem corpos intermediários	Grupos
Forma de sociedade	Centrípeda	Centrífuga
Poder	Derrota das oligarquias	Oligarquias em concorrência
Representação	Mandato livre (interesses gerais)	Mandato imperativo (disciplina partidária)
Espaços de decisão	Poder ascendente	Poder descendente (burocracia)
Espaços de atuação	Quem vota – sufrágio universal Onde se vota – dever público	Dever social – menos espaço
Poder invisível	Eliminação do segredo Poder transparente Publicidade – forma de opinião pública	"Duplo Estado" (visível × invisível) Controle público × controle do público (quem controla os controladores?)
Educação para a cidadania	Prática democrática (cidadania ativa) Voto de opinião	*Voto di scambio* (de troca)

Fonte: Adaptado de Bobbio, 1986, citado por Streck; Morais, 2003, p. 105.

Essas contradições entre o ideal da democracia e a sua concretização ocorrem, segundo Bobbio (1986), por causa de uma série de fatores que ele chama de *obstáculos à democracia*. Assim, para esse autor, um primeiro grande obstáculo seria a complexificação da sociedade, que passou de uma economia familiar para uma economia de mercado em um capitalismo financeiro sem vinculação com a produção de bens e produtos. A complexidade social também fez com que surgisse o conflito entre a tomada de decisão centrada em um poder diluído, próprio da democracia, com o poder concentrado que predomina em uma realidade tecnocrática.

Outro obstáculo decorre do processo de democratização da sociedade (Bobbio, 1986). Com o aumento da participação social, novas demandas vão surgindo e o Estado, para dar conta delas, torna-se sempre mais burocrático. O poder passa a organizar-se de forma verticalizada, "contrapondo-se, assim, ao modelo democrático de um poder que se eleva da base para o topo" (Streck; Morais, 2003, p. 107). Esses obstáculos, contudo, não foram suficientes para acabar com os regimes democráticos (Bobbio, 1986).

2.3.2 O regime autoritário

Os regimes autoritários incluem os regimes antidemocráticos. Bobbio, Matteucci e Pasquino (1992) citam como exemplos de autoritarismo o despotismo oriental, as tiranias gregas, o império romano, as monarquias absolutas, os sistemas totalitários e as oligarquias dos países em desenvolvimento. Com isso, podemos perceber que há uma proximidade entre os regimes autoritários e totalitários. Nos dois regimes, as liberdades individuais são cerceadas em nome da segurança nacional e o Estado censura e reprime aqueles que pensam diferente (Aranha; Martins, 2009).

Para Cotrim (2006), os regimes autoritários contemporâneos, também entendidos como *ditatoriais*, apresentam características comuns (Quadro 2.2).

Quadro 2.2 – Características dos regimes autoritários

Elemento autoritário	Características
O poder político é concentrado.	O poder fica concentrado na mão de uma pessoa ou de um órgão colegiado. Os Poderes Legislativo e Judiciário são enfraquecidos.
As decisões políticas ocorrem sem a participação popular.	Não há eleições periódicas. Manifestações políticas públicas são proibidas.

(continua)

(Quadro 2.2 – conclusão)

Elemento autoritário	Características
Inexistência do Estado de direito.	Quem governa está acima das leis. Direitos fundamentais são sistematicamente desrespeitados.
Fortalecimento dos órgãos de repressão.	Adversários do regime ("subversivos") são perseguidos e presos. Terrorismo de Estado, com torturas e mortes.
Controle dos meios de comunicação de massa.	Controle dos meios de comunicação de massa. Implantação da censura oficial.

Fonte: Adaptado de Cotrim, 2006, p. 270-71.

Dentro das tipologias das ditaduras, há também a **ditadura do proletariado**, expressão que foi usada por Karl Marx pela primeira vez na obra *Luta de classe na França* (escrita em 1850) e compreende o estágio intermediário entre a superação do Estado burguês e a implantação da sociedade sem classes (Bobbio; Matteucci; Pasquino, 1992). Bobbio (1986) também destaca que, nessa expressão de Marx, o termo *ditadura* não tem um significado relevante, mas um sentido essencialmente descritivo, na medida em que "todos os Estados são ditaduras, no sentido de domínio de uma classe" (Bobbio, 2000, p. 165).

Muitas vezes, os governos autoritários contam com a ajuda das forças armadas para comandar o Estado e as instituições políticas – como ocorreu em larga escala na América Latina depois da década de 1960, quando inúmeros países tiveram seus governos, que haviam sido eleitos democraticamente, depostos com a ajuda das forças militares, que ocuparam o comando dos países. Foi o que aconteceu com o Chile, em 1973; o Uruguai, em 1973; o Paraguai, em 1954; a Argentina, em 1976; e a Bolívia, em 1964. No Brasil, o regime autoritário foi instalado em 1964, com a tomada do poder pelos militares, e durou até meados dos anos de 1980. Vários atos institucionais (medidas arbitrárias) foram implementados pelos dirigentes militares. Um dos mais violentos foi o Ato Institucional n. 5, de 13 de dezembro de 1968 (Brasil, 1968). Por meio dele uma série de medidas repressivas foram adotadas no Brasil e vários direitos foram supressos. Começava o que a história denominou de *anos de chumbo*, período no qual se implementou o aparato repressor do Estado, com de práticas de tortura em prisioneiros políticos (Napolitano, 2014).

2.3.3 O regime totalitário

Os regimes totalitários, segundo Bobbio, Matteucci e Pasquino (1992), têm em comum três aspectos centrais: uma ideologia oficial, o terror policial e o fato de serem dirigidos por um partido único de massa. A experiência do totalitarismo se concretizou na primeira metade do século XX com o fascismo, na Itália; o nazismo, na Alemanha; e o stalinismo, na antiga União Soviética. Para Hannah Arendt (citada por Streck e Morais, 2003), contudo, o Estado-polícia da Prússia, no século XVIII, já apresenta elementos totalitários com a concentração do poder político e da economia, além da manipulação da opinião pública.

Na perspectiva de Chaui (2003), o fascismo e o nazismo, embora sejam distintos, apresentam algumas características comuns:

- **Antiliberalismo** – Não significa a afirmação do socialismo, mas a defesa da total intervenção do Estado na economia e na sociedade.
- **Nacionalismo** – A nação é entendida como a pátria-mãe, a unidade territorial e a identidade racial e de tradições.
- **Corporativismo** – A sociedade é organizada pelo Estado em corporações do trabalho e do capital.
- **Partido único que organiza as massas** – O partido torna-se a mediação única entre a sociedade e o Estado e organiza associações dos diversos grupos que compõem a sociedade.
- **Imperialismo belicista** – O fascismo e o nazismo promovem políticas bélicas e de conquista, fazendo alusão às glórias do passado, principalmente as do império romano.
- **Propaganda de massa** – O nazifascismo, por meio da propaganda, procurou estimular a devoção incondicional à pátria e aos chefes políticos.

- **Racismo** – Menos intenso no fascismo, foi essencial no regime nazista, que pregava a superioridade da "raça ariana" e a perseguição e extermínio de outros grupos étnicos, principalmente judeus e ciganos.

O governo de Joseph Stálin, na União Soviética, em 1924, também costuma ser referido como totalitarista e ficou conhecido como *stalinismo*, tendo características totalitárias semelhantes àquelas verificadas no nazismo e no fascismo, tais como o partido único, a ausência de liberdade, a perseguição aos opositores e a criação de campos de trabalhos forçados (Aranha; Martins, 2009; Chaui, 2003). Para Soljenitsin, citado por Aranha e Martins (2009, p. 271), "Stálin não passava de um Egocrata, o ser todo-poderoso que apaga a distinção entre a esfera do Estado e a da sociedade civil".

2.4 Estado liberal, Estado social, Estado neoliberal e Estado socialista

Com o desenvolvimento do Estado moderno e o desenvolvimento do sistema econômico capitalista, novas configurações e formas de atuação do Estado foram surgindo. Ao analisar o grau de penetração do Estado na vida social e individual, podemos identificar quatro modelos: o Estado liberal, o Estado social, o Estado neoliberal e o Estado socialista.

2.4.1 O Estado liberal

Definir o que é liberalismo é uma tarefa árdua e complexa. Contudo, podemos citar a tentativa de Bobbio, Matteucci e Pasquino (1992, p. 702-703) de conceituar o liberalismo na sua forma ocidental:

> O Liberalismo lutara fundamentalmente pelas liberdades **de** (isto é, de religião, de palavra, de imprensa, de reunião, de associação, de participação no poder político, de iniciativa econômica para o indivíduo), e consequentemente reivindicara a não interferência por parte do Estado e a garantia para estes direitos individuais, civis e políticos. O enfoque atual é orientado para as liberdades **do** ou **da** (isto é, da necessidade, do medo, da ignorância), e para atingir estas finalidades implícitas na lógica universalista do Liberalismo renunciou-se ao dogma da não intervenção do Estado na vida econômica e social. (Bobbio; Matteucci; Pasquino, 1992, p. 702-703, grifo do original)

Sabemos que o Estado liberal se desenvolveu a partir de meados do século XVIII e surgiu no contexto da Revolução Inglesa, da Revolução Francesa, do Iluminismo e do racionalismo individualista. De acordo com Dias (2008), o modelo se contrapôs ao regime absolutista em vigor na Europa e teve nas declarações de direitos – tanto a francesa, de 1789, como a americana, de 1776 – sua fonte de inspiração. As declarações de direitos foram importantes, pois introduziram duas práticas para garantir a liberdade individual: a separação dos poderes e o Estado de direito.

Nesse contexto, os autores contratualistas, principalmente Locke e Rousseau, influenciaram o desenvolvimento do Estado liberal – a teoria liberal também foi aprimorada, no século XX, com a contribuição do pensador Max Weber. Assim, Chaui (2003) explica que, na teoria liberal, o Estado tem uma tríplice função:

1. por meio de leis e do uso legal da violência, o Estado deve garantir o direito natural de propriedade, sem interferir na vida econômica;
2. o Estado deve garantir as relações sociais entre os indivíduos e Estado e arbitrar os conflitos da sociedade civil;
3. o Estado não tem o direito de intervir sobre a esfera privada, mas deve garantir a liberdade de consciência e de pensamento dos governados.

A teoria liberal, no campo econômico, inspira-se nas ideias de Adam Smith, especialmente em sua obra *A riqueza das nações*, escrita em 1776. De acordo com Smith (citado por Streck; Morais, 2003, p. 55), a harmonia social e econômica é fruto da livre concorrência e, por isso, seria fundamental "dar liberdade à ação individual e limitar o papel do Estado à simples manutenção da ordem e segurança".

A expressão francesa *Laissez faire, laissez passer, le monde va de lui-même* (que, em português, seria: Deixai fazer, deixar passar, o mundo caminha por si só) é atribuída a Vincent de Gournay, mas foi retomada por Adam Smith na obra *A riqueza das nações* e revela a essência do pensamento liberal, ao imprimir a ideia de que o Estado liberal não deve interferir na regulação econômica, reforçando a ideia de que a busca dos interesses individuais produzirá o bem-estar coletivo (Maluf, 1995) – concepção otimista do egoísmo e da ambição humana que foi questionada por Marx em meados do século XIX.

2.4.2 O Estado social ou Estado de bem-estar social

O Estado de bem-estar social (*welfare state*), ou Estado assistencial, é definido por Bobbio, Matteucci e Pasquino (1992, p. 416) como aquele que "garante tipos mínimos de renda, alimentação, saúde, habitação, educação, assegurados a todo o cidadão, não como caridade, mas como direito político". Assim, conforme (Maluf, 1995), o Estado liberal clássico deu lugar a um Estado social, que buscou corrigir os desequilíbrios que estavam ocorrendo nas economias ocidentais na primeira metade do século XX.

Nesse modelo, o Estado passou a assumir o papel de regulador da economia, contrariando a clássica visão liberal de que o campo econômico era área exclusiva da iniciativa particular. Com base nessa ideia, Dallari (2003) e Streck e Morais (2003) identificam algumas causas que promoveram o surgimento do Estado de bem-estar social:

- O aumento da proletarização e urbanização decorrentes da Revolução Industrial e as alterações que esses fenômenos provocaram nas condições de trabalho.

- O desregulamento da economia liberal por conta do aumento da demanda de armamentos e provisões trazidos pela Primeira Guerra Mundial.
- O fato de que a crise econômica de 1929 e a depressão mostraram que a estabilidade econômica dependia da conciliação entre a iniciativa privada e a ação governamental.
- O papel do Estado como controlador dos recursos sociais e da economia, depois da Segunda Guerra Mundial.
- Os movimentos sociais que questionam o dogma liberal de que a "mão invisível do mercado" seria capaz de levar o processo econômico a bom termo havia se fortalecido.

Nesse contexto, o economista inglês John Keynes foi um dos inspiradores das ideias econômicas do Estado social. No final do século XIX surgiram documentos elaborados pela Igreja Católica que criticam a exploração dos trabalhadores. Esses documentos papais são chamados de *encíclicas* e fazem parte da doutrina social-cristã. Um dos primeiros documentos foi a encíclica *Rerum Novarum*, de 1891, que "garante a propriedade como instrumento de liberdade, mas condena seus abusos individualistas" (Bobbio; Matteucci; Pasquino, 1992, p. 382). Os escritos da doutrina social-cristã também influenciaram a criação do liberalismo social (Streck; Morais, 2003). Considerando esses acontecimentos, Chaui (2003, p. 400) descreve as novas tarefas desempenhadas pelo Estado:

> O Estado, em lugar de ser o árbitro de conflitos, postado acima da sociedade civil (à maneira liberal), passa a intervir na economia, investindo em indústrias estatais, subsidiando empresas privadas na indústria, na agricultura e no comércio, exercendo controle sobre preços, salários e taxas de juros. Assume para si um conjunto de encargos sociais ou serviços públicos, entendidos como direitos sociais reivindicados pela classe trabalhadora: saúde, educação, moradia, transporte, previdência social, salário-desemprego, salário-família etc. Além dos direitos sociais, também atende demandas de cidadania política, como o sufrágio universal.

O Estado social teve o seu auge no Ocidente, no período que vai de 1945 a 1975. Chaui (2003) relata que, com a Guerra Fria, o Estado de bem-estar social tornou-se uma espécie de contraponto do socialismo soviético e impediu que países em desenvolvimentos seguissem o caminho das revoluções comunistas. Assim, conforme (Estanque, 2013), a crise do petróleo de 1973-1974 e o crescimento das economias asiáticas agravaram a desconfiança nas políticas intervencionistas do Estado social. Outro fator que ampliou a crise do Estado assistencial foi, segundo Bobbio, Matteucci e Pasquino (1992), a paralisia e a burocratização da atividade estatal provocada pelo aumento das demandas sociais. Com a crise instalada, a volta ao Estado liberal ganhou força – mas com uma nova roupagem, passando a ser denominado de *neoliberal*.

2.4.3 O Estado neoliberal

A partir da década de 1980, um novo modelo de liberalismo surgiu no Ocidente, tendo como precursores os Estados Unidos e a Inglaterra. Esse novo modelo, chamado de *neoliberal*, foi implementado nos anos 1990 na América Latina e em outras partes do planeta. Numa análise crítica sobre neoliberalismo, Harvey (2008, p. 12) define essa forma de organização política e econômica da seguinte forma:

> O neoliberalismo é em primeiro lugar uma teoria das práticas político-econômicas que propõe que o bem-estar humano pode ser melhor promovido liberando-se as liberdades e capacidades empreendedoras individuais no âmbito de uma estrutura institucional caracterizada por sólidos direitos a propriedade privada, livres mercados e livre comércio. O papel do Estado é criar e preservar uma estrutura institucional apropriada a essas práticas; o Estado tem de garantir, por exemplo, a qualidade e integridade do dinheiro. Deve também estabelecer as estruturas e funções militares, de defesa, da polícia e legais requeridas para garantir direitos de propriedade individuais e para assegurar, se necessário pela força, o funcionamento apropriado dos mercados.

As políticas neoliberais apostam em três elementos centrais: desregulamentação da economia, incentivo às privatizações e diminuição do tamanho do Estado. Dessa forma, o Estado minimalista, como é defendido pelo neoliberalismo, restringe a sua atuação nas áreas de defesa nacional, policiamento e justiça (Aranha; Martins, 2009). As políticas implementadas pelo Estado neoliberal têm repercussões negativas para a classe trabalhadora, como expressa o texto a seguir:

> A estratégia neoliberal consiste na disciplinarização das forças de trabalho, na reestruturação da dívida pública dos países, na flexibilização do mercado de trabalho, na abertura dos mercados em nome da competitividade, na privatização de bens públicos, [na] desregulamentação, na reinvenção permanente de formas de "acumulação primitiva" (ou acumulação por despossessão, como Harvey propõe), entre outras. (Costa, 2015, p. 109)

Para diminuir o déficit fiscal do Estado, duas medidas propostas no receituário do Consenso de Washington[1] (Henderson, 2003) foram o corte de gastos na área social e a venda do patrimônio estatal. No Brasil, são exemplo da implementação dessas políticas as vendas realizadas, nos anos 1990, pelo governo de Fernando Henrique Cardoso (FHC), como a da Vale do Rio Doce, da Usiminas e de tantas outras empresas públicas (Streck; Morais, 2003). As crises econômicas, como a ocorrida em 2008, relacionada com o aquecimento do mercado imobiliário norte-americano, têm consequências mundiais e colocam em cheque o modelo do "Estado mínimo" neoliberal.

2.4.4 O Estado socialista

Com a Revolução Industrial, aumentaram os índices de exploração da classe operária e as injustiças sociais. O Estado liberal, que impulsionava o modelo econômico capitalista, passou a ser questionado pelos novos movimentos operários e sociais e, para

---

1 O Consenso de Washington é o "paradigma econômico dominante do Ocidente promovido pelos Estados Unidos, o Banco Mundial, o Fundo Monetário Internacional (FMI) e suas preponderantes escolas de economistas acadêmicos de ambos os lados do Atlântico" (Henderson, 2003, p. 51). Esse modelo foi implementado em todo o mundo a partir dos anos de 1990.

possibilitar a redistribuição das riquezas, teria sido necessário destruir o Estado liberal, aliado da classe burguesa.

Nesse contexto, na Inglaterra, berço da Revolução Industrial, o movimento operário foi se fortalecendo. Para orientar as práticas e ações políticas do movimento comunista, Karl Marx e Friedrich Engels escrevem o *Manifesto comunista*, em 1848, no qual o primeiro passo proposto era a tomada do poder político por parte do proletariado. Com a ascensão ao poder da classe proletária, Marx e Engels sustentavam que a luta de classes levará ao fim do Estado burguês e a implantação do comunismo.

> Ora, uma vez que o Estado é, toda via, apenas uma instituição transitória de que, na luta, na revolução, alguém se serve para reprimir pela força os seus adversários, é um puro contrassenso falar de Estado popular livre: enquanto o proletariado precisar ainda do Estado, precisa dele não no interesse da liberdade, mas da repressão dos seus adversários e, logo que se puder falar de liberdade, o Estado como tal deixa de subsistir. (Marx; Engels, 1985, p. 31)

Marx e Engels desenvolveram o **socialismo científico**, fundamentado no método histórico dialético, em oposição ao socialismo utópico[2], desenvolvido por Saint-Simon, Fourier e Proudhon. Marx opõe-se ao materialismo dialético de Hegel e afirma que as relações materiais e as relações de produção é que vão determinar o modo de ser e de pensar das pessoas (Aranha; Martins, 2009). "O modo de produção da vida material condiciona o processo em geral de vida social, política e espiritual. Não é a consciência dos homens que determina o seu ser, mas, ao contrário, é o seu ser social que determina sua consciência" (Marx, 1978, p. 130).

Segundo Maluf (1995), o método histórico-dialético apresenta quatro teses que são interligadas:

1. a interpendência dos fenômenos da natureza e da sociedade;
2. a luta de contrários como motor da história e do desenvolvimento;

---

2   O socialismo utópico, teoria elaborada por Saint-Simon, Fourier e Proudhon, defende que a sociedade pode ser reformada apelando para a boa vontade das pessoas e colocando em segundo lugar a luta de classes (Aranha; Martins, 2009).

3. o desenvolvimento que ocorre pela passagem das mudanças quantitativas para as qualitativas;
4. o movimento, a transformação e o desenvolvimento da natureza e da sociedade.

A doutrina socioeconômica da teoria de Marx e Engels faz uma crítica ao Estado liberal que, segundo esses autores, é a expressão da dominação da classe proprietária sobre a proletária. A questão é: Teriam Marx e Engels criado uma teoria de Estado? Para Maluf (1995) e Gruppi (1996), não há uma teoria marxista de Estado. O marxismo prevê a tomada do poder político, a implantação da ditadura do proletariado e a extinção do Estado. Nesse processo, no entanto, Marx entende que é necessário um poder estatal. Gruppi (1996, p. 46) assim explica essa questão:

> Marx afirma justamente que, para o trânsito do Estado burguês à sociedade sem Estado, é necessário um poder estatal, o qual, entretanto, não é mais um poder estatal no verdadeiro sentido da palavra, mas ainda é um Estado. Em Marx temos a análise do Estado burguês porque, para derrubar o Estado burguês e construir uma sociedade sem Estado é preciso primeiro conhecê-lo. Marx elaborou os fundamentos de um verdadeiro conhecimento do Estado burguês em sua obra *O capital*.

A primeira experiência de implantação das teorias socialistas ocorreu em 1917, com a tomada do poder na Rússia. O grande sujeito revolucionário não foi a classe proletária, que era quase inexistente, mas o Partido Bolchevique (Chaui, 2003). Com a ascensão de Stálin ao poder, na década de 1930, a economia foi estatizada e aumentou o controle militar e ideológico sobre a sociedade soviética. Dallari (2003) relata que Stálin foi acusado de abandonar os ideais socialistas e promover um capitalismo de Estado. Nessa perspectiva, se o intervencionismo de Estado não pode ser considerado socialismo, quais seriam, então, as características de um suposto Estado socialista? Dallari (2003, p. 298) responde essa questão:

O que caracteriza, realmente, o Estado socialista é o predomínio dos interesses das pessoas humanas, concebidas e tratadas como essencialmente iguais e necessariamente integradas numa coletividade, em oposição ao Estado capitalista que faz preponderar os interesses do capital, concebendo os seres humanos como indivíduos isolados e opostos aos demais indivíduos.

Após a Segunda Guerra Mundial, a União Soviética ampliou sua área de influência sobre o Leste Europeu e, em 1954, ao ser aprovada a constituição da República Popular da China, o sudoeste asiático do Vietnã e a Correia do Norte aderiram ao modelo socialista. Na América, houve o caso de Cuba, que, no início dos 1960, rompeu com o modelo de Estado liberal e se aliou à União Soviética.

2.4.4.1 A concepção do Estado em Gramsci

Filósofo e líder comunista italiano, Antonio Gramsci difundiu o pensamento marxista na Itália no início do século XX, apresentando sua concepção de Estado e mostrando a importância dos aspectos subjetivos e culturais na instauração de processos revolucionários. Assim, Gramsci retoma a concepção de ditadura do proletariado, como aparece no pensamento de Lênin, e destaca a importância da revolução cultural para transformar as estruturas da sociedade (Gruppi, 1996).

Para Gramsci (Gruppi, 1996), os intelectuais têm um papel importante na conservação e na construção de projetos de hegemonia de classe. Segundo o pensador italiano, essa categoria não pode ser vista como uma casta separada das demais, mas entendida como conjunto de pessoas pertencentes a uma classe e que atuam inseridos na sociedade (Semeraro, 2006).

> Então, são orgânicos os intelectuais que, além de especialistas na sua profissão, que os vincula profundamente ao modo de produção do seu tempo, elaboram uma concepção ético-política que os habilita a exercer funções culturais, educativas e organizativas para assegurar a hegemonia social e o domínio estatal da classe que representam. (Gramsci, 1975, p. 1.518, citado por Semeraro, 2006, p. 378)

Conforme nos explica Carnoy (1988, p. 94), na sua concepção de Estado, Gramsci contrapõe-se à teoria marxista de Estado em dois aspectos: "primeiro, Gramsci enfatiza a supremacia das superestruturas ideológicas sobre a estrutura econômica; segundo, enfatiza a supremacia da sociedade civil (consenso) sobre a sociedade política (força)". Nesse contexto, temos também que o elemento central no pensamento político de Gramsci é o conceito de *hegemonia*, que, segundo Simionatto (2004), pode ser entendido como a visão de mundo de uma classe que passa a orientar a direção política e cultural de uma sociedade. Dito de outra forma:

> a hegemonia diz respeito à habilidade da classe dominante de obter e manter seu poder sobre a sociedade pelo controle que mantém sobre os meios de produção econômicos e sobre os instrumentos de repressão, mas, principalmente, por sua capacidade de produzir e organizar o consenso e a direção política, intelectual e moral dessa sociedade. (Vasconcelos; Silva; Schmaller, 2013, p. 85)

No processo de consolidação da hegemonia, os intelectuais e os movimentos que atuam na sociedade assumem papeis centrais. Conforme explicam Vasconcelos, Silva e Schmaller (2013, p. 86), esses intelectuais orgânicos atuam "como agentes das classes dominantes, sendo responsáveis pela elaboração de um arcabouço ideológico, transformado em 'concepção de mundo', capaz de impregnar todo o 'corpo social' em favor das mesmas".

Para fazer frente a essa hegemonia da classe dominante, Gramsci (2000) propõe o fortalecimento da sociedade civil e dos partidos políticos, sindicatos e outros movimentos sociais. Dessa forma, uma nova hegemonia é constituída, agora centrada na classe operária, e assim pensamento e ação se unificam e as classes subalternas implementam uma nova cultura revolucionária, realizando também a reforma moral e intelectual (Gruppi, 1996).

Síntese

Neste capítulo, tivemos a oportunidade de abordar quatro tópicos: os sistemas de governo; as formas de governo; os regimes políticos; e a tipologia das formas de Estado (liberal, social, neoliberal e socialista). Assim, vimos que o sistema de governo é a forma como se dá a relação entre os Poderes Executivo, Legislativo e Judiciário. Nesse sentido, temos dois sistemas clássicos de governo: o parlamentarismo e o presidencialismo. O primeiro, que foi estruturado no século XVIII, na Europa, tem três características centrais:

1. Há uma clara distinção entre o chefe de Estado e o de governo.
2. O chefe de governo tem responsabilidade política. O Primeiro Ministro não tem mandato fixo e permanece no cargo enquanto tiver o voto da maioria parlamentar.
3. Há uma estreita relação entre o governo e o parlamento.

No Brasil, o parlamentarismo foi implementado em duas ocasiões: durante o Segundo Reinado de Dom Pedro II, que exercia o poder moderador e escolhia o presidente do conselho de ministros, e nos anos de 1961 a 1963, com o objetivo de enfraquecer o poder do Presidente João Goulart. O presidencialismo, por sua vez, surgiu no século XVIII, no processo de independência dos Estados Unidos da América. Dentre as características centrais desse sistema, Dallari (2003) destaca as seguintes:

- O presidente da república é o chefe de Estado e o chefe de governo.
- O presidente da república é escolhido pelo voto, por um prazo determinado.
- O Poder Legislativo é atribuído a um parlamento bicameral.
- O presidente da república tem poder de veto.

No século XVI, Maquiavel apresentou o modelo dualista de formas de governo: a república e a monarquia. A forma monárquica prevaleceu do século XVI até o XIX; hoje é adotada em alguns países da Europa, como monarquias constitucionais. Entre as características centrais dessa forma de governo estão: vitaliciedade, hereditariedade e irresponsabilidade do monarca.

A forma republicana de governo ganhou força no movimento de independência das colônias estadunidenses no século XVIII. A república instaurou um governo mais democrático a fim de garantir a rotatividade daqueles que ocupam os cargos de públicos. Como pudemos ver, atualmente a forma republicana de governo é predominante na América e está presente em diversos países do continente africano, europeu e asiático. Na república, os chefes de governo têm mandato fixo, são eleitos pelo voto universal e devem prestar conta das decisões políticas que executa.

Nesse contexto, pudemos ver também que, no que diz respeito à relação entre governantes e governados, há três formas de regimes políticos que se destacam: o democrático, o autoritário e o totalitário. Conforme estudamos neste capítulo, a democracia surgiu na Grécia clássica e, segundo Chaui (2003), é a única forma de governo que considera legítimo os conflitos presentes na sociedade. Quanto às modalidades, a democracia pode ser direta, semidireta e representativa – esse último modelo é o que prevalece na atualidade. Para Bobbio (1986) há diferenças significativas e incoerências entre o modelo democrático teórico e a democracia real.

Dentre os obstáculos que dificultam a implementação da democracia, vimos que a complexificação da sociedade, o capitalismo financeiro e a burocracia estatal estão em destaque. Nos estados totalitários, o poder é concentrado, há pouca participação popular, não há Estado de direito e os órgãos de repressão são fortalecidos e, por isso, os regimes totalitários são também chamados de *ditaduras*.

Na América Latina, as ditaduras militares de direita foram instauradas a partir dos anos 1960, com apoio dos Estados Unidos, para frear o avanço das mobilizações sociais no continente. Houve também governo autoritário na então União Soviética. Outras formas de governos totalitários foram o fascismo italiano e o nazismo alemão. Para Chaui (2003), algumas características comuns aos regimes totalitários são: nacionalismo, corporativismo, partido único que organiza as massas, imperialismo belicista, propaganda de massa e racismo.

Em seguida, analisamos quatro tipologias do Estado contemporâneo: o liberal, o social, o neoliberal e o socialista. O primeiro surgiu no século XVIII no contexto do Iluminismo e das Revoluções Inglesa, Francesa e Americana. Nesse contexto, os autores contratualistas (especialmente Locke e Rousseau) influenciaram o desenvolvimento do Estado liberal. A expressão francesa *laissez faire, laissez passer, le monde va de lui-même* revela a essência do pensamento liberal a respeito das ações do Estado: não interferir na regulação econômica, cuidar principalmente da segurança e garantir os direitos naturais.

Assim, o Estado social, ou do bem-estar social, surgiu depois da crise econômica de 1929, pedindo do Estado uma maior interferência no setor econômico, sem abrir mão do sistema capitalista. Dessa forma, a partir de 1980, o Estado neoliberal foi desenvolvido e procurou diminuir o papel do Estado (Estado mínimo) além de promover a desregulamentação da economia e de incentivar a privatização de empresas estatais. Na América Latina, o neoliberalismo foi implementado a partir dos anos de 1990 e perdeu força a partir do início do século XXI.

Por último, discutimos o Estado socialista por meio da análise elaborada por Marx e Engels. Segundo as análise de Gruppi (1996) e Maluf (1995), esses pensadores não elaboraram uma teoria sobre o Estado, mas fizeram uma análise das contradições presentes no sistema capitalista. Por meio do método do materialismo histórico dialético, mostraram a exploração presente nas relações de produção do capitalismo, almejando construir uma sociedade mais justa e igualitária. Para Dallari (2003), o que caracteriza o Estado socialista é o predomínio dos interesses das pessoas, concebidas e tratadas como iguais e integradas em uma coletividade. Assim, para alguns autores, o modelo socialista implementado na antiga União Soviética não passava de um capitalismo de Estado.

Para saber mais

Filmes

BATISMO de sangue. Direção: Helvécio Ratton. Brasil: Elo Audiovisual, 2007. 110 min.

Esse filme é uma adaptação do livro homônimo de Frei Betto e retrata a perseguição e a tortura que frades dominicanos sofreram no final dos anos de 1960 por resistirem ao regime militar que então vigorava no país. A película narra a história dos freis Tito (Caio Blat), Fernando (Léo Quintão), Betto (Daniel de Oliveira) e outros que são acusados de apoiar e proteger pessoas ligadas ao grupo armado Ação Libertadora Nacional (ALN), dirigida por Marighella (Marku Ribas). Com o intuito de prender Marighella e outros participantes do grupo revolucionário os policiais passam a vigiar os freis. Posteriormente eles também são presos e submetidos à tortura física e psicológica para delatar o paradeiro de Marighella. Frei Tito foi um dos mais torturados e, mesmo depois de libertado e longe do Brasil (foi viver na França), o personagem não consegue se livrar dos seus algozes, pois as sequelas psíquicas das atrocidades permanecem. Um ótimo filme para conhecer melhor a violência que marcou o regime militar brasileiro de 1964 até 1985.

CAPITALISMO: uma história de amor. Direção: Michael Moore. EUA: Overture Films, 2008. 127 min.

O documentário foi realizado por Michael Moore, escritor e crítico da violência armada e das desigualdades econômicas provocadas pelas grandes corporações. Ele ficou conhecido pela produção de Fahrenheit 9/11 *(2004), que critica George Bush e a invasão do Iraque e* Tiros em Columbine *(2002), em que aborda a violência armada no seu país.* Capitalismo: uma história de amor *analisa as raízes da crise financeira ocorrida em 2008, iniciada com a especulação imobiliária. Moore mostra as contradições do sistema capitalista, que busca auxílio dos governos para cobrir os seus rombos enquanto a população mais pobre sofre as consequências da voracidade das corporações que buscam o ganho a qualquer preço.*

Com ironia e deboche, Moore desmascara a corrupção e a ganância que movem o sistema financeiro. O documentário também revela como o consumismo é manipulado para favorecer o acúmulo e a concentração de capital e o aumento da miséria da maioria.

Livros

DALLARI, D. A. **Elementos de teoria geral do Estado**. 33. ed. São Paulo: Saraiva, 2016.

Essa é uma obra estudo da organização e funcionamento do Estado. Dalmo Dallari é um jurista respeitado e professor emérito da faculdade de direito da Universidade de São Paulo (USP). O livro aborda com clareza e profundidade os elementos que fazem parte da estrutura do Estado e os desdobramentos práticas que deles decorrem. O autor faz uma abordagem histórica dos temas e apresenta as diversas visões que foram desenvolvidas sobre eles. Trata-se de uma leitura da obra essencial para quem quer conhecer com mais profundidade os meandros da organização e o funcionamento do aparato estatal.

RIBEIRO, R. J. **A democracia**. 2. ed. São Paulo: Publifolha, 2005.

A obra foi escrita por Renato Janine Ribeiro, professor titular de Ética e Filosofia Política na USP. Nessa obra, Ribeiro relata de forma clara o desenvolvimento histórico da democracia no Ocidente e destaca a importância que o tema democracia recebeu a partir do século XVIII, com a defesa dos direitos humanos. Ribeiro também analisa os problemas presentes na democracia na atualidade e pergunta se ainda pode haver democracia. A leitura dessa obra é essencial para conhecer melhor o regime democrático, suas potencialidades e limitações.

Questões para revisão

1. Sistema de governo é a forma como se dá a relação entre os três poderes (Executivo, Legislativo e Judiciário) no exercício das funções governamentais. Dessa relação entre os poderes, surgem dois sistemas clássicos: o parlamentarista e o presidencialista. Sobre o tema dos sistemas de governo parlamentarista e presidencialista, indique se as proposições a seguir são verdadeiras (V) ou falsas (F):

    ( ) No sistema parlamentarista, o primeiro ministro exerce o Poder Executivo e permanece no cargo enquanto tiver a aprovação do parlamento.
    ( ) No presidencialismo, o presidente da república pode vetar ou sancionar os projetos de lei aprovados pelo Poder Legislativo.
    ( ) O parlamentarismo foi criado nos Estados Unidos da América e é considerado um sistema mais estável do que o presidencialismo.
    ( ) No sistema presidencialista, o presidente assume a função de chefe de Estado enquanto o presidente do Senado assume o Poder Executivo.
    ( ) O parlamentarismo foi adotado no Brasil durante o reinado de Dom Pedro II e entre os anos de 1961 e 1963.

    Agora assinale a alternativa que contém a sequência correta:
    a) V, V, F, F, V.
    b) V, F, F, V, F.
    c) F, V, F, V, V.
    d) V, F, V, V, F.

2. Leia o seguinte trecho:

    > A rigor, porém, a expressão forma de governo é mais precisa, quando se trata de estudar os órgãos de governo, através de sua estrutura fundamental e da maneira como estão relacionados. Como se pode facilmente perceber, mesmo pela observação superficial dos Estados, as formas de governo são extremamente variáveis, não havendo um só Estado que não apresente em seu governo uma peculiaridade exclusiva. [...] Na realidade, ainda hoje, a monarquia e a república

são as formas fundamentais de governo, sendo necessário, portanto, fazer a fixação das características de cada uma e o exame dos principais argumentos favoráveis e contrários a elas. (Dallari, 2003, p. 223, 226)

Com base no que você acabou de ler sobre o tema das formas de governo monárquico e republicano, assinale a alternativa **incorreta**:

a) Atualmente prevalecem as formas de monarquia constitucional, nas quais os governantes estão sujeitos aos limites estabelecidos pela legislação.
b) A forma republicana de governo, prevalecente na Europa, foi implantada no Brasil em 1808.
c) O monarca não tem a obrigação de dar explicações sobre os motivos de suas decisões políticas.
d) Uma das marcas da república é a limitação do poder e a rotatividade daqueles que ocupam os cargos de governo.

3. Leia o seguinte trecho:

> A sociedade democrática institui direitos pela abertura do campo social à criação de direitos reais, à ampliação de direitos existentes e à criação de novos direitos. Eis porque podemos afirmar, em primeiro lugar, que a democracia é a única sociedade e o único regime político que considera o conflito legítimo. O conflito não é obstáculo; é a constituição mesma do processo democrático. Essa talvez seja uma das maiores originalidades da democracia. Não só trabalha politicamente os conflitos de necessidades, carências e interesses (disputas entre os partidos políticos e eleições de governantes pertencentes a partidos opostos), mas procura instituí-los como direitos e, como tais, exige que sejam reconhecidos e respeitados. (Chaui, 2012, p. 152-153)

Com base no que você acabou de ler sobre o tema do Estado democrático, analise as afirmativas a seguir:

I. No Estado democrático, o desenvolvimento social é ameaçado pelos conflitos que são gerados pela defesa de interesses divergentes na sociedade.
II. Em um Estado democrático, os direitos são instituídos com base nas disputas presentes na sociedade e passam a ser garantidos pelo Estado.

III. Para Rousseau, a democracia direta é a forma de governo mais indicada, pois é a única capaz de fazer valer a vontade geral.
IV. No regime democrático, os conflitos de necessidades e carências são transformados em novos direitos a serem garantidos.
V. O Estado democrático surgiu na Idade Média e foi perdendo força com o desenvolvimento da Revolução Industrial.

Estão corretas apenas as afirmativas:
a) I, II e V.
b) II e IV.
c) I e III.
d) II, III e IV.

4. A partir de 1980, o modelo neoliberal ganhou força na economia e na política. Disserte sobre as características desse modelo e as consequências de sua implementação para a classe trabalhadora.

5. As teorias socialistas surgiram no século XIX e são classificadas em *socialismo utópico* e *socialismo científico*, de Karl Marx. Apresente as diferenças entre esses dois tipos de socialismo.

Questões para reflexão

Leia o texto a seguir e responda as questões.

Impeachment, golpe político e democracia

A defesa da continuidade do governo Dilma Rousseff não se confunde com a defesa do governo Dilma Rousseff. É a defesa das regras da democracia eleitoral que temos, contra os "atalhos" do golpismo renitente das elites brasileiras. No interregno democrático de 1945 a 1964, foram constantes as tentativas de destituição de governantes eleitos, sob os mais variados pretextos, quando desagradavam a tais setores. Se o padrão se repetir agora, nosso novo experimento democrático estará condenado ao fracasso. Por isso, a manobra em curso precisa ser debelada de maneira incontestável.

Parece se formar um consenso entre os juristas – exceto aqueles claramente comprometidos com a destituição da presidente da República – de que não há base legal para o *impeachment* de Dilma Rousseff. As alegadas "pedaladas fiscais" não provêm fundamento suficiente, seja porque não consistem em atos de responsabilidade pessoal direta da chefe do Poder Executivo, seja porque não constituem **crime contra a lei orçamentária**, tal como tipificado no capítulo 5 da lei 1.079/1950, que regula o processo de *impeachment* no país e as possibilidades para que ele seja desencadeado. A chamada "pedalada" pode se tratar de um pecadilho, segundo aqueles que acreditam que a manobra era necessária para manter o financiamento dos programas sociais, como quer o governo, ou uma contravenção mais grave, de acordo com a visão mais alinhada com o regime de terror contábil que a Lei de Responsabilidade Fiscal (LRF) estabeleceu como marca da boa administração pública. Mas **crime** certamente não é. De resto, trata-se de estratagema usado por todos os governos, desde que a LRF foi instituída, incluídos aí governos dos entes federados. A remoção de Dilma Rousseff por tal motivo abriria um precedente que poderia gerar um verdadeiro vácuo institucional.

Diante disso, boa parte da defesa correntemente feita do impedimento da presidente Dilma Rousseff se sustenta na ideia de que se trata de um julgamento político, logo não necessitaria de base jurídica. Tal ideia é profundamente equivocada e, sobretudo, nociva para o funcionamento das regras democráticas. O fato do julgamento ser político não implica a irrelevância do fundamento jurídico. Se não, nem precisaria haver uma legislação caracterizando as situações em que pode ocorrer o *impeachment* da presidente. Se tudo se apoia no arbítrio de uma maioria qualificada na Câmara dos Deputados, a noção de "crime de responsabilidade" fica carente de sentido.

Um julgamento meramente político compromete o equilíbrio que, no presidencialismo, se espera manter entre o Poder Executivo e o Poder Legislativo. No regime presidencialista,

> quem exerce a presidência possui uma legitimidade popular própria, independente do Congresso. O fato de estar em minoria no parlamento não retira tal legitimidade, que emerge do voto popular. É por isso que o *impeachment*, ao contrário do voto de desconfiança típico do parlamentarismo, é uma medida excepcional, que exige a identificação nítida de crime de responsabilidade da presidente para ser posta em marcha. A utilização leviana de tal instituto, motivada apenas por interesses políticos de momento, como ocorreu por exemplo no Paraguai em 2012, é bem mais do que uma demonstração de oportunismo (o uso das regras em vigor de maneira a produzir vantagens de ocasião). É uma forma de golpismo, isto é, de uso da força (parlamentar, no caso) para violar a ordem institucional vigente, em benefício de um grupo.
> [...]

Fonte: Miguel, 2015, grifo do original.

1) Que argumentos o autor apresenta para afirmar que o *impeachment* de Dilma Rousseff foi um atentado à democracia?
2) Analise o aumento da polarização, a busca da eliminação do adversário político e a ameaça que essas práticas representam para o futuro da democracia.

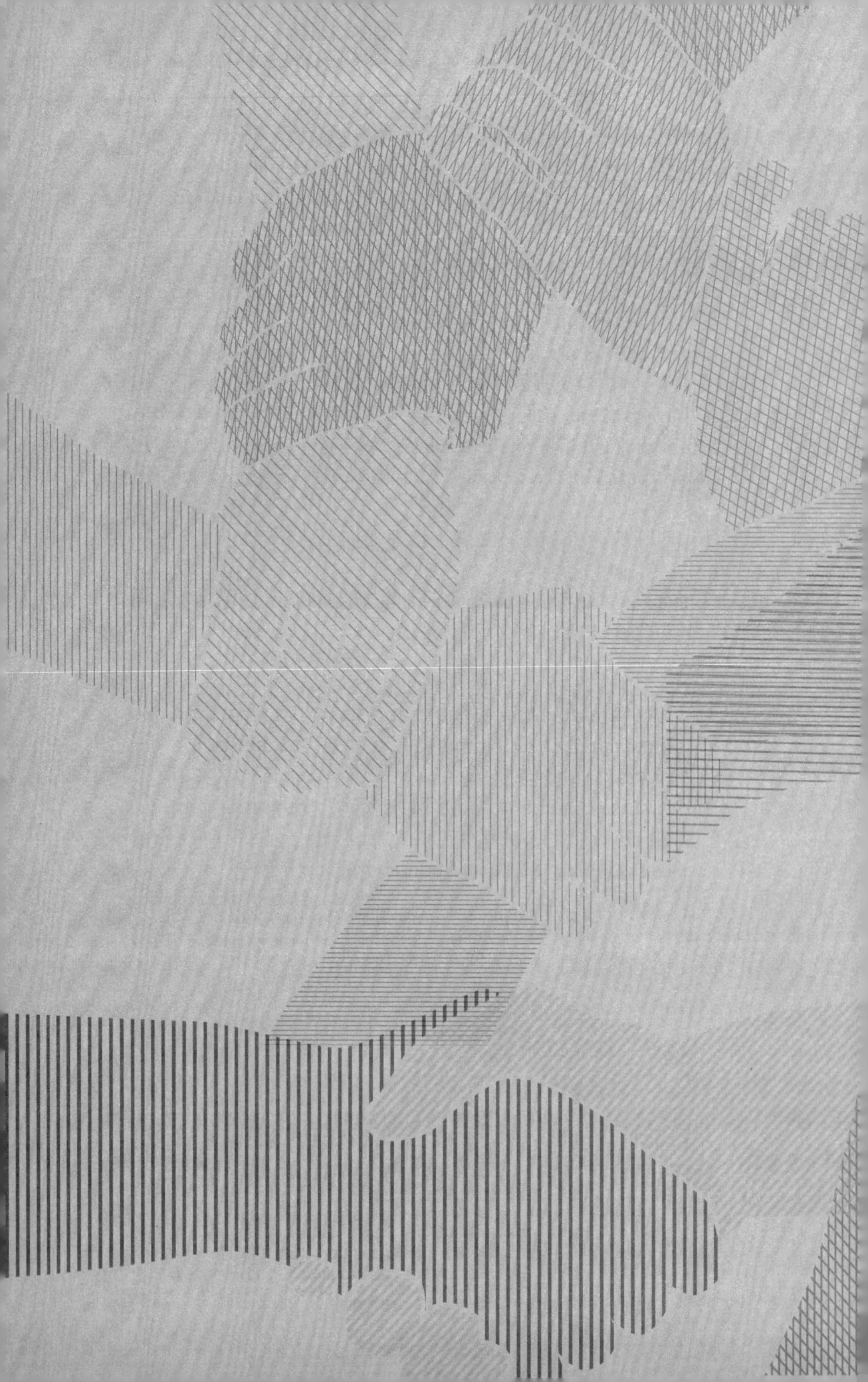

CAPÍTULO 3

As políticas sociais no Brasil

Conteúdos do capítulo:

- Origem e aspectos históricos das políticas sociais.
- As contribuições de Beatrice Webb, Jane Addams e Mary Richmond para as políticas sociais e o serviço social.
- Políticas sociais de Getúlio Vargas e as reformas de base de João Goulart.
- As políticas sociais e o controle social em tempos de ditadura.
- A redemocratização do Brasil e a Constituição Federal de 1988.
- As políticas sociais do século XXI: desejos e expectativas.

Após o estudo deste capítulo, você será capaz de:

1. compreender a histórica luta dos trabalhadores para garantir avanços nas políticas sociais;
2. perceber a evolução histórica na relação entre Estado e políticas sociais;
3. compreender os avanços e retrocessos nas políticas sociais brasileiras;
4. verificar a importância da participação popular na democratização do Estado e das políticas públicas.

Os pesquisadores de serviço social são quase unânimes em afirmar que a profissão de assistente social surgiu com o desenvolvimento da relação entre cidade e indústria. Com a ampliação do modo de produção capitalista e o desenvolvimento das cidades, surgiram muitos fatores que motivaram os trabalhadores a se organizar, muitas vezes por meio de sindicatos, e a lutar por melhores condições de moradia e trabalho e melhores salários, apresentando novas exigências sociais. Assim, diante de normatizações, leis e regras impostas pela sociedade dominante, os trabalhadores buscaram direcionar suas reivindicações populares à subordinação dos interesses do Estado e de sua elite dominante.

3.1 Origem e aspectos históricos das políticas sociais

As pressões dos setores organizados em prol dos operários obtiveram algumas vitórias que forçaram a burguesia dominante e o Estado a fazerem concessões. Entretanto, uma vez que determinados acordos e cessões estavam sujeitos à boa vontade das elites, acabava predominando a percepção por parte da sociedade de que tais concessões eram espontâneas e não fruto de pressões, e de que nada poderia fugir ao controle do Estado e das elites dominantes.
Assim, coube ao aparato ideológico e político de preservação do modo de produção capitalista articular formas de prevenção e mecanismos de manutenção da dominação e da coesão social. Passaram, então, a ser prestados serviços sociais que atendessem as necessidades essenciais dos trabalhadores e do processo de reprodução da mão de obra. Para justificar o processo de acumulação no modo de produção capitalista, em que se estabelece um conjunto de relações sociais de produção que são reproduzidas de forma a justificar o acúmulo de capital, são inseridos diversos mecanismos de intervenção entre os trabalhadores

para defender os interesses do capital, nos quais estão engendrados os critérios para o delineamento do desempenho do profissional de serviço social.

De certa forma, a forte base cristã na formação histórica do serviço social impulsionou o papel a ser desempenhado pelo assistente social. Contudo, também demonstrou as limitações desse profissional para atuar como agente facilitador da reprodução do processo de acumulação capitalista por meio da exploração do trabalho – entendido como mercadoria imposta pelas elites dominantes e pelo Estado.

O assistente social também atuou como agente facilitador nas orientações relativas à forma de viver em um modelo perverso de consumo e de relações sociais sob a égide do capital, em que os ganhos alcançados pela maioria dos trabalhadores não dão conta de garantir o suficiente para a sua reprodução e exigem que haja a intervenção estatal para mediar a relação entre capital e trabalho.

Os profissionais de serviço social atuam em empresas privadas e estatais em áreas diversas como saúde, habitação, auxílio ao desempregado, cadastros para programas sociais, registro de crianças desamparadas, visita a lares para habilitação de pretendentes a adoções, acompanhamento das distribuições de leite e alimentos. Essas funções garantem ao assistente social uma atividade profissional assalariada e servem como mercadoria na grande engrenagem moderna do modo de produção capitalista.

Uma das grandes contradições do trabalho do profissional de serviço social tem sido seu apoio às lutas pela garantia dos direitos fundamentais da população e sua regulamentação como política pública e, ao mesmo tempo, a utilização dessas políticas como forma de amenizar o conflito entre capital e trabalho, que têm suas raízes na luta de classes, a qual sempre esteve presente no antagonismo que caracteriza as relações entre capital e trabalho no modo de produção capitalista. Nesse sentido, Harvey (2008) reitera que a amplitude territorial tem favorecido historicamente o processo de acumulação de capital por parte dos donos dos meios de produção e assim, mesmo com as crises e dificuldades enfrentadas pelo capitalismo, os mecanismos desenvolvidos para a manutenção desse processo impõem certa racionalidade ao sistema, de forma a garantir a sua reprodução e a ampliação de sua capacidade de acúmulo de capital.

Em momentos de conflito e crise – que costumam ser percebidos como passageiros pelos economistas liberais –, o modo de produção capitalista busca absorver o excedente de produção, por meio da criação de infraestruturas e serviços sociais, amenizando parte dos conflitos de classes e permitindo também a readequação da mão de obra a de inovações organizacionais e tecnológicas. Por outro lado, busca a produção de um excedente adicional que crie condições para que o capital possa continuar se reproduzindo e se ampliando por meio da dinâmica urbana que concentra as empresas comerciais e as indústrias, a mão de obra e o emprego. Com isso, fomenta-se a necessidade de investimentos em políticas públicas nesses territórios sempre passíveis de crises e conflitos.

Nessa luta entre capital e trabalho, no modo de produção capitalista o Estado tem o papel de mediar e regular o conflito que é realizado em um determinado território por meio de suas políticas sociais, as quais reduzem os impactos negativos proporcionados pelo egoísmo do ser humano traduzido na busca de acumulação, por meio de suas políticas sociais; garantem as condições de consolidação do processo de extração da mais-valia; e, em contrapartida, oferecem soluções paliativas para os problemas sociais. Portanto, nas cidades, o Estado tem encontrado cada vez mais dificuldades para assegurar o mínimo necessário para a reprodução dos trabalhadores por meio de suas políticas públicas de assistência social dirigida à população mais pobre, considerando os problemas gerados pela segregação social e espacial existente.

A história da assistência social está relacionada à constituição da cidade por meio das constantes mudanças ocorridas em seu processo de urbanização e industrialização. São poucas as formulações na questão urbana, historicamente falando, sobre o papel desempenhado pelo serviço social, o que pode ser percebido apenas a partir do século XX. No entanto, é possível perceber algumas iniciativas na história que se tornaram base para as primeiras sitematizações teóricas do serviço social.

Um dos primeiros estadistas a colocar em prática um programa público de assistência social, como forma de minimizar os conflitos impostos pelos operários na busca de seus direitos, foi Otto von Bismark, que unificou os povos de língua germânica em torno de um Estado único. Com isso, Bismark fez prevalecer suas ideias impositivas, ditatoriais e anticlericais sobre os defensores do liberalismo e da Igreja, além de impor diversas derrotas à Dinamarca, ao Império Austro-Húngaro e à França, motivo porque ficou conhecido como o *Chanceler de Ferro*.

De acordo com Coggiola (2010), diante de um modelo de capitalismo que proporcionava aos trabalhadores ganhos insuficientes para uma refeição diária, com insurreições e revoltas populares constantes, alta mortalidade de trabalhadores causada por doenças e epidemias, má alimentação ou acidentes de trabalho – situações que colocavam em risco a oferta de trabalho e a qualidade de reprodução da mão de obra, Bismark, com o intuito de melhorar as relações entre capital e trabalho, viu-se pressionado a acatar o reconhecimento, por parte do Estado, da organização dos trabalhadores em sindicatos. Além disso, instituiu, a partir de 1883, uma série de leis sociais que favoreceram os trabalhadores, como a lei de acidentes de trabalho, a lei de auxílio e seguro contra doenças, acidentes ou invalidez.

O modelo de Bismark aponta para uma presença maior do Estado no campo das políticas sociais. Portanto, é importante destacar que, no modo de produção capitalista, o Estado não constitui o único intercessor das relações sociais, mas também age com o objetivo de fazer fluir o capital: ao empreender ações de mediação de conflitos, permite, estrategicamente, por meio das políticas sociais, que o sistema econômico amplie a sua forma de reprodução. Dessa forma, o Estado se reifica e se reinventa, a fim de superar os vários ciclos econômicos de crise pelos quais passa. Apesar das políticas públicas serem consideradas parte da dinâmica do modo de produção capitalista, no sentido de amenizar os conflitos sociais, estas também contribuem para alguma melhoria na qualidade de vida da população, além de forçar que uma parte da riqueza gerada pelo capital seja destinada para esse fim.

É importante destacar que as políticas no campo social não podem ser consideradas apenas como concessão do Estado – a maioria pode ser percebida como avanços e conquistas obtidas pelas lutas dos trabalhadores. Diante disso, é importante destacar que, a partir da consolidação do capitalismo e da burguesia no século XIX, na Inglaterra, na França, na Bélgica, na Alemanha e nos Estados Unidos da América, o processo de industrialização forçou a concentração dos trabalhadores na grandes cidades por conta da busca de trabalho, o que resultou em um processo de urbanização e consolidou o território urbano como um território da reprodução da mão de obra.

Essa concentração provocou grandes problemas sociais, como o aumento do número de desempregados e miseráveis perambulando pelas ruas, o que facilitou a exploração da mão de obra e as jornadas de trabalho extenuantes, as quais chegavam a ter até 16 horas diárias. Sem leis que regulamentassem a jornada de trabalho, assim como o trabalho indiscriminado de mulheres e crianças, tornou-se comum encontrar crianças de 7 anos trabalhando em pé, em jornadas que variavam de 12 a 15 horas diárias. Nesse contexto, os acidentes de trabalho eram frequentes e não somente os locais de trabalho eram insalubres, como também os locais de moradia, que além de serem escuros eram superlotados. As cidades não tinham saneamento básico ou água tratada e estavam sujeitas a todo tipo de doenças, epidemias, pestes e cóleras.

Dessa forma, algumas medidas tiveram de ser adotadas para evitar um colapso total na relação entre o acúmulo de capital e o aumento da pobreza entre os trabalhadores. Assim, a Inglaterra colocou em prática a *Poor Law*, ou Lei dos Pobres, que tinha como objetivo ajudar as famílias mais necessitadas, tendo em vista o número de filhos, e visava garantir minimamente a reprodução da mão de obra para o sistema econômico – essa ajuda era custeada pelo Estado, com recursos advindos de uma taxa cobrada dos contribuintes mais abastados.

Na Inglaterra, também foi estabelecida uma lei de proteção ao trabalho agrícola, para os casos em que havia quebra de safra e intensificação da pobreza, sobretudo no sul daquele país. Paga com recursos dos contribuintes, a *Poor Law* beneficiava ainda mais os grandes capitalistas rurais e industriais, que podiam oferecer menores salários, pois estes eram complementados com recursos do Estado. De acordo com Coggiola (2010, p. 5), "o objetivo do Estado inglês era evitar as revoltas da população faminta; em 1795 o fantasma da Revolução Francesa de 1789-1793 rondava toda a Europa".

No final do século XVIII, as condições de exploração capitalista, jornada de trabalho de até 16 horas por dia, baixos salários e até mesmo o receio do desemprego, motivaram inúmeras reações e manifestações por parte dos operários. Para fortalecerem a sua luta, os trabalhadores ingleses criaram uma organização denominada de *London Corresponding Society*. Essa organização, a partir de contribuições monetárias realizadas pelos próprios operários, mobilizou a sociedade para lutar pelo sufrágio universal, redução da jornada de trabalho, melhoria nas condições de trabalho nas fábricas, entre outros direitos. Muitos dos membros da *London Corresponding Society* acabaram presos e a organização foi extinta pelo Estado inglês. Outras importantes revoltas populares insurgiram na Inglaterra, como a onda dos quebradores de máquinas. Esse movimento de trabalhadores, iniciado em 1810, ficou conhecido como *luddismo e*, se estendeu por toda Inglaterra.

A marcha da fome em Londres, em 1817, foi outra grande manifestação popular que, conforme Coggiola (2010), reuniu 80.000 manifestantes – porém foi reprimida pelo Estado e pela burguesia inglesa. O Massacre de Peterloo (ou Batalha de Peterloo) reuniu mais de 70.000 pessoas que foram atacadas por uma cavalaria composta por 12.000 soldados, deixando vários mortos e ampliando ainda mais a revolta dos operários e artesãos de Manchester. Um movimento político organizado de trabalhadores e intelectuais, que tinha como objetivo reformas sociais, ocorrido na Inglaterra entre 1837 e 1848, que ficou conhecido como *cartismo*, por apresentar suas reivindicações na "Carta do Povo", distribuída à população, assim como os levantes de Paris, constituíram-se em movimentos que contribuíram para avanços e conquistas dos trabalhadores.

Para evitar grandes revoltas dos trabalhadores, na Grã-Bretanha, foram criadas uma série de regulações públicas determinadas ao condicionamento das classes proletárias voltadas ao trabalho. Essas legislações sociais buscaram adequar os trabalhadores às novas formas sociais de produção e de reprodução da vida, ainda em momento histórico de transição da era pré-capitalista ao capitalismo. Essas intervenções ocorreram principalmente a partir do início do século XVII, e foram recorrentes nos países europeus até meados do século XIX. Tais legislações tinham como objetivo adequar e disciplinar os trabalhadores, impondo condições de deslocamentos e de tempo diante de regras e normas, para auferirem seus míguados benefícios. Além disso, haviam limitações de espaço de trabalho e tempo necessário para que os trabalhadores executassem suas tarefas diárias.

Um dos maiores opositores às legislações do tipo *Poor Law* foi Thomas Robert Malthus, economista e clérigo inglês, que publicou, em 1798, o livro *Um ensaio sobre o princípio da população*, no qual afirmava que a principal causa de todos os males da sociedade era a fertilidade humana. Malthus (1996) entendia que as guerras e as pestes eram necessárias para a redução da população e se posicionava contrário a qualquer auxílio aos mais pobres. No ano em que faleceu, uma comissão real proibiu qualquer contribuição governamental aos mais pobres.

O Estado colocou em prática um projeto de implantação de *workhouses* (casas de trabalho), às quais eram levados os trabalhadores desempregados e os moradores de rua para que trabalhassem até 16 horas por dia em troca de habitação e uma única refeição diária, pondo um fim a qualquer ajuda do Estado em termos de remuneração, do tipo praticado pelas *Poor Laws*. Faleiros (2000) relata que essas *workhouses* se configuravam em grandes depósitos de todo tipo de despossuídos e menos capazes, que se amontoavam na produção de bens por meio da fiação e que, como prisioneiros, eram proibidos de ter qualquer contato com a parte externa da casa de trabalho.

A organização das *trade unions*, um embrião dos modernos sindicatos de hoje, também contribuíram para amenizar as grandes revoltas dos trabalhadores no modo de produção capitalista, promovendo importantes conquistas dos trabalhadores e concessões por parte do Estado capitalista, as quais proporcionaram avanços na tentativa de redução do agravamento da questão social, como a

> primeira Lei de proteção ao trabalho infantil (1833), a lei de imprensa (1836), a reforma do Código Penal (1837), a lei de regulamentação do trabalho feminino infantil, a lei de supressão dos direitos sobre os cereais (esta, em aliança com os liberais e a burguesia industrial, a lei permitindo associações políticas). (Coggiola, 2010, p. 9)

Assim, em 1869, na Inglaterra, foi criada a *Charity Organization Society* (Sociedade de Organização da Caridade), que tinha como objetivo promover a caridade aos "pobres dignos", excluindo do atendimento aqueles despossuídos de toda sorte e não considerados dignos pela organização de caridade. Apesar disso, dado o delineamento organizacional da Charity, sua prática fundamentou as ações do serviço social deste então. Estevão (2013), por esse motivo, considera-as um marco para o serviço social.

Alguns anos mais tarde, Charles Booth, um pesquisador social inglês, estudou sobre as condições de vida da população inglesa no final do século XIX. Booth (2008), em 1889, publicou seus estudos, apontando que um terço da população de Londres vivia na miséria, resultado de um processo de industrialização que colocava à margem de seus benefícios muitos dos habitantes da capital inglesa.

De acordo com Faleiros (2000), as pesquisas de Booth influenciaram uma outra grande pesquisadora social inglesa, Beatrice Webb, que, no final do século XIX, também constatou a situação crítica das principais cidades inglesas com relação às condições precárias de pobreza e miséria que viviam seus habitantes. Como participante de uma comissão real que, entre 1905 e 1907, buscou soluções para diminuir os impactos desse processo de empobrecimento da população inglesa, Webb apresentou um relatório em que defendeu os trabalhadores dos efeitos perversos do modelo de capitalismo implementado na Inglaterra, propondo um Estado de bem-estar que garantisse proteção social à população, especialmente aos trabalhadores. Nesse relatório, Webb propôs normas de combate ao desemprego e defesa sanitária contra doenças e pestes que pudessem atingir os mais pobres. Smith (1996) entendia que todos os seres humanos poderiam lutar por melhores condições de vida em igualdade de condições na sociedade liberal capitalista inglesa. Webb argumentava que, com planejamento, a administração pública poderia resolver os problemas sociais ocasionados pelo modo de produção capitalista.

Em 1899, foi criada em Amsterdã, na Holanda, a primeira escola de serviço social que se tem notícia, buscando dar cientificidade ao trabalho do profissional de serviço social e substituindo as percepções religiosas pela base científica de explicação do funcionamento da sociedade (Estevão, 2013). A criação dessa escola proporcionou a ampliação da profissão para além das instituições religiosas, filantrópicas e de caridades, promovendo o envolvimento do Estado frente a um modelo de produção capitalista que passava por crises econômicas e sociais e que vivenciava o aumento do número de famílias pobres, da miséria e do desemprego.

Também no final do século XIX, a americana Jane Addams, no auge do mito sob o qual os Estados Unidos eram percebidos como país do crescimento e das oportunidades ilimitadas, apontava para o grande contingente de pobres e desamparados criados pelo modelo econômico americano, incluindo a ausência de oportunidades e empregos e a situação de miséria sob as quais viviam os trabalhadores de Chicago, uma das cidades estadunidenses mais prósperas (Elshtain, 2001). Para Addams, era necessária uma mudança imediata nas leis ultrapassadas, que regiam sobre as mulheres e crianças no trabalho fabril.

Nesse contexto, Jane Addams denunciou a ineficácia das obras de caridade e defendeu que somente o Estado, por meio de políticas públicas planejadas e coordenadas, estabelecidas em lei, seria capaz de resolver os problemas sociais americanos. Janne Addams deu uma grande contribuição para a definição do serviço social como uma atividade preocupada com a necessidade de transformações da sociedade e não apenas com os problemas de seus indivíduos (Elshtain, 2001). Essa importante socióloga abriu uma instituição em Chicago para atender aos mais pobres, especialmente mulheres e crianças, defendendo políticas educacionais e oportunidades para todos. Por sua influência foi criada, nos Estados Unidos, em 1912, a Secretaria da Criança, objetivando atender às crianças pobres, desamparadas e necessitadas. Addams foi a primeira mulher americana a receber o Prêmio Nobel da Paz.

Outra estadunidense de grande relevância para o serviço social foi Mary Ellen Richmond, que, em 1897, começou a trabalhar em uma sociedade de caridade de Baltimore, onde passou a instituir um método próprio para o desenvolvimento do seu trabalho social, percebendo a necessidade de entrevistar os indivíduos para conhecê-los individualmente e assim construir um rol de categorias de personalidades para depois relacioná-las com o indivíduo e seu meio social.

Em 1899, Richmond elaborou um pequeno manual intitulado *Visitação amigável aos pobres*, que incluía métodos de abordagem e visitação às pessoas mais pobres. Dessa forma, contribuiu para a criação de diversas escolas de formação para assistentes sociais. De acordo com Agnew (2000), para Richmond o serviço social não tinha como função apenas ajudar os mais pobres, mas colaborar para que os indivíduos em situação de abandono, pobreza ou miséria pudessem ser retirados dessa condição e reintegrados à convivência social. Richmond foi pioneira na elaboração de um programa de ensino em serviço social e escreveu vários livros sobre a prática do serviço social. Entre eles estão *O bom vizinho na cidade moderna* (1909), *Diagnóstico social* (1917) e *O que é serviço social de casos?* (1922).

3.2 Aspectos históricos das políticas sociais no Brasil

Enquanto nos Estados Unidos e na Europa, no final do século XIX e início do século XX, o serviço social deixava de ser um trabalho voluntário para tornar-se um serviço profissional, no Brasil, surgiam os primeiros grandes centros urbanos e com eles os problemas sociais relacionados à precariedade da infraestrutura urbana e das relações entre o capital e o trabalho. Não muito diferente do que ocorreu um século antes na Europa, as condições de trabalho no país se notabilizavam pelo atraso e pelo descaso, constituindo uma realidade em que operários das fábricas tinham jornadas de trabalho que chegavam a 16 horas por dia. O ritmo de trabalho imposto era levado ao extremo, aplicado inclusive a mulheres e crianças. Vivendo com um salário de subsistência, em ambientes insalubres, sem qualquer legislação sobre o trabalho, os operários não tinham qualquer benefício social ou auxílio-doença e as práticas sociais vinham das damas de caridade ligadas às elites dominantes e à Igreja Católica.

Devido à falta de mão de obra qualificada para o trabalho fabril e a escassez de trabalhadores, situação que foi se consolidando desde a assinatura da lei que pôs fim à importação de negros africanos para o trabalho escravo no Brasil, milhares de trabalhadores europeus foram trazidos, com recursos do Estado, como mão de obra para o trabalho na lavoura e na incipiente indústria instalada no país. A maioria desses trabalhadores imigrantes – italianos, espanhóis, portugueses, eslavos e outros – veio do sul pobre da Europa, em busca de melhores condições de trabalho e vida, para trabalhar em São Paulo, no Rio de Janeiro, no Recife, em Porto Alegre, em Belém e em outras tantas cidades brasileiras nas quais as condições de trabalho podiam ser comparadas às da Europa do início da Revolução Industrial.

Na relação entre capital e trabalho, o Estado estava ao lado do capital e, quando era chamado a enxergar as condições de miserabilidade existente na sociedade e no trabalho nas fábricas, fazia vistas grossas, colocando-se como liberal clássico, sem intervir no mundo dos negócios. Nesse contexto, grandes problemas, que atormentavam não só operários e imigrantes, tinham relações com o crescimento urbano desigual e excludente e a inexistência de políticas públicas de toda ordem: falta de combate a endemias e programas de saúde; falta de moradia, abastecimento de água e saneamento básico; desinteresse em relação à redução da criminalidade; dificuldades em encontrar profissionais na área de saúde (médicos, enfermeiros, sanitaristas); e inexistência de um serviço público estruturado para atender a esses e a outros tantos problemas sociais. De acordo com Melo (2015, p. 23), "os poucos serviços de saúde que atendiam a classe popular eram as Santas Casas de Misericórdia, organizadas a partir da Igreja Católica com o apoio da elite econômica. Nelas, a assistência médica aos trabalhadores era vista como caridade e não como um direito. A eles, só cabia a caridade".

As causas dos problemas de saúde no país se intensificaram a partir das últimas décadas do século XIX, devido ao aumento populacional da cidade do Rio de Janeiro. Essa expansão demográfica teve sua origem na decadência do setor agroexportador, primeiro com o algodão, depois com o açúcar e depois com a redução da exportação de café pelo porto do Rio de Janeiro – fato que decorreu da crise nas lavouras de café do vale do Paraíba, uma das mais importantes culturas de café do país. Com isso, as populações desempregadas dessas lavouras, os escravos libertos, os imigrantes e suas famílias, também expulsos do campo, terminaram por se estabelecer na capital fluminense em busca de trabalho, onde já a habitavam milhares de pessoas. De acordo com Ribeiro e Pechman (1985, p. 15) "em 1938 a população da cidade do Rio de Janeiro era de 137.078 habitantes; em 1872, de 266.831; em 1890, de 522.651; em 1906, de 811.443, e, em 1920, 1.147.599".

Paralelamente ao aumento populacional, excederam-se também o desemprego, a violência, a pobreza, a miséria e a escassez de moradia. Nas grandes cidades, muitas pessoas decidiram se estabelecer no centro por conta da proximidade com o emprego, da existência do comércio e da maior facilidade em utilizar meios de transporte. Diante disso, houve uma elevação no preço dos imóveis e consequentemente dos aluguéis, o que atingiu as pessoas mais pobres e ampliou os lucros daqueles que viviam de locações. Isso fez também com que aumentassem as construções de habitações precárias, como prédios com pequenos quartos, em que várias pessoas dividiam um espaço de 12 m^2 ou menos, os cortiços e os pequenos barracos nas favelas[1], mal construídos em encostas de morros ou em fundo de vales. A precariedade dessas habitações e das condições insalubres e o aumento

---

1 É importante destacar que a palavra *favela* é originária de uma planta *Cnidoscolus quercifolius*, popularmente conhecida, no nordeste brasileiro, como *favela*. No livro *Os sertões*, Euclides da Cunha destaca que Canudos foi construída junto aos morros cobertos pela planta. Com o fim da Guerra de Canudos, em 1897, os soldados que regressavam para o Rio de Janeiro eram dispensados e, sem seus soldos, iam morar no Morro da Providência, em pequenos casebres, dando origem à primeira favela na cidade.

significativo dessas habitações, conforme relata Melo (2015), facilitaram a proliferação de epidemias e doenças infecciosas.

De acordo com Ribeiro e Pechman (1985), desde que desembarcou no porto do Rio de Janeiro, em 1849, a febre amarela se instalou para ficar. Desde então, os surtos de epidemias no país tornaram-se constantes, o que provocou alguma reação por parte do Estado no sentido de combatê-las. Contudo, essas ações não tiveram como foco principal salvar a população do surto, mas, principalmente, evitar que ela atingisse os estratos da população de nível mais elevado. Enquanto a febre amarela estava restrita aos bairros habitados pelos mais pobres, nenhuma atenção era dada às tais epidemias. A preocupação passou a ser de todos quando a doença se alastrou, não importando o bairro ou o estrato social. A situação de saúde era tão complicada na cidade que as elites mais abastadas, os políticos, o corpo de diplomático e até mesmo o então presidente Rodrigues Alves se refugiaram na cidade de Petrópolis, no Rio de Janeiro, distante 66 km da capital.

Com o avanço das epidemias para os demais estratos da sociedade, o Estado decidiu combater as aglomerações coletivas, utilizadas pelos mais pobres. Assim, criou, em 1890, a Inspetoria de Higiene e passou a estabelecer leis com o objetivo de levar saneamento aos locais onde habitavam os mais pobres. Assim, foram criadas políticas públicas de saúde, cabendo ao Estado realizar interferências nos locais de moradia e também nos locais de trabalho para promover o saneamento e a higienização.

Melo (2015), Ribeiro e Pechman (1985) apontam que, desde o início da segunda metade do século XIX, já havia a preocupação do governo imperial e dos capitalistas em melhorar as condições das habitações insalubres e precárias em que viviam os trabalhadores, principalmente porque eram alvos constantes de doenças e infecções causadas pelas péssimas condições em que viviam.

Ribeiro e Pechman (1985) destacam que, em 1876, uma comissão médica, proposta pelo governo imperial chegou à conclusão, em seu relatório final, de que era necessário construir domicílios salubres e higienizados a baixo custo para os trabalhadores mais pobres. Contudo, as iniciativas governamentais, dadas por meio de concessões, não foram tão contundentes a ponto de convencer algum empreendedor imobiliário a construir habitações higiênicas para a população. Dessa forma, somente a partir de 1890 as primeiras companhias tomaram iniciativas de construção. A primeira Companhia foi a "Evôneas Fluminense, que com os benefícios da lei 3.151 de 1892 constrói 3 vilas operárias nos bairros de São Cristóvão, Tijuca e Botafogo" (Ribeiro; Pechman, 1985, p. 56).

Outras iniciativas de política públicas evidenciavam o atraso que o país vivia em relação às dificuldades encontradas no combate aos surtos endêmicos. Sob o argumento de combate às epidemias e invocando o direito obtido por parte do Estado para derrubar sem indenizações qualquer habitação considerada imprópria, medidas drásticas foram tomadas – como o processo de higienização ocorrido no Rio de Janeiro, adotado pelo então prefeito da capital Pereira Passos, que tinha como lema a frase "Bota abaixo", pelo qual os moradores dos cortiços e casebres recebiam comunicados de que deveriam abandonar seu local de moradia em até três dias, sem qualquer indenização. Esse modelo foi fundamentado na experiência implementada em Paris, na França, pelo Barão Haussmann[2], durante a qual diversos quarteirões com centenas de moradias ocupadas pelas pessoas mais pobres da cidade foram postos abaixo para dar lugar a grandes avenidas.

Outra política pública implementada com o objetivo de combater as epidemias foi a vacinação obrigatória a todos os habitantes do Rio de Janeiro, colocada em prática sob a coordenação do médico sanitarista Oswaldo Cruz, que ocupou o cargo de diretor

---

2 Georges-Eugène Haussmann (1809-1891) é considerado um dos maiores reformadores urbanos de todos os tempos. Haussmann, indicado por Napoleão III, tomou algumas medidas – inusitadas até então – para reduzir as possibilidades de bloqueios e manifestações populares e modernizar o centro urbano densamente povoado. Colocou tudo abaixo, mandando demolir os casebres e edifícios utilizados como cortiços para dar vez, às grandes avenidas francesas. No lugar das antigas moradias foram colocados prédios com no máximo seis andares, parques, praças e amplas vias públicas, despojando dessas localidades os pobres e miseráveis e substituindo suas residências precárias por domicílios de alto padrão, que nem de longe visavam atender aos mais necessitados.

geral de saúde pública do governo federal entre os anos de 1903 a 1909. Com a proliferação de inúmeras epidemias, a situação caótica, como as péssimas condições de higiene, a falta de água tratada e de saneamento em todas as regiões do país, tornou-se argumento para que o Estado, de forma ditatorial e repressiva, efetivasse medidas de austeridade em âmbito nacional.

Contra a forma autoritária e os abusos cometidos pelos envolvidos na campanha de vacinação compulsória imposta pelo Estado para combater a varíola e no processo de higienização implementado pelo presidente Rodrigues Alves, estourou no Rio de Janeiro a insurreição que ficou conhecida como a *Revolta da Vacina*.

Figura 3.1 – Da higienização à destruição de habitações pobres

Os protestos contra a vacina foram apenas uma das motivações para o quebra-quebra e os constantes conflitos de ruas no Rio de Janeiro. O maior problema girava em torno das desapropriações sem indenizações, além da forma violenta utilizada na retirada das famílias das casas e da rapidez como tudo era demolido.

A truculência dos agentes sanitários e da polícia ao invadirem casas e vacinarem as pessoas utilizando-se da força tornava as pessoas mais arredias ao processo de vacinação.

Todos os protestos realizados em 1904 tiveram seus antecedentes nas primeiras greves realizadas no país, em 1900, em defesa à redução da jornada de trabalho para 8 horas diárias, melhorias salariais e de condições de trabalho. Uma das maiores paralisações dos trabalhadores ocorreu na cidade de São Paulo, em 1907, com alguns avanços para os trabalhadores. O Estado, contudo, interveio, criando uma lei que expulsava do país os imigrantes estrangeiros envolvidos na agitação da greve, a Lei Adolfo Gordo – Decreto n. 1.641, de 7 de janeiro de 1907 (Brasil, 1907).

Em 1917, tendo como marco a revolução russa, muitas greves foram realizadas no Brasil, tendo como principais reivindicações: o fim da jornada noturna de trabalho para menores e mulheres; a redução da jornada para 8 horas diárias; o pagamento de horas extras; o barateamento do custo de vida; o fim da carestia; o direito à organização dos trabalhadores; entre outras. O governo imprimiu uma onda repressiva avassaladora, prendendo e expulsando do país as principais lideranças grevistas. Foi nesse contexto que o Estado, no início dos anos de 1920, instituiu alguns decretos e leis que buscavam minimizar as pressões exercidas pelos movimentos sociais, mas que passam longe de atender às reivindicações populares, como a Lei de Férias de 15 dias e o Código de Menores, que regulamentava o trabalho infantil.

Junto a essas leis, também passou a existir – por parte de algumas empresas, em comum acordo com os sindicatos – assistência médica, caixas de socorro e auxílio aos trabalhadores necessitados, escolas para os filhos dos funcionários e construção de casas para os operários, dos quais eram cobrados uma pequena contribuição. Por conta dessa relação entre associações ou clubes de trabalhadores e seus empregadores, muitas vilas operárias surgiram.

No campo da saúde, segundo Melo (2015), foram dados alguns passos importantes em termos de política pública, como a reforma proposta por Carlos Chagas[3] entre 1919 e 1926. Apesar da resistência das elites dominantes, houve melhorias no campo da educação, proporcionando que fosse instituído o curso de Saúde Pública, em São Paulo, em 1919, e que fosse introduzida, nas Faculdades de Medicina do Rio de Janeiro, a disciplina de Medicina Tropical, o que tornou possível a criação do primeiro curso de médicos sanitaristas (Melo, 2015, p. 15).

Apesar dos avanços obtidos, a saúde pública estava longe de ter sua problemática minimamente resolvida. Nas fábricas, o grau de exploração e de miserabilidade das condições de trabalho dos operários brasileiros, principalmente em cidades como São Paulo e Rio de Janeiro, continuava elevado e as políticas sociais adotadas pelo Estado eram mínimas. Dessa forma, as iniciativas de atendimento à saúde podiam ser percebidas no interior das fábricas por meio do setor privado, haja vista que a quantidade de operários crescia e que a busca pela manutenção do bom estado de saúde da mão de obra para a reprodução do capital tinha de ser garantida. De acordo com Faleiros (2000), foi no setor fabril têxtil, na década de 1920, que ocorreram a oferta de determinados serviços aos operários e suas famílias, como a assistência médica assegurada pela fábrica, seguros contra acidentes de trabalho e fundos de aposentadoria e pensões.

A oferta de alguns serviços essenciais à manutenção dos operários tinha como objetivo não só manter a saúde dos trabalhadores, mas também garantir que eles permanecessem por mais tempo nas empresas, além de motivá-los a sentir gratidão para com os empregadores, tendo em vista que na época havia forte concorrência entre as maiores empresas por mão de obra qualificada. Foi nesse contexto que, em 1923, a ferrovia Estrada de Ferro Santos Jundiaí construiu casas para operários e implantou as caixas de aposentadoria e pensões, além de oferecer

---

|||||||||||||||||||||||||||||

3 Carlos Chagas foi um dos maiores nomes da ciência brasileira. Dentre os seus feitos estão a descoberta do *Trypanossoma* e da doença de Chagas. Propôs, em 1931, que o governo assumisse a área de saúde, diante dos custos evidentes para a manutenção da pesquisa privada e da necessidade de maiores investimentos estatais.

serviços médicos a seus empregados. Apesar disso, a rápida urbanização e o desemprego em muitos setores aumentavam os problemas sociais nas maiores cidades, como o aumento da pobreza e da marginalização, fazendo com que toda e qualquer iniciativa que pudesse amenizar as condições de sobrevivência dessas populações fosse necessária.

Conforme Estevão (2013), as iniciativas sociais urbanas de maior impacto ficavam a cargo das Ligas das Senhoras Católicas, em São Paulo, e da Associação das Senhoras Brasileiras, no Rio de Janeiro, na década de 1930. As crises dos anos de 1920 e 1930, tendo como agravante a crise econômica internacional, impuseram ao país perdas econômicas e sociais, dificultando ainda mais as condições de vida, já tão difíceis, da população do país. Nesse sentido, o trabalho das Ligas das Senhoras Católicas e da Associação das Senhoras Brasileiras foram importantes no reconhecimento do trabalho social e, a partir da década de 1930, ocasionaram a ampliação do serviço social, possibilitando o aparecimento das primeiras instituições de ensino de serviço social.

3.3 As políticas sociais no cenário do populismo nacionalista de Getúlio Vargas

Enquanto Getúlio Vargas se instalava no poder em um momento crítico da economia e da política brasileira, é importante destacar que o modo de produção capitalista passava por uma grande crise econômica mundial, que teve seu início a partir dos anos de 1920 e se estendeu por mais de uma década. A crise de 1929 foi o ápice de um modelo de capitalismo que tinha no mercado e na sua regulação a condução dos destinos da economia. Esse modelo, em razão de sua forma de conduzir a economia, conheceu o seu maior revés com a quebra da bolsa de valores de Nova Iorque. A crise, resultante que se iniciou pela falta de demanda e pelo excesso de produção, culminou na desvalorização das ações e na quebra de milhares de empresas, trazendo consequências devastadoras para o emprego e para a sociedade. As políticas de assistência social implementadas durante a crise eram paliativas e não davam conta de atender às multidões de famintos e aos pobres que se multiplicavam a cada dia que passava.

Sandroni (2007) relata que o então presidente estadunidense, Herbert Hoover, republicano e defensor do capitalismo liberal, entendia que o Estado não deveria intervir na economia e que as condições de pobreza e miséria estabelecidas nos Estados Unidos, por conta da crise, haviam sido causadas pela ineficiência dos indivíduos. Assim, Hoover eximiu o Estado da responsabilidade sobre os milhões de desempregados e a proliferação de grandes aglomerações de casebres de lata e madeira, que ficaram conhecidas como *Hoovervilles* (que, em português, poderíamos traduzir como *cidades de Hoover*).

Herbert Hoover, presidente norte-americano, criou programas de socorro às grandes corporações e às principais empresas do setor agrícola, porém, apesar de o desemprego ter atingido um quarto da população americana, foi irredutível em não concordar com a implementação de políticas sociais que minimizassem o sofrimento dos trabalhadores desempregados. Com o agravamento da crise que ficou conhecida como *grande depressão* Hoover foi derrotado nas eleições americanas de 1932.

Como nos explica Sandronni (2007), a crise de 1929 ocasionou uma grande depressão na economia norte-americana, impactando rapidamente as demais economias – primeiro atingiu a Europa e África, depois atingiu a Ásia e a América do Sul e, consequentemente, o Brasil. Com o desemprego nos Estados Unidos e a queda nos preços dos produtos, dado ao excesso de produção e à falta de demanda, a exportação brasileira também foi atingida. Nesse contexto, o café foi o produto que mais sofreu com os preços e, para lidar com esse problema, o governo brasileiro adquiriu a maior parte da produção e queimou cerca 80 milhões de sacas. Sandroni (2007, p. 382) relata que a redução no consumo e a queda nos preços provocou estragos no mundo inteiro, pois somente:

> nos Estados Unidos, entre 1929 e 1933, havia cerca de 15 milhões de desempregados, 5 mil bancos paralisaram suas atividades, 85 mil empresas faliram, as produções industrial e agrícola reduziram-se à metade. Quando a crise atingiu proporções internacionais, o comércio mundial ficou reduzido a um terço, e o número de desempregados chegou a cerca de 30 milhões.

A grande depressão só foi superada quando o presidente estadunidense Franklin Dellano Roosevelt, eleito em 1932, apresentou em 1933 seu plano contra a crise econômica: o *New Deal* (Novo Acordo), que colocou por terra os princípios do liberalismo econômico de não intervenção do Estado e de autorregulação do mercado.

Objetivando tirar a economia americana da depressão, Roosevelt interveio no sistema bancário e passou a controlar o sistema financeiro. Para promover o emprego e a retomada da produção industrial e do consumo, estabeleceu o *National Industrial Recovery Act* (Lei de Recuperação da Indústria Nacional) e um órgão estatal para promover e executar essa recuperação: a *National Recovery Administration* (Nira) – em português, Administração de Recuperação Nacional. Esse organismo passou a ter o poder de cassar o alvará de empresas comerciais e industriais que não estivessem dispostas a seguir as orientações das propostas governamentais, entre as quais estavam a reunião entre setores específicos para acordarem formas de produção, distribuição, consumo, preços, custos e geração de empregos.

De acordo com Sandroni (2017), por meio de uma política fiscal com impostos progressivos sobre as rendas mais altas – começando com 35% para aqueles que possuíam rendas anuais acima de 50 mil dólares, e chegando a 75% para aqueles que possuíam renda superior a 5 milhões de dólares –, Roosevelt conseguiu os recursos necessários para uma intervenção do Estado como agente indutor de investimentos e propulsor do desenvolvimento econômico. Mediante uma política de gastos governamentais, o Estado passou a contratar empresas para construir estradas e grandes rodovias, ferrovias, hidrovias, hidrelétricas e prédios públicos e assim promoveu a eletrificação rural, transferiu produtores para áreas mais produtivas, concedeu assessoria técnicas de produção rural e comprou o excedente da agricultura para estoques governamentais, financiando a taxas reduzidas a recuperação de diversas empresas de diferentes setores da economia.

Para Sandroni (2007), como política social, o Estado americano reduziu a jornada de trabalho e criou um salário mínimo nacional, como forma de ampliar o número de vagas de empregos e garantir aos trabalhadores um salário mínimo acima do mínimo de subsistência. No campo sindical, estabeleceu a liberdade sindical e incentivou as negociações coletivas entre patrões e empregados. A Nira criou um seguro social bancado parte pelo governo, parte pelos empregadores e parte pelos trabalhadores e ainda desenvolveu um programa de construção de casas próprias com financiamentos reduzidos com o intuito de reestabelecer a indústria da construção civil. A maioria dos programas sociais implementados por Roosevelt teve forte oposição das elites dominantes, mas, em poucos anos, os resultados começaram a surtir efeitos e a sociedade americana passou a viver o Estado de bem-estar social (*Welfare State*).

É importante ressaltar que a colocação em prática do *New Deal* teve como base salvar o capitalismo de sua maior crise, depois atenuar os conflitos entre capital e trabalho, evidenciados pelas diversas manifestações populares que pressionavam por emprego e melhores condições de vida. O programa de Roosevelt ampliou a presença do Estado na economia, na vida das pessoas e nas empresas, objetivando conduzir o processo de desenvolvimento do capitalismo.

O modelo estatal de intervenção americana com a preservação do livre mercado buscou desenvolver um padrão de vida com base na oferta de bens e serviços sociais a toda a sociedade, proporcionando o que Pigou (2013) denominou de *economia do bem-estar*. Sobre esse tema, Pigou (2013) afirmava que problemas externos ao processo produtivo poderiam afetar a produção, como no caso das condições pessoais de vida de seus operários. Dificuldades com saúde, alimentação, moradia e transportes por parte dos trabalhadores implicariam em redução de sua eficiência e produtividade, o que acarretaria em gastos extras que, se não fossem assumidos pelo poder público, deveriam sê-lo pelos capitalistas.

Nesse sentido, a política econômica implementada por Roosevelt possibilitou aos capitalistas deixarem a cargo do Estado a responsabilidade por implementar programas sociais que garantissem a reprodução da força de trabalho, como investimentos na área de saúde, educação, moradia, previdência social, seguro-desemprego e promoção do emprego, além de conceber a liberdade de mercado para as empresas privadas.

A partir de 1930, o Estado, com o início da ditadura da chamada *Era Vargas*, passou a se fazer mais presente nas questões econômicas, políticas e sociais do país. De acordo com Lira Neto (2013), no dia do comerciário, em 30 de outubro de 1932, Vargas recebeu um agradecimento, em nome de milhares de trabalhadores, em frente à sede do Catete no Rio de Janeiro, pela lei que limitava a jornada diária de trabalho em 8 horas. Para Lira Neto (2013), em um discurso aos presentes, que de certa forma não viu a simpatia da oligarquia brasileira, Getúlio enalteceu a necessidade de fortalecer a relação entre o capital, o Estado e os trabalhadores e destacou os avanços sociais no campo do trabalho, como o reconhecimento da organização sindical dos trabalhadores por parte do Estado, a lei de férias, a possibilidade de conciliações entre trabalhadores e empregadores, as caixas de pensões, o seguro social, as leis de proteção às mulheres e aos menores.

Também contra a vontade da classe dominante, Getúlio estabeleceu o direito de voto para todas as mulheres. Com isso, nas eleições de maio de 1933, foi eleita ao cargo de Deputada Federal "a médica paulista Carlota Pereira de Queiroz, de 41 anos, que no ano anterior, durante a rebelião de São Paulo, forma um grupo de voluntários para cuidar dos feridos de guerra nas enfermarias das tropas constitucionalistas" (Lira Neto, 2013, p. 141).

Nesse contexto, algumas das reivindicações dos trabalhadores e alguns anseios dos movimentos sociais foram ratificados na Constituição Federal de 1934 (Brasil, 1934), como o direito à liberdade de organização sindical dos trabalhadores; a criação do Tribunal de Justiça do Trabalho e uma legislação trabalhista que incluía a proibição de diferença de salário para um mesmo trabalho por motivo de idade, sexo, nacionalidade ou estado civil; o recebimento de um salário mínimo capaz de satisfazer às necessidades normais do trabalhador; a limitação da jornada de trabalho a 8 horas diárias, só prorrogáveis nos casos previstos pela lei; a proibição de trabalho a menores de 14 anos, de trabalho noturno a menores de 16 anos e em indústrias insalubres a menores de 18 anos e a mulheres; e a regulamentação do exercício de todas as profissões.

Ainda sobre a Constituição de 1934, outros avanços foram importantes, como: o direito de todos à educação; a obrigatoriedade e gratuidade do ensino primário, inclusive para os adultos; a gratuidade do ensino imediato ao primário; a liberdade de cátedra, proporcionando ao professor a liberdade para ensinar; o princípio da igualdade perante a lei, instituindo que não haveria privilégios, nem distinções relacionadas a questão como nascimento, sexo, raça, profissão própria ou dos pais, riqueza, classe social, crença religiosa ou ideias políticas. Além disso, outras questões sociais relevantes foram apontadas na Constituição de 1934, como o fim da pena de caráter perpétuo, o impedimento da prisão por dívidas, multas ou custas, dentre outras.

A Constituição de 1934 ficou em vigor por apenas três anos, pois Getúlio Vargas, alegando ter havido um aumento na radicalidade e na intensidade dos conflitos entre os integralistas (extrema direita) e os comunistas e anarquistas (esquerda), além de seu interesse pessoal em se manter no poder com o apoio da elite dominante, determinou, por meio de um golpe de Estado, em 1937, que Francisco Campos escrevesse a elaboração de uma nova Constituição. A nova Carta Magna, imposta de forma autoritária, foi apelidada de Constituição Polaca, dada a sua inspiração no modelo fascista de Constituição Polonês, do início da década de 1920. A Constituição Polaca, além de dar maiores poderes ao presidente da república, estabeleceu o retorno da pena de morte, cassou o direito à greve, fechou o congresso nacional, as assembleias e as câmaras legislativas, e subordinou o Poder Judiciário ao Poder Executivo. Assim, em termos de avanços sociais e direitos humanos, a Constituição de 1937 foi um retrocesso. Com apoio também dos militares, Getúlio inaugurou uma ditadura que passou a ser chamada de *Estado Novo*. Para Rezende (1986), a Constituição de 1937 tirou a autonomia do sindicalismo brasileiro, atrelando-o ao Estado e tornando os sindicatos órgãos de cooperação com o poder público.

Com a publicação do livro *Teoria do emprego, do juro e da moeda*, em 1936, Keynes deu ênfase ao Estado de bem-estar social, questionando os princípios da economia liberal e defendendo a intervenção do Estado na economia. Nessa perspectiva, o Estado passaria a estimular o consumo e impulsionar o pleno emprego e a demanda efetiva. Conforme Keynes (2012), por meio de uma política monetária, o Estado poderia ampliar a quantidade de moeda na economia, baixar a taxa de juros e ampliar a oferta de crédito, possibilitando o aumento do consumo. Com a política fiscal, expandiria os gastos públicos que seriam investidos em obras públicas, benefícios sociais e empréstimos públicos para o setor produtivo para aumentar a quantidade de bens e serviços produzidos e para a aquisição do excedente dessa produção.

Levando em conta a depressão econômica em meio à qual a teoria keynesiana foi proposta e os resultados obtidos pelas práticas governamentais utilizadas para solucionar a crise, principalmente pelo governo americano, as ideias de Keynes serão muito bem aceitas como referencial teórico de sustentação da participação do Estado na economia.

Enquanto nos Estados Unidos a intervenção estatal era considerada para a promoção do bem-estar social, no Brasil, Vargas valia-se dela para dar cara ao seu segundo mandato, com a implantação do Estado Novo. De acordo com Moura (1991), a política do Estado Novo iniciou com uma eminente aproximação do governo alemão, que estava interessado em apoiar os planos desenvolvimentistas do governo brasileiro. Percebendo essa aproximação, o governo norte-americano passou a tomar medidas para conter o avanço dos alemães sobre os países da América-Latina.

Assim, em 27 de agosto de 1936, Roosevelt desembarcou no Brasil com o objetivo de convencer Getúlio Vargas a participar da Conferência Interamericana de Consolidação da Paz, em Buenos Aires, na Argentina. Ao mesmo tempo em que destacava a aproximação com os Estados Unidos e a importância da Conferência, "Getúlio autorizava a assinatura de mais um tratado com a Alemanha, consolidando o país como o principal parceiro mercantil do Terceiro Reich nas Américas" (Lira Neto, 2013, p. 271).

Após um fracassado golpe da extrema direita, movido pela Ação Integralista Brasileira (AIB), que adentrou ao Palácio do Catete para assassinar Getúlio Vargas, havendo evidências de que esse grupo teria recebido subsídios financiados pelos governos fascista de Benito Mussolini e nazista de Adolf Hitler, em 11 de maio de 1938, Getúlio convocou a população para anunciar novas medidas em seu governo. Assim, no dia 13 de maio de 1938, Getúlio Vargas, em frente do Palácio do Catete, diante de uma multidão, de acordo com Estevão (2013), criou, em 1938, o Conselho Nacional de Serviço Social (CNSS), o qual não teve uma importância tão relevante, mas foi entendido como um modo de o Estado fomentar a assistência social pública.

Em 1940, a regulamentação do salário mínimo, anunciada dois anos antes, foi implementada com significativos diferenciais regionais. É importante destacar, conforme Oliveira (2013), que os benefícios – pelos quais Vargas ficou conhecido como o "pai dos pobres", imagem intensamente trabalhada pelo grupo de publicidade e propaganda do governo – não foram estendidos a nenhum trabalhador rural. Uma das instituições que passou a aparecer nos desfiles de Vargas, a partir de 1942, foi a Legião Brasileira de Assistência (LBA), criada também para promover o serviço social no país. Para Estevão (2013), a LBA, por ser uma instituição em âmbito nacional, foi fundamental para a institucionalização do serviço social.

Por meio do Decreto-Lei n. 5.697, de 22 de julho de 1943 (Brasil, 1943), o governo federal estabeleceu as funções do CNSS, enfatizou o fortalecimento das bases do serviço social em todo o país e destacou a forma de organização e coordenação do serviço social como uma modalidade específica do serviço público brasileiro. Com essas medidas foi possível compreender todas as esferas de governo e seus órgãos de direção, de execução e de cooperação, bem como orientar as iniciativas tomadas na área social por iniciativa do

Estado ou em parceria com as entidades da iniciativa privadas de acordo as necessidades.

O atentado da AIB e a pressão do governo estadunidense fizeram com que o governo brasileiro aceitasse negociar em fazer parte do Plano Interamericano de Defesa da Paz, sob a coordenação dos Estados Unidos. O governo americano tinha como objetivo obter do Brasil o consentimento para instalar bases militares americanas e estabelecer o fornecimento de matérias-primas para a organização de defesa das Américas contra possíveis ataques do eixo Japão-Alemanha-Itália. De acordo com Lira Neto (2013) e Moura (1991), Vargas impôs ao governo de Roosevelt uma série de exigências para aceitar o acordo, como o financiamento e o apoio técnico para a construção de uma siderúrgica nacional, armamentos e preparação dos militares brasileiros para a defesa do território nacional.

Com as diversas vitórias obtidas pela aliança Japão-Alemanha-Itália na Europa, Getúlio acabou alcançando o que queria, forçando o governo americano a aceitar as exigências brasileiras. Além da construção da Usina Siderúrgica Nacional, o governo estadunidense se propôs a comprar todo o excedente da produção de borracha do país, fornecer treinamento militar, ajudar na aquisição de armas e equipamentos bélicos e no financiamento de projetos de desenvolvimento econômico e sociais do governo brasileiro.

De acordo com Moura (1991), o Estado americano, guiado pela estratégia de se tornar uma grande potência mundial, criou um escritório internacional com o objetivo de influenciar as nações do continente americano a aceitarem os Estados Unidos como seu grande líder e protetor. O Escritório para a Coordenação das elações Comerciais e Culturais das Repúblicas Americanas (*Office for Coordenation of Comercial and Cultural Relations between the American Republics* – OCCCRBAR) foi criado em 16 de agosto de 1940 e teve um papel político e ideológico fundamental na aproximação entre os brasileiros e a cultura estadunidense.

Por meio desse escritório, sob a coordenação do magnata americano Nelson Rockefeller e o apoio de grandes corporações estadunidenses, muitas políticas culturais, sociais e econômicas foram implementadas. Nos seis anos em que esteve em atividade, o escritório "empregava 1.100 pessoas nos Estados Unidos e 200 no estrangeiro, além de comitês voluntários de cidadãos-norte-americanos (geralmente empresários) que apoiavam as atividades do Birô em 20 países americanos" (Moura, 1991, p. 22).

No Brasil, entre as políticas implementadas na área cultural, estavam o patrocínio de empresas estadunidenses a jornais, revistas e programas de rádio que difundissem seu modo de vida (*american way of life*) e o Estado de bem-estar social como modelos para o país. Para isso, foi necessário o envio de jornalistas, artistas de teatro e cinema, cantores populares, locutores de rádios e diversos outros profissionais aos Estados Unidos para que "aprendessem" sobre o estilo de vida americano.

Além disso, vieram ao país, a fim de divulgar a cultura estadunidense, artistas de Hollywood e outros famosos no campo do entretenimento, como Walt Disney, que, com isso, criou o Zé Carioca, personagem em quadrinhos que representa as características percebidas pelos estadunidenses sobre o brasileiro. Zé Carioca foi parar nas telas de cinema como desenho animado, ao lado de personagens já famosos da Disney, como Pato Donald e Pateta.

Na área de saúde, o OCCCRBAR afirmava que pretendia reduzir os problemas de saúde dos brasileiros, porém, na prática, conforme Moura (1991), somente alguns programas foram executados. Entre eles, os programas de combate à malária, de assistência médica aos trabalhadores e de treinamento de médicos e enfermeiras brasileiros nos Estados Unidos, que foram realizados em parceria com o Ministério da Educação e da Saúde do Brasil. Esses projetos ocorreram no Vale do Rio e no Norte e Nordeste do país, de onde saíram as matérias-primas como borracha, ferro e manganês, importadas pelos Estados Unidos. As iniciativas de saúde no país atenderam também aos interesses norte-americanos, pois foram estabelecidas nas áreas de fornecimento de matérias-primas essenciais aos Estados Unidos e nos locais onde foram instaladas as bases militares estadunidenses, objetivando sanear as populações locais que teriam contato com os recursos primários necessários e com os próprios soldados americanos. Esse mesmo apoio foi dado à produção de alimentos (verduras, frutas e legumes) para as regiões e localidades de onde sairiam os alimentos com destino a satisfazer não só brasileiros, mas também os produtos de exportação para os Estados Unidos.

No campo da educação, ciência e tecnologia, o projeto dos estadunidenses tinha como objetivos aumentar a simpatia dos brasileiros em relação ao país do norte. De acordo com Moura (1991), as ofertas de apoio técnico e assistencial, assim como as de intercâmbios, foram essenciais para a criação de diversos cursos superiores nas áreas de serviço social, administração de empresas, agronomia, medicina, engenharia, enfermagem, entre outros, e também de cursos técnicos profissionalizantes na área de produtos para exportação.

A divulgação ideológica e pragmática do *"american way of life"* contagiou a classe média brasileira, que passou a se interessar mais pelo ensino da língua inglesa, substituindo assim o francês. O objetivo dos americanos não era só amarrar a aliança dos brasileiros aos aliados contra o eixo Itália-Japão-Alemanha, mas também ao consumo da cultura e dos produtos americanos, indo de encontro ao projeto de dominação dos Estados Unidos. Mesmo após o encerramento dos trabalhos do Escritório, em 1946, a influência estadunidense na economia, na política e na sociedade brasileira passou a ser de forte relevância.

Apesar da simpatia pelo fascismo e do exercício autoritário do poder, em relação às políticas sociais, Vargas realizou mudanças significativas ao implementar o salário mínimo e a legislação que ampliou a assistência social. Além disso, com a criação do Ministério do Trabalho, do Comércio e da Indústria, Vargas deu sustentação à formação dos institutos de aposentadoria, de assistência médica e hospitalar para os trabalhadores; ao estabelecimento do cumprimento de horas para o exercício das atividades profissionais; à garantia de estabilidade de emprego para os trabalhadores com mais de 10 anos de trabalho; ao direito a descanso semanal e férias remuneradas.

Em 1943, Vargas criou a Consolidação das Leis do Trabalho (CLT) e, no mesmo ano, com apoio financeiro dos estadunidenses, a Companhia Vale do Rio Doce. Em 1945, deixou o governo federal e se elegeu como senador pelo Rio Grande do Sul. Em 1950, foi novamente eleito presidente, dessa vez pelo voto direto, contudo seu mandato foi marcado por muitos problemas políticos e econômicos.

Em 1952, Getúlio criou o Banco Nacional de Desenvolvimento Econômico (BNDE) e incentivou os investimentos estrangeiros no país. Contra os interesses estadunidenses, limitou as remessas de lucros a 8% sobre o capital das empresas e fundou a Petrobras, atendendo às pressões internas, iniciadas ainda no governo Dutra, empreendidas pela campanha *O petróleo é nosso*. Assim, em 3 de outubro de 1953, a empresa estatal – que seria a única responsável pela pesquisa, pela produção e pelo refino do produto – foi fundada e, em 1954, foi também inaugurada a Eletrobras. Em 24 de agosto de 1944, como relata Lira Neto (2014), pressionado internamente e sob forte oposição externa, Vargas se suicidou.

3.4 O Governo de JK e suas políticas desenvolvimentistas

Reconhecido como continuador da política de Vargas, Juscelino Kubitschek de Oliveira, que ficou popularmente conhecido como JK, assumiu o governo do país, mantendo-se na presidência de 1956 a 1960. Diferentemente de Vargas, JK não tinha o hábito de incentivar os trabalhadores a lutarem pela garantia de seus direitos, afirmava que os benefícios sociais viram em decorrência do crescimento do país, por meio de seu plano de metas de crescer 50 anos em 5.

O programa de desenvolvimento agrícola e industrial de JK, com apoio do capital estrangeiro, abriu o mercado brasileiro para a entrada de investimentos internacionais e facilitou a remessa de capitais ao exterior. Dentro da sua política social de combate ao desemprego e de crescimento por meio de seu plano de metas, implementou um processo de construção e atração de indústrias mecânicas, químicas, cimentos, siderúrgicas e metalúrgicas, além de construir duas grandes usinas hidrelétricas, Furnas e Três Marias. Com isso, como explicam Ribeiro, Alencar e Ceccon (1988, p. 169), a produção de petróleo aumentou de dois milhões de barris, em 1955, para 30 milhões, em 1960.

> Surgiram também mais de 20 mil Km de estradas de rodagem: Belém-Brasília, Belo Horizonte-Brasília, Belo Horizonte-São Paulo. As estradas de ferro, entretanto, que muitas vezes barateiam o transporte, quase não foram construídas. As indústrias de aço, em cinco anos, dobraram sua produção. (Ribeiro; Alencar; Ceccon, 1988, p. 169)

Por meio de incentivos fiscais, JK atraiu algumas montadoras de automóveis, como a Ford e a General Motors, que, a partir de 1957, passaram a produzir seus utilitários no Estado de São Paulo. O plano de metas de JK atingiu seus objetivos na área industrial, assim como na de energia e de transporte, mas o custo a ser pago por tudo isso foi muito alto. As consequências incluíram endividamento externo, aumento inflacionário, devastação de grandes áreas de florestas e enfraquecimento do transporte fluvial e ferroviário em detrimento do transporte rodoviário. No campo das políticas sociais, houve um grande salto na geração de empregos, porém o plano de metas foi um grande fracasso na área de saúde e educação.

Para promover o desenvolvimento do nordeste brasileiro, JK criou, em 1959, a Superintendência do Desenvolvimento do Nordeste (Sudene). Idealizada pelo economista Celso Furtado, a Sudene tinha como objetivo combater sérios problemas sociais, como a seca, a fome e a miséria. A falta de investimentos e de infraestrutura não possibilitavam qualquer alteração na condição de vida daqueles que habitavam a região. Assim, JK pretendia impulsionar o desenvolvimento do Nordeste mediante um programa de atuação planejada de órgãos governamentais por meio do I Plano Diretor para o Nordeste, com investimentos para dotar a região de infraestrutura, como a construção de hidrelétricas, rodovias e ferrovias e com o abastecimento de água e de habitação para tornar o Nordeste atraente para o capital industrial e comercial.

A construção da capital federal no Planalto Central, estabelecida na Constituição de 1934 (Brasil, 1934) foi outro grande marco da administração de JK. Com base em projetos dos arquitetos Oscar Niemeyer e Lucio Costa, a construção de Brasília foi iniciada em fevereiro de 1957 e requisitou os esforços de mais de três mil trabalhadores, que foram nominados de *candangos*. Para Ribeiro, Alencar e Ceccon (1988), Brasília deu impulso ao desenvolvimento do Planalto Central, mas também deixou um saldo triste, elevando o Brasil a campeão mundial de acidentes de trabalho, com centenas de operários mortos na construção da cidade, um fato abafado pela mídia e pelo próprio governo. Em 21 de abril de 1960, a capital do país foi inaugurada.

3.5 Jânio Quadros: a esperança da classe média

Em meio a um cenário de gastos elevados com o plano desenvolvimentista, concessões salariais consideradas altas pelos empregadores, ampliação do endividamento interno e externo, bem como o aumento da inflação, levaram a população a depositar suas expectativas de mudança no processo eleitoral seguinte. Nas eleições presidenciais de 1960, Jânio Quadros foi eleito para a sucessão de JK, com apoio da União Democrática Nacional (UDN), por meio de um discurso moralista radical e usando como símbolo uma vassoura, com a qual prometia varrer a irresponsabilidade e a corrupção do país.

Segundo conta Benevides (1994), Jânio Quadros foi apoiado pela classe média conservadora, sustentando as premissas do FMI de redução de gastos públicos, limitação da taxa de inflação a menos de 10% ao ano, adoção de taxa cambial e salários condizentes, além de cortes de subsídios à produção. Como o objetivo de conduzir o país à normalidade, Jânio adotou algumas medidas drásticas e ásperas, como a abertura ao capital estrangeiro, a desvalorização cambial de 100%, o fim dos subsídios de importação ao trigo e à gasolina e o congelamento parcial de salários.

Tomando como justificativa o seu combate à corrupção, Quadros colocou em dúvida a idoneidade de muitos funcionários de órgãos públicos relacionados ao governo anterior, abrindo uma série de inquéritos contra seus dirigentes. Assim, conforme relata Benevides (1994), diversos inquéritos foram movidos por militares e, em meio a denúncias, foi aberto inquérito contra o vice-presidente eleito de Jânio Quadros, João Goulart.

Essa decisão gerou problemas de relacionamento político entre Jânio e o vice-presidente, mas aproximou Jânio ainda mais dos setores conservadores e anti-trabalhistas do país. Jânio também desagradou o FMI e os Estados Unidos, assim como a direita brasileira, ao tentar, em plena Guerra Fria, colocar em prática uma política externa independente, mantendo relações com países socialistas ligados à União Soviética e, ao mesmo tempo, com países capitalistas ligados aos Estados Unidos, e decidindo inclusive que o país não participaria do bloqueio econômico e comercial que os americanos estavam propondo contra Cuba.

Pressionado por várias frentes, Jânio Quadros, sem ter conseguido colocar em prática nenhuma política social que desse algum resultado benéfico para os trabalhadores, com menos de sete meses de mandato, renunciou em 25 de agosto de 1961. Ribeiro, Alencar e Ceccon (1988) afirmam que Jânio renunciou esperando que houvesse uma reação popular solicitando a sua volta, mas isso não ocorreu.

3.6 João Goulart e suas políticas sociais (as reformas de base)

Quando Jânio Quadros renunciou, o Vice-Presidente João Goulart (Jango) estava viajando em missão diplomática à China e quase foi impedido pelos ministros militares de Jânio Quadros de assumir a Presidência da República. Houve reações da sociedade, por meio do Movimento pela Legalidade, encampado pelo então governador do Rio Grande do Sul, Leonel Brizola. Apoiado por alguns militares, vários governadores e sindicatos de trabalhadores, que pediam o cumprimento da lei, esse movimento se mobilizou para garantir a posse de João Goulart. Após alguns dias de debates e discussões, o Congresso Nacional decidiu pela posse de Jango, mas com poderes reduzidos pelo parlamentarismo.

Assim, em 7 de setembro de 1961, Jango assumiu a Presidência da República diante de uma séria crise econômica, política e social. Como o Brasil tinha quase 40% de sua população analfabeta, implementar uma política educacional que combatesse o analfabetismo e ampliasse o acesso à educação pública gratuita e de qualidade a todos os brasileiros era uma das reivindicações dos setores populares e dos movimentos sociais organizados. Quando foi promulgada, em 1961, a Lei de Diretrizes de Base (LDB) não conseguiu garantir que os recursos do Estado atendessem apenas às escolas públicas, devendo eles também subsidiar o ensino privado. De acordo com Ribeiro, Alencar e Ceccon (1988), João Goulart recebeu apoio dos setores de esquerda e dos nacionalistas, dos movimentos sociais, da União dos Estudantes do Brasil (UNE), de artistas e intelectuais e de parte de alguns setores ligados à Igreja.

Na década de 1960, por todo o país, aconteciam movimentos pelo fortalecimento da educação. Nesse contexto, um dos nomes que se destacou foi o de Paulo Freire, que, por meio de sua pedagogia de libertação, de alfabetização de jovens e adultos, realizou um trabalho de disseminação da educação popular o qual partia da premissa de que o ser humano deveria ser sujeito da história e detentor das condições necessárias para transformar a sua realidade.

Com um método próprio de construção do saber com base na realidade dos educandos, ao inovar a forma de alfabetização e desconsiderar as cartilhas pedagógicas tradicionais, Freire alcançou grande sucesso em seus objetivos. Além disso, os Centros Populares de Cultura (CPCs) da época contribuíram para levar aos lugares mais distantes do país a cultura brasileira: música, teatro, folclore etc. Um dos mais importantes grupos de cultura que davam apoio aos programas sociais de Jango foi o Movimento de Educação de Base (MEB), ligado à Igreja Católica.

Na área de saúde e política sanitária, Jango esbarrou nas indústrias farmacêuticas e nos laboratórios do grande capital internacional, pois tinha a intenção de criar laboratórios públicos de produção de remédios a fim de baratear os custos dos medicamentos no país. Com a convocação da III Conferência Nacional de Saúde, em 1963, conforme Melo (2015), Jango tinha como pretensão discutir a situação da saúde no país e aprovar uma municipalização dos serviços sanitários por meio de uma descentralização que previa desde o atendimento básico até os serviços mais complexos de saúde, como o atendimento médico hospitalar. Porém, obteve ampla reação contrária dos setores privados de saúde. A saúde e a educação faziam parte das reformas de base do governo João Goulart. Essas bandeiras foram levantadas primeiramente pelos movimentos sociais, dos quais também faziam parte as reformas administrativa, tributária, eleitoral, bancária e agrária, que tinham como objetivo dar melhores condições de vida à população brasileira.

A ideia de tributar os afortunados, facilitar o crédito aos pequenos produtores rurais e industriais, dar direito de voto aos analfabetos e dividir as terras dos latifúndios improdutivos por meio da reforma agrária foi comemorada pelos movimentos sociais urbanos, pelos trabalhadores organizados em sindicatos e pelas ligas camponesas. Contudo, segundo Ribeiro et al. (1988), ela enfrentou forte reação contrária por parte das elites dominantes, do FMI e dos militares, que acusaram João Goulart de estar implantando o comunismo no país. Ao mesmo tempo que grupos de nacionalistas e da esquerda se organizavam para entoar apoio às reformas de base, a classe dominante, aliada aos proprietários dos grandes meios de comunicação, setores conservadores da Igreja e das Forças Armadas, articulavam-se para derrubar o presidente.

A realização de um plebiscito nacional sobre o presidencialismo ou parlamentarismo, em 6 de janeiro de 1963, em que o presidencialismo venceu com larga margem de votos, fortaleceu João Goulart no seu caminho para a implementação das reformas de base. A crise econômica e financeira não dava tréguas ao governo e a proliferação de greves e manifestações dificultava ainda mais a colocação em prática das reformas de base. Assim, em 15 de março de 1964, João Goulart realizou um comício no Rio de Janeiro que reuniu, conforme relatam Ribeiro et al. (1988), 300 mil pessoas para anunciar as reformas de base – entre elas a reforma agrária. Em 19 de março, os grupos de oposição, formados por organizações civis e militares, além de partidos de direita e de setores conservadores da Igreja Católica, realizaram a chamada *marcha da família com Deus pela liberdade*, que tinha como meta derrubar João Goulart e combater o comunismo.

3.7 O golpe militar de 1964 e o controle social

No dia 31 de março de 1964, os militares iniciaram a marcha para a tomada do poder e, no dia 1º de abril daquele mesmo ano, Jango deixou o Palácio do Planalto e viajou para o Rio Grande do Sul, de onde seguiu para o exílio no Uruguai. No dia 1º de abril, os tanques ocuparam as ruas do Rio de Janeiro e reprimiram toda e qualquer manifestação a favor de Jango e assumiram o poder. Estava dado o golpe militar no Brasil. Para Rezende (1986, p. 64), os principais articuladores do golpe foram "Carlos Lacerda, o general Mourão Filho, Magalhães Pinto, João Baptista Figueiredo, o general Castelo Branco, parlamentares ligados à conservadora Ação Democrática Parlamentar e amplos setores da classe média". De acordo Ribeiro et al. (1988), os militares golpistas formaram uma comissão, denominada de *Comando Supremo da Revolução*, que passou a dirigir o país, ainda que Raniere Mazzilli, o então presidente do congresso, e parte da elite brasileira acreditassem que as Forças Armadas estavam ocupando o poder apenas durante o período de transição para um novo processo democrático. Com a edição do Ato Institucional n. 1 (AI-1), em 8 de abril de 1964, os militares deixaram claro quais eram seus objetivos. Esse Ato estabelecia que cabia:

> ao governo o poder de mudar a Constituição e tornava os militares da ativa elegíveis para a Presidência da República. Permitia também ao Poder Executivo tirar os mandatos de governadores, prefeitos, senadores, deputados e vereadores, além de impedir qualquer cidadão considerado "suspeito". O AI-1 proibia que muitos políticos fizessem... política. A isso se denominou *cassação dos direitos políticos*. (Ribeiro et al., 1988, p. 203)

O AI-1, estabelecido pela Junta Militar, liderada por Costa e Silva, prometia eleições diretas para a Presidência da República em outubro de 1965 e o retorno à democracia em 31 de janeiro de 1966. Assim, em 11 de abril de 1964, o general Humberto de Alencar Castelo Branco foi eleito presidente provisório, mas em 17 de junho do mesmo ano seu mandato foi prorrogado até 15 de março de 1967, o que violou as promessas feitas anteriormente, demonstrando assim que os militares não pretendiam restabelecer a democracia, como haviam prometido.

Ainda que o AI-1 tivesse buscado evitar a ação de forças políticas contrárias aos interesses dos militares, não obteve o êxito esperado. De acordo com o jornal Folha de S. Paulo (1997), as eleições para os governos estaduais, em 1965, colocaram no poder, em vários estados, políticos que eram próximos a JK, inclusive governadores de importantes estados do país, como os de Minas Gerais e Rio de Janeiro. Com promessas de estabelecer a democracia e de atender às reivindicações da população por emprego e moradia, dos interesses do setor imobiliário e da construção civil, o governo Castello Banco criou, por meio da Lei n. 4.380 de 21 de agosto de 1964 (Brasil, 1964), o Sistema Financeiro de Habitação (BNH). Como o Estado chefiado pelos militares não queria desagradar às elites, não pretendia estabelecer um novo imposto, e também não queria imprimir papel moeda para financiar a construção de casas. Dessa forma, foi criado o Banco Nacional de Habitação (BNH), o responsável por administrar os recursos do Sistema Financeiro Nacional (SFN) de forma a aplicá-los na construção de moradias populares.

Por meio de recursos oriundos da poupança privada voluntária e de uma poupança compulsória, oriunda de recursos do Fundo de Garantia por Tempo de Serviço (FGTS), o BNH obteve os recursos necessários para o financiamento de empreendimentos imobiliários. Além disso, com a criação do FGTS, em 13 de setembro de 1966, o governo pode atender a uma outra grande reivindicação das corporações capitalistas, o fim da estabilidade de emprego para os trabalhadores. Outro fator advindo desse contexto foi a reunião de todos os Institutos de Aposentadorias e Pensões (IAPs) para a criação do Instituto Nacional da Previdência Social (INPS).

Em resposta às eleições de 1965 e às pressões exercidas por militares formados na Escola Superior de Guerra (ESG), pelo FMI e pelos Estados Unidos, que exerciam influência não só por meio de apoio político, o general Humberto Castelo Branco decretou o Ato Institucional n. 2 (AI-2), "rasgando" a Constituição e consolidando a Ditadura Militar. De acordo com o jornal Folha de S. Paulo (1997), o AI-2, rompeu totalmente com a democracia, consolidando o poder estabelecido pelos militares, fechando o Congresso e acabando com o multipartidarismo, possibilitando a existência de apenas dois partidos políticos, a Aliança Renovadora Nacional (Arena) – partido político da situação – e o Movimento Democrático Brasileiro (MDB) – partido consentido como oposição. Ribeiro et al. (1988, p. 206) asseveram que havia um partido do "sim", que era o MDB e, do "sim senhor", que era o da Arena.

Os AI-1 e AI-2, que promoveram o fim da democracia e a cassação de direitos civis, foram seguidos pela promulgação de uma série de outros Atos Institucionais e reformas constitucionais que feriram arbitrariamente os direitos humanos, atribuindo progressivamente mais poderes aos militares e, com reestabelecimento do Departamento de Ordem Política e Social (Dops), a intensificação da repressão e das arbitrariedades. Era papel do Dops conter, por meio da repressão, movimentos sociais e partidos políticos considerados subversivos aos interesses defendidos pela classe dominante e pela ditadura militar.

Até 1969, o Dops, funcionava ainda com sua antiga denominação, Delegacia de Ordem Social (Deops), e tinha como responsabilidade investigar as atuações dos movimentos populares, desde organizações sindicais, reuniões de estudantes até caminhadas contra a carestia. Toda a movimentação de trabalhadores relacionados a paralisações ou manifestações contrárias ao regime ou reivindicatórias eram vigiadas e inquéritos eram abertos pelo Deops.

O Ato Institucional n. 4 (AI-4) deu poderes constituintes ao Congresso Nacional, após cassar ou afastar os opositores, para a discussão e aprovação da constituição de 1967, a qual foi escrita por pessoas de confiança do regime militar e facilmente aprovada pela folgada maioria dos congressistas de situação. Essa constituição estabeleceu a sujeição dos poderes Legislativo e Judiciário ao Executivo e legitimou os Atos Institucionais e seus complementos, que haviam sido decretados pelos militares, e o próprio golpe de 1964 – tanto o golpe militar, quanto os Atos Institucionais, eram conflitantes com a Constituição de 1946, que tornavam todos as iniciativas dos militares inconstitucionais. Dois meses depois de promulgar a nova constituição, os militares decretaram a Lei de Segurança Nacional (LSN) – Decreto-Lei n. 314, de 13 de março de 1967 (Brasil, 1967b), que restringiu os direitos civis e imprimiu a Lei de Imprensa – Lei

n. 5.250, de 9 de fevereiro de 1967 (Brasil, 1967c), que justificava a censura a todos os órgãos de comunicação social.

Entre 1963 e 1965, o país havia tido crescimento negativo, contudo, em 1966 cresceu relativamente e, a partir de 1967, deu um salto de crescimento, atingindo índices de países desenvolvidos, tendo em vista a intervenção realizada pelo Estado em diversos setores da economia. Assim, uma das primeiras medidas adotadas foi em relação à moeda: foram cortados três zeros do Cruzeiro e criado o Cruzeiro Novo. Outra medida adotada foi a ampliação das áreas de atuação do BNDE, com recursos para o financiamento de setores como a petroquímica, a extração mineral, a agropecuária, a indústria mecânica e de comunicações, dentre outros. O Estado também expandiu a sua presença atuando em diversos setores da economia por meio da criação de novos ministérios e empresas públicas, passando a ter bancos, indústrias, companhias, agrícolas, companhias de transportes, empresas de energia, empresas de saúde, empresas de comunicações etc. Além disso, passou a controlar os investimentos, os salários, os créditos, a construção de moradias, as exportações e importações.

No ano de 1967, foi extinto o Serviço de Proteção ao Índio (SPI) e criada a Fundação Nacional do Índio (Funai). No discurso dos militares, a entidade promoveria a assistência social aos índios, dando condições para que tivessem acesso aos benefícios que o homem branco teria. Ribeiro et al. (1988), afirmam que na percepção de indigenistas e antropólogos, a intenção dos militares foi promover o desenvolvimento econômico capitalista das regiões, de modelo baseado com base na ocupação das terras indígenas, mas, para isso, precisavam de um órgão que legitimasse tal ocupação. Com projetos de ocupações político-administrativa da região Amazônica, por meio de recursos oriundos de empréstimos do FMI e do Banco Mundial, grandes rodovias passaram a cortas a floresta, abrindo grandes clarões nas matas, que passaram a dar lugar para construções de cidades e de infraestruturas para mantê-las. Dessa forma, os serviços oferecidos pela Funai, inclusive os assistenciais e de proteção aos índios, estavam subordinados a esses projetos de expansão capitalista e de defesa nacional do governo militar.

Em 1968, os jovens de diversos países decidiram sair às ruas para protestar e tinham como principais bandeiras a luta contra o racismo – nos Estados Unidos havia acontecido o assassinato Martin Luther King –, por mudanças nos modelos educacionais, contra a guerra no Vietnã e contra os regimes ditatoriais estabelecidos em várias partes do mundo. No Brasil, os estudantes também foram às ruas e eclodiram greves e manifestações. De acordo com Ribeiro et al. (1988) naquele ano, um estudante foi morto pela repressão policial a um protesto de estudantes em um restaurante contra o aumento das refeições. Daí para frente, as manifestações só aumentaram e a repressão também.

Em 26 de junho, uma grande mobilização popular contra a ditadura militar reuniu estudantes, operários, artistas e intelectuais no Rio de Janeiro e ficou conhecida como a *Marcha dos 100 mil*. Nesse mesmo período, também aumentaram os discursos na Câmara Federal contra o regime militar. Assim, pressionado por setores conservadores da direita brasileira e da linha dura do exército, o Presidente Costa e Silva decretou o Ato Institucional n. 5 (AI-5), endurecendo ainda mais a posição do regime militar.

O AI-5 deu todo o poder aos militares. Ao fechar o Congresso Nacional, o governo pretendeu legislar sobre tudo, passando por cima de todas as matérias constitucionais em âmbito nacional, estadual ou lei orgânica municipal. Também permitiu ao Executivo nomear interventores em Estados e Municípios e demitir, remover, aposentar, transferir juízes, empregados de autarquias, empregados de empresas de economia mista e militares. Conforme o Ato:

> O Presidente da República poderá decretar a intervenção nos Estados e municípios, sem as limitações previstas na Constituição, suspender os direitos políticos de quaisquer cidadãos pelo prazo de 10 anos e cassar mandatos eletivos federais, estaduais e municipais, e dá outras providências. (Brasil, 1968)

Com o AI-5, muitas lideranças estudantis, políticos de esquerda, sindicalistas, artistas e intelectuais que discordavam do regime foram perseguidos e presos ou exilados. Diante de tal ofensiva do Estado, partidos políticos e militantes de esquerda passaram a radicalizar a luta contra a ditadura militar e assim se formaram diversos grupos que, na clandestinidade, empreenderam a luta armada para derrubar a ditadura. Para Ribeiro et al.(1988), em contrapartida, a direita tambén se organizou por meio de grupos de extermínios paramilitares, denominados de *Esquadrão da Morte* ou *Comando de Caça aos Comunistas*, grupos financiados por banqueiros e grandes empresários capitalistas. Além disso, o Estado tinha o Serviço Nacional de Informações (SNI), com o objetivo de vigiar e espionar os movimentos sociais e os sindicatos e denunciar as pessoas que se posicionavam contra o regime militar. Nessas circunstâncias, muitos foram presos nos porões dos quartéis, diversos foram torturados e muitos outros foram enviados para o exílio ou desapareceram e nunca mais foram vistos.

Com a economia internacional em franca expansão e um mercado internacional necessitando de matérias-primas para o desenvolvimento, com os preços das *commodities* em alta, com financiamentos externos ofertados pelos bancos internacionais e pelo FMI, o Estado brasileiro, por meio do então Ministro da Fazenda, Antônio Delfim Netto, passou a promover o crédito para produção interna e de exportação, favorecendo a indústria nacional e reduzindo custos para o seu desenvolvimento e estabilizando os preços na economia. Conforme Vasconcellos e Garcia (2008), com o crescimento da economia externa, que proporcionou também a retomada da economia interna, o país passou a ter índices de crescimento histórico, superando algumas economias desenvolvidas e chegando a ser a décima economia mais desenvolvida do mundo.

Apesar de todo esse crescimento econômico, o país favoreceu a concentração de capitais e o desenvolvimento de oligopólios, com poucas grandes empresas dominando os principais setores de sua economia. De acordo com Teixeira e Totine (1993, p. 218), "foi um período de crescimento tão intenso e rápido na agricultura, na indústria, agricultura, serviços, infraestrutura e comércio exterior, que passou a ser conhecido como o 'Milagre Econômico'".

Antunes (1986), Souza (2005) e Feijó (2008) apontam que o período do "milagre econômico" favoreceu o capital nacional e o capital estrangeiro, dados aos grandes investimentos e subsídios, incentivos fiscais, além de uma política de contenção dos salários, repressão às greves e ao controle dos sindicatos, sob a alegação de que essa era uma forma de controlar a inflação, reduzir os custos do trabalho e atrair investimentos para o país, além de proporcionar baixos preços ao produto nacional, que poderia ser exportado com ganhos sobre os produtos estrangeiros.

Entre 1967 e 1973, no período do chamado "milagre econômico", os mais ricos tiveram acréscimo de 10% em sua renda, enquanto os demais trabalhadores assalariados, ficaram 10% mais pobres. De acordo com Ribeiro, Alencar e Ceccon (1988), Delfim Netto sempre afirmava, quando perguntado sobre quando a população receberia os benefícios desse crescimento, que era preciso primeiro fazer o bolo crescer, para depois dividi-lo. Esse fato ampliou ainda mais o quadro de desigualdade econômica no país.

A partir de 1973, a Organização dos Países Produtores de Petróleo (Opep) elevou o preço do barril do petróleo de US$ 2,20 para US$ 9,46 e provocou uma grande crise econômica, o que colocou um fim ao processo de crescimento acelerado no Brasil. O preço do barril do petróleo e de seus derivados explodiu no mundo inteiro e a economia internacional desaqueceu. Somando-se a isso, no Brasil, a repressão e a censura aos meios de comunicação se intensificaram e nosso país entrou em um dos períodos mais duros da ditadura militar.

O general Emílio Garrastazu Médici, que foi indiretamente escolhido como presidente da república em 1969 e governou o país até 1974, costumeiramente afirmava que vivia feliz com as notícias sobre o Brasil e se aterrorizava com a violência e os problemas que ocorriam fora do país. A afirmação condiz com o que queria o governo: fazer o país acreditar na ordem e no progresso por meio de canções que exaltavam o país e suas belezas naturais. Nas escolas, ensinava-se educação moral e cívica, sem contudo discutir a realidade brasileira. Enquanto isso, com o governo militar "a repressão contra os grupos armados de oposição abateu-se sobre milhares de brasileiros, muitos deles envolvidos indiretamente – ou mesmo sem nenhuma participação na luta armada. Nas prisões, os maus tratos e a tortura atingiram a quase todos" (Ribeiro; Alencar; Ceccon, 1988, p. 115).

Durante o governo Médici, o Brasil assinou o tratado com o Paraguai para a construção da hidrelétrica de Itaipu e, por meio de um projeto de integração nacional, buscou promover a ocupação dos vazios demográficos nacionais. Apesar do crescimento, o Brasil tinha índices de países subdesenvolvidos, como elevadas taxas de analfabetismo e de mortalidade infantil. Ao final do governo Médici, os produtos de primeira necessidade, como arroz, feijão, óleo de soja e farinha de trigo, desapareceram do comércio, além de os preços em geral terem disparado. A inflação voltou com toda força e os salários não subiam. Os trabalhadores, por meio das Comunidades Eclesiais de Base (CEB) e das Pastorais Sociais da Igreja Católica, buscavam discutir sobre a realidade que atravessava o país e organizar os movimentos sociais para reivindicar direitos básicos para os bairros em que viviam, como água, luz, melhorias das ruas, transporte público, dentre outros.

Em resposta aos graves problemas sociais enfrentados, o governo Médici colocou em prática algumas políticas sociais que tinham como objetivo demonstrar a intenção do Estado em reagir a índices que, aos olhos da comunidade internacional, demonstravam o subdesenvolvimento do país, como as altas taxas de analfabetismo e de mortalidade infantil.

Com o objetivo de minimizar o problema do analfabetismo, o governo militar colocou em prática um programa denominado de *Movimento Brasileiro de Alfabetização* (Mobral), que recebeu grande divulgação e visava atingir mais da metade da população brasileira que nunca havia frequentado uma sala de aula.

Para combater a mortalidade infantil, foi colocado no papel o Plano Nacional de Saúde, que tinha como proposta eliminar todas as doenças típicas de um país subdesenvolvido por meio da construção de uma rede nacional de saúde e da realização de vacinações em massa. Esses programas tiveram apoio de um outro grande programa de amplitude nacional, o Projeto Rondon, que, sob a coordenação do Ministério do Exército, tinha como objetivo recrutar estudantes de cursos universitários de diversas áreas – como medicina, odontologia, agronomia e veterinária – para, no período de férias, cruzar o país, sob forte esquema de cobertura da imprensa governista.

O Plano Nacional de Saúde, no entanto, ficou restrito ao papel e o objetivo de erradicar o analfabetismo não foi alcançada pelo Mobral, não só pela audácia do plano, mas principalmente pela ineficácia do método utilizado e pela forma como foi implementado. O Projeto Rondon deu a sua contribuição, porém tanto ele quanto os demais programas serviram muito mais para alardear ao mundo que o governo estava buscando acabar com a miséria do país.

Enquanto o Estado brasileiro aumentava a sua dívida social para com a população, com a elevação da concentração de renda e vendo ampliar a precariedade das condições de vida dos assalariados, o Brasil buscava passar para todos uma "onda" de otimismo, pegando carona no tricampeonato mundial de futebol conquistado pela seleção brasileira de futebol em 1970, enfatizada pela campanha que apresentava o país como uma grande potência, de modo que o verde e amarelo de um nacionalismo exacerbado era amplamente divulgado pela indústria, pelo comércio e pela grande imprensa.

Nas escolas, a disciplina de Moral e Cívica foi implementada em todos os níveis de ensino como obrigatória, a fim de ensinar os valores cívicos da pátria e o respeito aos símbolos nacionais. No ensino superior, foi inserida a disciplina de Organização Social dos Problemas Brasileiros, quase sempre ministrada por professores militares.

No campo educacional, o período do milagre econômico foi marcado por uma expansão do ensino universitário. A ampliação ocorreu muito mais no surgimento de vagas em faculdades privadas do que nas universidades públicas. De acordo com Oliveira (1986, p. 87), entre 1960 e 1970, o ensino primário cresceu muito pouco, deixando claro a pouca preocupação do governo com essa modalidade de ensino, considerando que "ele cresceu 107,3%, enquanto o ginasial cresceu 391,7%, o colegial 455,3%, o superior 197,5%. Mas, a escolaridade média da população economicamente ativa não ultrapassava 1,7 ano".

Ribeiro et al. (1988) afirmam que, com a disparada do preço do barril do petróleo de US$ 9,46, em 1974, para US$ 22,50, em 1979, na segunda grande crise do petróleo, nenhuma das projeções governamentais conseguiu ser alcançada. O governo passou a investir pesado no Programa Nacional do Álcool (Proálcool), com o objetivo de obter um substituto para a gasolina, fornecendo à população com um combustível alternativo. O Proálcool até foi bem recebido pela população, porém o governo não investiu recursos suficientes e o Programa emperrou, sem contar a dificuldade de adaptação dos automóveis por parte da indústria automobilística naquele período, o que fez o consumidor duvidar da eficácia do combustível e do programa.

Com a chegada ao poder, em 1974, do Presidente Ernesto Geisel, pareciam estar terminando os anos mais difíceis vivenciados durante o regime de ditadura militar. No campo social, alguns avanços foram obtidos. Durante o governo de Geisel, foi criado o Ministério da Previdência e Assistência Social. Em 4 de julho daquele mesmo ano, foi estabelecida, por meio de decreto-lei, uma estrutura básica para o funcionamento do ministério e, em outubro, foi criado o Conselho de Desenvolvimento Social, com a atribuição de assessorar a Presidência da República. Também em outubro, foi criada a Empresa de Processamento de Dados da Previdência Social (Dataprev) e, em dezembro, foi criado o Fundo de Apoio ao Desenvolvimento Social e instituído o amparo previdenciário aos maiores de 70 anos ou inválidos. Além disso, entrou em vigor a cobertura especial dos acidentes de trabalho ao trabalhador rural.

Eleito indiretamente, Ernesto Geisel assumiu a presidência com o discurso de fazer uma abertura democrática lenta e gradual. Quando Geisel possibilitou as eleições para o Congresso Nacional, em 1974, Geisel fez crescer as esperanças de que a democracia voltaria. O descontentamento da sociedade ficou explícito nas eleições de deputados federais e senadores de 1974. Como oposição consentida, o MDB alcançou uma votação expressiva, vencendo em 15 dos 21 estados da Federação. Esse descontentamento moveu o governo a atender novas demandas da sociedade e, durante o ano de 1975, Geisel estendeu os benefícios rurais aos garimpeiros e aprovou a regulamentação do Fundo de Apoio ao Desenvolvimento Social, objetivando amparar o Plano Nacional de Desenvolvimento.

Assim, a partir de 1975, o governo federal definiu a forma de contagem para a aposentadoria por invalidez, tempo de serviço ou compulsória do serviço público federal e dos trabalhadores da iniciativa privada. Com a Lei n. 6.226, de 14 de julho de 1975 (Brasil, 1975b), foi criado o PIS/Pasep que unificou dois programas existentes: o Programa de Integração Social (PIS) e o Programa de Formação do Patrimônio do Servidor Público (Pasep). Ainda em 1975, foi determinada a preparação da Consolidação das Leis da Previdência Social (CLPS) e, em 6 de novembro daquele mesmo ano, a instituição do acesso de empregados rurais e seus dependentes aos benefícios e serviços previdenciários, por meio da Lei n. 6.260, de 6 de novembro de 1975 (Brasil, 1975a).

Nas eleições municipais no Brasil, em 1976, houve nova derrota dos militares. A linha dura do exército, porém, não deixava de agir: diversos jornalistas foram presos e torturados, entre os quais estava Wladimir Herzog, que foi encontrado morto em uma cela, depois de ser torturado. Na sequência desse caso, um operário foi encontrado morto nas mesmas condições e no mesmo quartel. Essas mortes levaram Geisel a demitir o Comandante do II Exército.

Em 1977, quando a oposição votou contra uma proposta de reforma do Judiciário, Geisel fechou o Congresso, aprovou as reformas que queria e garantiu a supremacia dos partidários do governo no Congresso Nacional. As movimentações em torno das severas medidas adotadas pelo governo federal tiveram impactos também sobre a área de assistência social e de saúde. Naquele ano, o governo alterou o sistema previdenciário instituindo, o Sistema Nacional de Previdência e Assistência Social (Sinpas), que, atrelado ao Ministério da Previdência e Assistência Social, passou a ser o órgão responsável pelas políticas de assistência social, médica e farmacêutica.

Objetivando evitar novas derrotas nas eleições de 1978, os militares utilizaram-se da chamada *Lei Falcão* – Lei n. 6.339, de 1 julho de 1976 (Brasil, 1976) –, assim conhecida por ter sido posta em prática pelo então Ministro da Justiça, Armando Falcão, para limitar o acesso dos candidatos ao rádio e à televisão. O governo militar havia perdido espaço para o MDB, mas ainda assim a Arena saiu vitoriosa das eleições, pois o governo usou de diversos artifícios para não perder, inclusive nomeando um terço da representatividade do Senado – os "senadores biônicos", como ficaram conhecidos –, em um cenário político em que os governadores estaduais, do Distrito Federal e dos territórios federais, prefeitos das capitais e prefeitos de municípios de áreas consideradas de segurança nacional, como os de fronteiras com outros países, já eram designados pelo Estado.

O ano de 1978 também revelou escândalos financeiros sobre grandes empresas e bancos privados que eram favorecidos por dinheiro dos cofres públicos. Além disso, houve um corte de orçamento por parte do governo federal e elevação do imposto de renda. A crise se acirrou, muitas greves ocorreram nesse período e as tensões sociais aumentaram. Houve até um patrão que acabou assassinando um trabalhador grevista na porta de sua fábrica, no dia 11 de outubro de 1978.

De acordo com o jornal *O Estado de São Paulo* (Patrão..., 1978), na porta da metalúrgica Alfa, em São Paulo, um advogado, de 35 anos, liquidou com quatro tiros um operário, 21 anos, que reclamava da falta de 600 cruzeiros no seu salário. O empregador tinha sido membro do Esquadrão da Morte e do Comando de Caça aos Comunistas, na década de 1960. Mesmo com a morte do trabalhador, a greve continuou e outras diversas manifestações proliferaram em todo o país. Sentindo-se pressionado, o governo abriu a possibilidade para livre discussão entre trabalhadores e empregadores por meio de negociações coletivas entre os sindicatos dos trabalhadores e dos empregadores.

Em 15 de março de 1979, prometendo abrir o país para o processo democrático, conter os gastos públicos, privatizar empresas e serviços públicos, melhorar o desempenho da agricultura e reduzir a inflação, que chegava aos 40% ao ano, o General João Batista Figueiredo, o último dos presidentes militares desde o golpe de 1964, assumiu o comando do país. O período era de intensa pressão pela abertura política, pelo fim da ditadura militar, pela soltura dos presos políticos, pela concessão da anistia aos políticos cassados e aos exilados políticos.

Ribeiro et al. (1988) afirmam que no dia 13 de março de 1979, no Grande ABC Paulista, onde se concentravam as principais indústrias do país, 180 mil operários paralisaram suas atividades, forçando o governo a intervir nas negociações entre patrões e empregados. O então Ministro do Trabalho, Murilo Macedo, decretou intervenção nos sindicatos e destituiu seus dirigentes, dentre eles Luiz Inácio Lula da Silva (Lula), presidente do Sindicato dos Metalúrgicos de São Bernardo do Campo e Diadema (SMABC). Após a greve terminar e patrões e empregados chegarem a um acordo, o governo devolveu a direção dos sindicatos aos líderes grevistas. Em 1980, decretada em 30 de março, houve uma nova greve e, dessa vez, 300 mil trabalhadores paralisaram suas atividades em São Paulo e em algumas cidades do interior do estado. Dessa vez, o governo reprimiu a greve com violência e prendeu Lula e mais 10 líderes sindicais por 41 dias. Os trabalhadores não alcançaram o que pretendiam e os patrões receberam subsídios governamentais como ressarcimento dos dias de sua produção parada.

Durante o período de abertura promovido por Figueiredo, com a assinatura da anistia a todos os envolvidos nas lutas do período dos anos duros da ditadura militar e com o indulto de natal que libertou os presos políticos que ainda eram mantidos em cárcere, vários atentados terroristas atribuídos a militantes de direita no país começaram a ocorrer. Segundo Ribeiro *et al* (1988) dentre os atentados, aconteceram incêndios às bancas de revistas que vendiam jornais que fossem considerados subversivos, tanto no Rio de Janeiro quanto em São Paulo, e ataques à sede da Ordem dos Advogados do Brasil (OAB) e à Câmara Municipal do Rio de Janeiro. Emblemática desse período foi a tentativa frustrada de ataque a bomba no Riocentro, no Rio de Janeiro, onde milhares de pessoas se concentravam para assistir a um show de vários artistas às vésperas do dia 1º de maio, em comemoração ao Dia do Trabalhador. Todos os atentados a bomba ou tiraram a vida ou mutilaram seres humanos.

Em 1979, o MDB e a Arena foram extintos para dar lugar a cinco novos partidos políticos. Os governistas criaram um partido político chamado Partido Democrático Social (PDS), ao qual se filiaram a maioria dos antigos membros da Arena. Os representantes da oposição consentida, o MDB, criaram o Partido do Movimento Democrático do Brasil (PMDB). Na briga entre quem herdaria o Partido Trabalhista Brasileiro (PTB) de Getúlio Vargas e João Goulart, Leonel Brizola, que tinha como certo o comando da sigla no país, acabou perdendo-a para a ex-deputada e sobrinha de Getúlio Vargas – depois de acusar os militares de manobra para não deixar que assumisse o PTB, Brizola, ex-governador gaúcho e exilado político, fundou o Partido Democrático Trabalhista (PDT). Da base dos metalúrgicos do ABC, tendo como um de seus principais expoentes Lula, surgiu o Partido dos Trabalhadores (PT).

As políticas econômicas do governo Figueiredo, comandadas por Delfim Netto, principal nome da economia durante o milagre econômico, tiveram como um dos principais problemas a enfrentar o fato de as importações estarem superando as exportações. Apoiado em suas iniciativas, Delfim Netto decidiu desvalorizar o cruzeiro em 30% em relação ao dólar americano, o que proporcionou maiores ganhos em investimentos no mercado financeiro, mas enfraqueceu consideravelmente a geração de empregos e a economia interna. Com restrições às importações, Delfim Netto pretendia favorecer o consumo interno, mas isso apenas aprofundou ainda mais a recessão econômica. Desempregados de todo o Brasil foram às ruas protestar. Em várias partes do país, conforme Ribeiro et al. (1988), principalmente no Rio de Janeiro e em São Paulo, multidões entravam às centenas em supermercados e saqueavam produtos alimentícios. Muitos foram presos, a maioria era de desempregados que argumentavam não ter como alimentar a família.

Conforme relata Oliveira (1986), Figueiredo afirmou que tinha intenção de dar mais ênfase ao social, mas que seus objetivos estavam sendo travados pelas dificuldades econômicas. Oliveira (1986) afirma, no entanto, que para o economista Mário Henrique Simonsen, encarregado da Secretaria de Planejamento da Presidência da República, o objetivo era combater a inflação a qualquer custo, inclusive custos sociais. A partir de meados dos anos de 1970, os movimentos sociais começaram a se fortalecer, juntamente com um novo modelo de organização sindical surgido nas bases das Pastorais Sociais e das CEBs da igreja católica, que propagavam a proximidade do evangelho com a realidade, postulando a proteção social aos trabalhadores e exigindo mudanças sociais que garantissem melhorias das condições de vida destes, inclusive defendendo a organização em sindicatos. O governo sentiu-se pressionado e acabou por conceder reajustes salariais semestrais, mas a crise continuou, a inflação disparou e diversos setores da economia começaram a demitir trabalhadores.

Durante os anos de governo de Figueiredo, a economia foi de mal a pior. De acordo com Ribeiro, Alencar e Ceccon (1988), a inflação, que no início do governo era de 40%, disparou e, em 1985, já atingia 220%. Nesse período, objetivando receber os empréstimos que realizaram ao país, muitos banqueiros internacionais, por meio do FMI, pressionaram o governo brasileiro para seguir um receituário de arrochos salariais e de redução de gastos governamentais. Dessa forma, mesmo contrariando os setores comerciais e industriais, além dos trabalhadores, o governo brasileiro submetia muito de seus projetos ao FMI. O mandato de João Batista Figueiredo chegou ao fim e pressões surgiram em todo o país para que fossem realizadas eleições diretas para a Presidência da República.

O movimento *Diretas Já!* teve seu impulso por meio de um grande comício, que reuniu cerca de 100 mil pessoas na Praça da Sé, em São Paulo. A pressão para eleições diretas em todos os níveis levou multidões a se reunirem em manifestações por todo o país. Era certo que se aproximava o momento em que a ditadura agonizava e a democracia estava prestes a se concretizar. Contudo, não era de se esperar que os militares estabelecessem a democracia de forma tão direta assim. Atendendo à ala mais conservadora da política brasileira, tendo à frente do Congresso o PDS, o governo articulou uma maneira de impor e aprovar a eleição indireta para a Presidência da República, descontentando a grande maioria dos brasileiros.

Assim, o novo presidente da república foi eleito, de forma indireta, pelo voto dos deputados e senadores. Dos cinco partidos políticos representados no Congresso Nacional, apenas o PT se posicionou contrário à escolha do presidente de forma indireta. Numa disputa entre Paulo Maluf (PDS) e Tancredo Neves (PMDB), o mineiro pemedebista acabou sendo eleito, tendo José Sarney como vice.

Com relação às políticas de assistência e previdência social os finais dos anos 1970 e os anos iniciais de 1980 não foram muito significativas, a não ser por uma constante troca de ministros responsáveis pela pasta. Contudo, cabe destacar a criação do seguro-desemprego e da função de *ouvidor* na Previdência Social, além da instituição do Conselho Comunitário da Previdência Social, composto por contribuintes e usuários dos serviços da previdência social.

3.8 A redemocratização do Brasil e a Constituição Federal de 1988: resgate da democracia participativa

O Brasil, a partir da metade da década de 1980, principalmente com o fim da ditadura militar, caminhava no sentido de estruturar uma sociedade democrática e de avanços sociais, enquanto o mundo desenvolvido caminhava no sentido de desmantelar o Estado de bem-estar social implantado na década de 1940. No contexto que vigorava até então, o modelo estabelecido nos países desenvolvidos estava sendo puxado pelas práticas do Estado de bem-estar social, pela Conferência Monetária de Bretton Woods[4] (1944), pela Doutrina Truman e pelo Plano Marshall (1947), que fortaleceram

---

4 Conferência Internacional, convocada pelos Estados Unidos, em 1944, realizada em Bretton Woods (New Hampshire, EUA), na qual foi estabelecido o Dólar como moeda internacional e também foi criado o Fundo Monetário Internacional (FMI) e o Banco Mundial.

as ações do Estado em relação à economia para promover uma maior participação da sociedade no consumo de bens e serviços gerados pela produção capitalista, pela renda resultante dessa produção e por direitos a uma maior participação na sociedade. O desmantelamento posto em marcha em meados dos anos de 1980 teve sua base teórica no economista Friedrich Von Hayek e em seu livro *O caminho da servidão*, publicado em 1944, o qual defendia o fim da intervenção do Estado e dos sindicatos na determinação dos salários, das condições de trabalho nas fábricas e da condução da Economia Política. Para Hayek (2010), o grau de intervenção do Estado na economia beirava os níveis de intervenção de um país socialista e ele apontava para o perigo de haver um único sistema econômico no mundo, o socialismo, caso o liberalismo econômico não voltasse a imperar na forma de gestão do capitalismo. Mais tarde, junto com Milton Friedman, Hayek passou a ser um dos maiores defensores do neoliberalismo – uma corrente de pensamento econômico que defendia o fim da participação do Estado na economia, nos moldes do *laissez faire, laissez passer*, da economia política clássica do final do século XVIII até meados do século XIX.

Os argumentos de Hayek e Friedman passaram a ser defendidos pelas grandes corporações e pela classe dominante capitalista por conta dos problemas gerados pelas duas grandes crises do petróleo, ocorridas em 1973 e 1979, que provocaram aumentos exorbitantes nos preços dos combustíveis e em consequência geraram hiperinflações em diversos países. As condições de vida no capitalismo pioraram com o aumento do desemprego, do déficit público dos países e do empobrecimento de suas populações, principalmente dos países periféricos em relação aos países centrais. Assim, o fim do Estado de bem-estar social nos Estados Unidos e na Europa, a partir da década de 1980, abriu caminho para a volta, com toda força, das teorias defendidas por Hayek e Friedman. Novamente as instituições de Bretton Woods – o Fundo Monetário Internacional (FMI) o e Banco Internacional para a Reconstrução e o Desenvolvimento (Bird) foram utilizadas para interferir nos países, exigindo adequações aos novos paradigmas estabelecidos pelo discurso da globalização e da onda neoliberal privatizantes.

No Brasil do pós-ditadura militar, muitos setores da sociedade e movimentos sociais imprimiram fortes mobilizações para influenciar no processo eleitoral de 1986, criando o Movimento de Participação Popular na Constituinte (MPPC), que tinha como objetivo reunir os brasileiros para discutir as questões sociais na elaboração da Carta Magna. Nas eleições de 1986, foram eleitos os candidatos responsáveis pela elaboração da Constituição do Brasil promulgada em 1988, que garantiu avanços na democratização, na seguridade social e nos direitos sociais. De acordo com Rocha (2000), "a Constituição Federal de 1988, por sua vez, coroou esse processo atribuindo relevância à participação da sociedade na vida do Estado, ao instituir vários dispositivos nas esferas públicas de âmbito federal e local".

Por meio de emendas populares, a sociedade pôde participar da elaboração da Constituição de 1988 e interferiu na definição de vários artigos, conseguindo fazer desta uma "constituição cidadã", na qual foram incluídos mecanismos de decisão em âmbito federal, estadual e municipal, imputando ainda o referendo, o plebiscito e a iniciativa popular (Rocha, 2000). Outro grande avanço alcançado foi a descentralização das políticas sociais por meio dos conselhos gestores de políticas, com representantes do Estado e da sociedade civil influenciando sobre as políticas educacionais, da criança e do adolescente e da seguridade social – tudo isso ampliado em âmbito estadual e municipal.

Assim, as políticas sociais passaram a contar com representantes de diversos setores, como, por exemplo, o de seguridade social, que passou a ter uma representação do governo, dos aposentados, dos trabalhadores na ativa e dos empresários. Esses avanços foram importantes para a constituição de espaços de participação popular democráticos, resultado das lutas dos movimentos sociais – como a luta pela reforma sanitária, a qual, juntamente com a luta dos profissionais de saúde, resultou na implantação do Sistema Único de Saúde (SUS) –; a luta pela reforma urbana, com ênfase na definição das propriedades urbanas e o seu fim social; a elaboração do Estatuto da Criança e do Adolescente (ECA); e a promulgação da

Lei Orgânica da Assistência Social (Loas) – Lei n. 8.742, de 7 de dezembro de 1993 (Brasil, 1993b), como resultado do reconhecimento constitucional de que a assistência social é um direito e que deve figurar ao lado dos direitos à saúde e à previdência social.

Nos anos que vieram após a aprovação da "constituição cidadã", o Estado e a sociedade civil tiveram a responsabilidade de implementá-la. O problema foi que os anos de 1990, no Brasil, foram marcados pela estabelecimento do neoliberalismo de Hayek e Friedman. Este apresentou ao país programas que exigiam a redução de intervenção do Estado na economia, forçando a privatização de inúmeras empresas estatais, principalmente as de infraestrutura (energia e transportes), de comunicação, de educação, de saúde, do setor bancário e financeiro, entre outros.

3.9 O processo de consolidação das políticas sociais no Brasil

A mobilização popular, por meio dos movimentos sociais, das entidades representativas dos trabalhadores, dos partidos políticos e de setores da sociedade engajados na construção de um país melhor fizeram valer suas vozes por meio da promulgação da Constituição Federal (1988), com avanços significativos em prol dos direitos civis, da seguridade social e da assistência social, principalmente após a criação da Loas. Esses avanços se tornaram importante instrumentos para o fortalecimento da luta contra a exclusão social que atingia uma parte significativa da população do país.

Na Constituição Federal de 1988, está explícita a responsabilidade do Estado, nas esferas federal, estadual e municipal, em parceria com a sociedade, o atendimento aos excluídos, aos pobres e àqueles que estão em condições de vulnerabilidade social. Na Loas (Brasil, 1993b), ficaram estabelecidas as bases para a implantação das políticas sociais em âmbito nacional, estadual e municipal, assim com a descentralização das decisões por meio de instâncias de participação popular nas escolhas que deveriam ser feitas em relação aos recursos financeiros e ao controle da execução e das atividades desenvolvidas no campo social.

Além disso, ficou estabelecido, na Constituição Federal (Brasil, 1988), o Estado democrático de direito, no qual foram assegurados os direitos civis, direitos políticos e direitos sociais. O artigo 6 da Carta Magna declara que "são direitos sociais a educação, a saúde, o trabalho, o lazer, a segurança, a previdência, a proteção à maternidade e à infância, a assistência aos desamparados" (Brasil, 1988). Dessa forma, foi evidenciado que o Estado deveria dar guarda e amparo a todos que estão em situação de risco e vulnerabilidade social, principalmente às crianças, às gestantes, aos idosos e àqueles que estão em situação pobreza extrema. Assim, o Estado deve criar políticas públicas e de assistência social para prevenir, proteger, amparar e inserir a essas pessoas. Em uma sociedade em que todos os cidadãos contribuem para o crescimento econômico do país e que se apresenta como democrática, é fundamental que o Estado garanta os direitos civis e sociais de todos.

Antes de 1988, muitos direitos obtidos no campo social não estavam nítidos para todos, e abriam brechas para que os governantes, em todas as esferas, deixassem de executar as políticas voltadas às necessidades sociais da população, principalmente às de seguridade social. Assim, a Constituição Federal de 1988 estabeleceu a seguridade social, destacando a política de assistência social, a ser realizada por meio do governo federal, dos Estados, dos municípios e do Distrito Federal e mantida mesmo quando se alternassem os governantes. Além disso, foi estabelecido que a política de assistência social deveria ser colocada em prática por pela participação popular, em um processo de democracia participativa por meio de conselhos, fóruns e conferências de assistência social em âmbito municipal, estadual e federal.

Quando se trata da assistência social, muitos se lembram dos modelos tradicionais preservados durante dezenas de anos no indumentário político brasileiro, no qual madames das elites posavam para fotos, ao lado de crianças pobres e famintas, como damas de caridade. Contudo, com a implantação da Loas, passou a caber à sociedade civil, em parceria com o Estado, definir as prioridades a serem combatidas e, por meio de critérios bem definidos, perceber como os recursos financeiros deveriam ser aplicados para melhorar as condições de vida das populações em situação de risco ou vulnerabilidade social, garantindo a essas pessoas o direito à saúde, ao bem estar-social, ao trabalho, à previdência social, à justiça e à assistência social. Dessa forma, as velhas práticas "politiqueiras", "clientelistas" e "coronelistas" de distribuição de benefícios, em trocas de favores oferecidos por políticos e "primeiras damas" ou "damas da caridade" à população mais pobre do país, passarem a ser condenáveis.

Nesse sentido, a Loas (Brasil, 1993b) garantiu que a assistência social fosse um direito do cidadão e um dever do Estado, no qual aqueles que dela se beneficiam não precisam disponibilizar recursos para esse fim, pois se trata de uma política pública de seguridade social que tem como objetivo estabelecer garantias sociais mínimas, essenciais ao atendimento das necessidades básicas das populações vulneráveis por meio do empenho das instituições públicas e da sociedade.

Com base na Loas, a política pública de assistência social tem como objetivo garantir a proteção às famílias, à maternidade, à infância, à adolescência e à velhice; amparar crianças e adolescentes em risco ou vulneráveis; promover a entrada das pessoas mais pobres e carentes ao mercado de trabalho; habilitar, reabilitar e reintegrar as pessoas com deficiência à vida em sociedade; e garantir um salário mínimo de benefício mensal à pessoa portadora de deficiência e ao idoso que comprove não possuir condições de prover a própria manutenção ou de tê-la provida por sua família.

Nesse contexto, as ações engendradas pela assistência social são realizadas com recursos advindos do orçamento público previsto para a seguridade social e, também de outras fontes, levando-se em conta as diretrizes estabelecidas para colocação em prática dos programas relacionados à área, sob a coordenação geral do governo federal, com a execução dos governos estaduais e dos governos municipais, além da participação de instituições de caráter beneficente e de assistência social.

Além disso, a democracia participativa, favorecida por um processo de descentralização e de responsabilidades compartilhadas, também é uma das diretrizes da política de assistência social e deve ser exercida pela população por meio da participação, da fiscalização e do controle das ações executadas em todas as esferas de governo. Esse modelo de democracia traz para a sociedade a necessidade de maior organização e de conhecimento diante dos vários instrumentos de deliberação, proposição e participação, como os conselhos, os fóruns, as audiências públicas, os referendos, o orçamento participativo, as conferências e tantos outras possibilidades criadas pela promulgação da Carta Magna de 1988 (Brasil, 1988) e da Loas.

Nesse cenário, foi criado, por meio da Loas, o Conselho Municipal de Assistência Social (CMAS), órgão que tem por objetivo deliberar e aprovar a política municipal de assistência social e ao qual compete estabelecer as diretrizes a serem observadas no plano Municipal de assistência social, além de gerenciar o Fundo Municipal de Assistência Social (FMAS), fiscalizar a movimentação e a aplicação do montante de recursos aplicados na área de assistência social e democratizar todo o processo realizado em âmbito da assistência social, zelando pela efetivação do sistema descentralizado e participativo de assistência social.

Esse processo de democratização e participação popular possibilitou a concepção do SUS e, em 2004, a aprovação da Política Nacional da Assistência Social (PNAS), ambos fatos que proporcionaram à população maior acesso a direitos sociais e de saúde. Essa ampliação também trouxe grandes desafios para os diversos profissionais que atuam nessas áreas, especialmente ao profissional de serviço social, e que precisam garantir que esses direitos sejam cumpridos pelo Estado, em todas as suas esferas, e pelas entidades que se apresentam para colocar em prática os programas de saúde e de assistência social.

3.9.1 As políticas sociais e o neoliberalismo dos anos 1990

As constantes alterações de programas governamentais colocadas em prática no país colocaram em evidência os desafios apresentados a todos que atuam em defesa da universalização dos direitos sociais. Fernando Collor de Mello foi o presidente escolhido para colocar em prática as reformas neoliberais no país, que iam em desencontro à recém-aprovada "constituição cidadã". De acordo com a proposta neoliberal, o mercado deveria ser aberto para produtos e investimentos estrangeiros, estabelecendo assim a dolarização da economia ou, pelo menos, criando uma moeda nacional paritária ao dólar americano – havendo, ainda, a desregulamentação das leis trabalhistas. Esse conjunto de medidas apresentadas por Collor – e depois por seus sucessores, Itamar Franco e Fernando Henrique Cardoso (FHC) – tiveram forte influência sobre o mercado de trabalho, provocando o fechamento de inúmeras empresas do setor produtivo e aumentando o desemprego. Países como a Argentina e o Brasil viram, em pouco tempo, a partir do final da década de 1990, suas reservas se esvaírem diante de uma política fiscal, monetária e de relações externas que beneficiavam o setor externo e o financeiro em detrimento das empresas nacionais.

Durante o governo FHC, a política social colocada em prática, desde a implantação do Plano Real, em 1 de julho de 1994, foi marcada por alto grau de complexidade. De cunho neoliberal, o objetivo principal do programa governamental consistia na manutenção da estabilidade monetária, reunindo todos os esforços necessários para isso. No discurso de FHC, a criação de um fundo social reuniria as condições para o estabelecimento de um sistema de proteção social e de seguridade social que garantiria os serviços públicos essenciais à população, porém, o fundo social tão alardeado pelo governo constituiu-se em uma redução de gastos governamentais, atingindo as áreas a que se destinava o tal programa.

As propopostas do governo FHC tinham como objetivo reestruturar os programas sociais garantidos pela Constituição Federal de 1988 (Brasil, 1988), visando atender às demandas de mercado, mas o governo sendo sempre vigiado pelos movimentos sociais e pelos partidos de oposição. Os primeiros programas sociais públicos colocados em ação tinham como objetivo atender a áreas básicas como a previdência social, a saúde, a educação, a habitação, o saneamento e a assistência social. Para colocação em prática seu programa, o Estado deveria reunir os recursos necessários e escolher as ações prioritárias para combater a pobreza e desigualdade visando o crescimento econômico.

Para a efetivação do combate à pobreza – como a redução da mortalidade infantil, a ampliação dos programas de educação infantil, o ensino fundamental e a merenda escolar, o aumento da qualificação profissional e a geração de emprego e renda, a melhoria das condições de moradia entre outros – o governo FHC colocou em prática o Programa Comunidade Solidária, que teve como objetivo a descentralização dos benefícios de forma a serem assumidos em parceria com estados e municípios, sob a coordenação executiva do poder público e da sociedade, por meio da responsabilidade do conselho do Programa Comunidade Solidária, para o qual foram selecionados 20 programas a serem implementados junto aos segmentos sociais mais carentes.

A partir da década de 1990, com reflexos sobre o governo de FHC, houve uma maior participação da sociedade civil com base no modelo de democratização que se estabeleceu pela Constituição Federal de 1988 (Brasil, 1988). De acordo com Pereira (2010), o princípio da democratização das decisões sobre a aplicação dos recursos do Estado consta das exigências de instituições multilaterais, como o FMI e o Banco Mundial, para o financiamento de programas governamentais na América Latina. Assim, é possível afirmar que, durante a gestão de FHC, houve uma participação social maior por meio da instituição dos conselhos nacionais, por imposição de tais instituições multilaterais, previstos ou não na legislação, o que garantiu uma maior democratização sobre as decisões do modelo de gestão pública.

Houve também uma forte abertura à participação do terceiro setor na área social, na parceria com as organizações não governamentais (ONGs), por meio de regulamentação por parte do Estado para a realização de serviços sociais. Para tanto, foi extinta a Legião Brasileira de Assistência (LBA) e, por determinação da Loas, teve início o programa de remuneração a idosos e pessoas portadoras de deficiências físicas. De acordo com Draibe (2003, p. 31):

> Ao final do primeiro período do governo FHC, o país já contava com um sistema nacional de assistência social forte de institucionalidade, apoiado em fundos, órgãos e conselhos estaduais e municipais e periodicamente mobilizados por conferências nacionais, foro privilegiado da formação política.

Um dos programas que mais se destacou no governo FHC na política de combate à pobreza foi o de transferência de renda direta para as famílias mais pobres, como o Bolsa-Alimentação. Agentes Comunitários de Saúde, Combate à Mortalidade Infantil e Saúde da Mulher, também foram programas colocados em prática pelo governo, os quais deveriam ter uma cobertura universalisante. Para financiar esses programas, o Governo criou a Contribuição Provisória sobre Movimentação Financeira (CPMF), durante o governo FHC, em 1996, a qual iniciou com um percentual de 0,25% de toda movimentação financeira realizada e que, em 2002, chegou a 0,38%.

Utilizando-se das definições da Constituição Federal de 1988 (Brasil, 1988), o governo manteve o piso mínimo para os benefícios do aposentado urbano e rural, assim como o direito ao seguro desemprego, sustentando as regras básicas sobre a não necessidade da contribuição do trabalhador rural para o recebimento do benefício da aposentadoria. Da mesma forma, foram mantidas as regras dos regimes especiais de funcionários públicos, preservando os direitos à integralidade e paridade das aposentadorias com seus vencimentos. Contudo, as mudanças com relação à aposentadoria vieram no segundo mandato de FHC, em que foi alterada a utilização do termo *tempo de serviço* para o *tempo de contribuição*, referente ao tempo necessário para um trabalhador se aposentar, além do estabelecimento da idade mínima para a aposentadoria, da extinção das aposentadorias proporcionais e de quase todas as especiais.

Conforme relata Draibe (2003), na área do trabalho, seguindo orientações do mercado, o governo FHC promoveu algumas alterações a fim de flexibilizar a legislação trabalhista, retirando dos salários o reajuste automático de acordo com a variação da inflação, possibilitando negociações salariais anuais entre patrões e empregados, assim como o estabelecimento de banco de horas na substituição do pagamento de horas extras. As medidas adotadas contribuíram para a manutenção da estabilidade monetária e outras políticas sociais, como a bolsa qualificação, com suspensão do contrato de trabalho de dois a cinco meses dos trabalhadores para capacitação e com amparo do seguro desemprego. As políticas econômicas e sociais são apresentadas como medidas a serem tomadas em momentos de dificuldades na empresa. As medidas adotadas durante o governo FHC, apontaram como caminho para reduzir os impactos do desemprego, com o discurso do alto custo da mão de obra em consequência de uma legislação trabalhista que não acompanhou as mudanças de um período de globalização da economia.

O carro-chefe da campanha vitoriosa de Lula para presidente foi o Programa Fome Zero, colocado em prática em seus primeiros anos de mandato e substituído, em 2003 e 2004, pelo Programa Bolsa Família, por meio da unificação do Cartão Alimentação. O Bolsa Família se estabeleceu como um programa de transferência direta de renda, reunindo alguns dos programas de transferência de renda criados ainda no governo FHC (Programa Bolsa Escola, Bolsa Alimentação e Auxílio Gás). O objetivo foi abranger benefícios sociais concedidos por vários ministérios em um único programa. De acordo com Silva, Grossi e França (2010), a opção da ampliação visava atender aos setores sociais com a geração de emprego e renda, o fortalecimento de setores que os programas anteriores não atingiam como a reforma agrária, o fortalecimento da agricultura familiar, o programa de alimentação do trabalhador, a distribuição de alimentos, a merenda escolar, a produção de alimentos, os restaurantes populares, as cozinhas comunitárias, a construção de cisternas para armazenamento de água, entre outros.

Uma das grandes críticas dos movimentos sociais ao governo Lula, conforme Fagnani (2011), foi a substituição da proposta de reforma agrária ampla estabelecida na campanha eleitoral pelo II Plano Nacional de Reforma Agrária, que se estabeleceu com medidas menos abrangentes que as do programa de campanha. Para Fagnani (2011) os críticos atribuem a Lula a opção pela colocação em prática de programas que priviligiam o agronegócio. Apesar disso, é fundamental destacar que a ampliação do Programa Nacional de Agricultura Familiar (Pronaf), entre os anos de 2003 e 2004, foi o principal fator do desenvolvimento do setor agrícola, incentivando o pequeno e médio produtor a se estabelecer no campo. Dentre os programas estabelecidos pelo Pronaf estavam o Programa de Aquisição de Alimentos, o Seguro da Agricultura Familiar e o Programa Garantia-Safra.

É importante destacar que, no campo social, algumas mudanças institucionais ocorreram durante o governo Lula, como o fortalecimento Loas; a aprovação da Política Nacional de Assistência (PNAS); a instituição do Sistema Único de Assistência Social (Suas); e, ainda, a mudança de nome do Ministério da Assistência Social (MAS) para Ministério do Desenvolvimento Social e Combate a Fome (MDSCF) – em substituição ao Ministério Extraordinário de Segurança Alimentar e Combate à Fome (Mesa) –, que passou a articular ações de segurança alimentar e de transferência de renda às de assistência social.

No campo da saúde, um ponto importante foi a realização, no final de 2003, da 12ª Conferência Nacional de Saúde, que deu base para o lançamento do Plano Nacional de Saúde, para o período 2003-2007, com alguns programas específicos, como o Programa de Saúde da Família, o Programa Farmácia Popular e a reeestruturação do Serviço de Atendimento Móvel de Urgência (Samu) e do Programa Brasil Sorridente. Outra demanda social importante foi atendida pela aprovação, pelo Congresso Nacional, do Estatuto do Idoso, em outubro de 2003, e a redução de 67 anos para 65 anos de idade para solicitar o benefício de prestação continuada.

Na área de educação, o governo Lula deu continuidade à elaboração do Plano Plurianual da educação para 2004-2007, cujas principais ações estavam relacionadas ao Fundo de Manutenção e

Desenvolvimento da Educação Básica (Fundeb) e à reforma da educação superior, com a criação do Programa Universidade para Todos (Prouni), que promoveu a concessão de bolsas de estudo em instituições privadas a estudantes de baixa renda e estabeleceu quotas para negros e índios como política afirmativa. Merece destaque também a ampliação da rede pública das Instituições de Ensino Superior Federal e a criação da Universidade Aberta do Brasil (UAB), voltada para a formação de profissionais da educação.

No campo da reforma urbana, tão exigido pelos movimentos sociais urbanos, foi estabelecido o Ministério das Cidades, que, em 2003, realizou a primeira Conferência Nacional das Cidades, na qual foram estabelecidos vários planos e políticas urbanas, que incluíam a participação popular, a habitação e a regularização fundiária. Em 2005, foi realizada a II Conferência Nacional das Cidades. Ainda com relação à política urbana, o Estado criou o Sistema Nacional de Habitação e, dentro deste, o Sistema Nacional de Habitação de Interesse Social (FNHIS), formado com recursos do Orçamento Geral da União (OGU) para financiar as aquisições de famílias com renda mensal de até três salários mínimos. Além disso, o Estado passou a utilizar o Fundo de Garantia por Tempo de Serviço (FGTS) para subsidiar programas para famílias com renda inferior a cinco salários mínimos.

Um dos maiores problemas das cidades é com relação à produção de resíduos. De acordo com Fagnani (2011), um dos maiores destaques com relação a isso foi a criação da Política Nacional de Resíduos Sólidos, a fim de incentivar os municípios a dar um destino correto para a sua produção de lixo, estabelecendo formas de reciclagem e evitando a contaminação do solo, da água ou do ar, estabelecendo responsabilidades entre a sociedade, o empresariado e o Estado.

Um outro programa que movimentou a indústria da construção civil e o mercado imobiliário foi o Programa Minha Casa, Minha Vida, que teve como objetivo inicial construir um milhão de casas, facilitando o acesso ao crédito, por meio da flexibilidade dos mecanismos de financiamento para moradia, às pessoas de baixa renda, deixando a cargo do Estado ou dos municípios a indicação das pessoas a serem beneficiadas pelo programa e ao

Ministério das Cidades, responsável pelo estabelecimento das diretrizes, o gerenciamento dos recursos e o acompanhamento da execução do programa.

Depois de abrir as portas para políticas neoliberais, inicialmente com o governo Collor e, na sequência, no FHC, houve intenso favorecimento do capital privado nacional e internacional, inclusive nas políticas desenvolvidas pelo governo Lula. Contudo, com a crise de 2008, os Estados do mundo inteiro voltaram a ter papel de destaque na economia. O controle sobre o emprego, a moeda e o sistema financeiro passou a ser uma das principais preocupações, tendo em vista o grande impacto causado pela crise nesses setores. Conforme Fagnani (2011), a partir da crise, o desemprego foi combatido por meio de uma forte presença do Estado para garantir o mínimo de solvência do sistema econômico, colocando uma "pá de cal" sobre a política do "Estado mínimo", resguardando as grandes corporações nos Estados Unidos e na maioria dos países europeus.

3.10 As políticas sociais do século XXI – desafios e perspectivas

Na segunda década do século XXI, a crise econômica foi fato constatada nas economias latino-americanas, reflexo da quebradeira estadunidense em 2008, que fez com que o mundo empobrecesse, mas com a qual alguns poucos capitalistas se enriqueceram ainda mais. Nesse cenário, a China ampliou a sua presença econômica no continente americano, chegando a tirar dos estadunidenses a posição de primeiro lugar como parceiro econômico de vários países latino-americanos, inclusive do Brasil, levando instituições, como o Banco Mundial e o FMI, a reconhecerem o fracasso das políticas embrenhadas pelo Consenso de Washington. Isso possibilitou, no caso brasileiro, que as políticas sociais aprovadas durante a instauração da Constituição Federal de 1988 (Brasil, 1988) ganhassem força.

Assim, o lançamento do Programa de Aceleração do Crescimento (PAC), em 2007, durante a fase de amadurecimento da crise de 2008, foi na contramão do que viria a acontecer um ano depois nos Estados Unidos. Com o objetivo de estimular os investimentos públicos no desenvolvimento da infraestrutura por parte do setor público e privado, o Estado brasileiro melhorou seu desempenho por meio de suas políticas econômicas e sociais. Para Fagnani (2011, p. 17),

> Esse desempenho abriu maior espaço para a ampliação do gasto social. Também foi benéfico para o mundo do trabalho. Entre 2003 e 2010, a taxa de desemprego caiu pela metade (de 12,4% para 5,7%); o rendimento mensal dos trabalhadores subiu 18%; e mais de 15 milhões de empregos formais foram criados (apenas em 2010, foram criados 2,5 milhões de vagas); a renda domiciliar per capita cresceu 23,5% em termos reais; e, o PIB per capita (US$) passou de 2.870 para 8.217. Em consequência, as fontes de financiamento da política social – amplamente apoiadas na contribuição do mercado formal – apresentaram melhoras.

O aumento do crédito atribuído a pessoas físicas para o consumo, inclusive para aqueles com baixo poder aquisitivo, incentivou o mercado interno a produzir e a vender mais, gerando dessa forma mais empregos formais. Assim, o Programa Bolsa Família foi um grande passo para ampliar a renda da população mais pobre, principalmente os beneficiários do sistema de seguridade. Nesse sentido, é importante destacar a contribuição da seguridade social para o aumento do consumo por meio dos benefícios diretos concedidos pelo Estado, tanto rural quanto urbano. O programa Bolsa Família e a valorização do salário mínimo proporcionaram às cidades do interior do país o impulso necessário para a movimentação do comércio e da indústria locais.

Na seguridade social, destacaram-se o processo de consolidação do Sistema Único de Assistência Social (Suas) e do Sistema de Segurança Alimentar e Nutricional (Susan), com a criação dos Centros de Referência da Assistência Social (Cras) e dos Centros de Referência Especializados em Assistência Social (Creas), assim como a redução para a faixa etária de 65 anos para o recebimento pelo idoso do benefício de prestação continuada. Já para a segurança alimentar, o destaque a ser dado é à aprovação da Lei de Segurança Alimentar e Nutricional (Losan) – Lei n. 11.346, de 15 de setembro de 2006 (Brasil, 2006b) – e da Política Nacional de Segurança Alimentar e Nutricional (PNSAN).

Um grande passo foi dado para tentar minimizar os problemas ocasionados por um desemprego estrutural e pelas imposições de restrições de gastos governamentais introduzidas por instituições multilaterais (Banco Mundial e FMI). Pouco se pôde avançar nas resoluções dos problemas econômicos e sociais do período, até a realização da Constituição Federal de 1988 (Brasil, 1988), que consagrou o conceito de *cidadania*, unificando os direitos de seguridade social com as políticas de saúde e de assistência social.

Síntese

Neste capítulo, falamos sobre a origem e os aspectos históricos conceituais das políticas sociais, destacando o serviço social e a sua afirmação enquanto profissão que surgiu com o desenvolvimento da relação cidade e indústria. Dessa forma, destacamos a ampliação do modo de produção capitalista e a emergência dos sindicatos e movimentos sociais organizados, com suas demandas conflitantes com os interesses da classe hegemônica no poder, necessitando da presença do Estado para normatização das regras estabelecidas para as políticas sociais e o funcionamento do sistema econômico.

Além disso, vimos que as primeiras intervenções estatais mais significativas ocorreram nos espaços urbanos em formação, tanto na Europa quanto, posteriormente, no Brasil. Destacamos que as políticas no campo social não podem ser atribuídas apenas à concessão do Estado e que também podem ser compreendidas como avanços e conquistas obtidas pelas lutas dos trabalhadores. Foi apresentado ainda um breve desenvolvimento histórico das *Poor Laws* e a sua aceitação pelos trabalhadores, pelo Estado, pela classe dominante e pelos economistas. Enfatizamos também as contribuições significativas de instituições de caridade e de pessoas que marcaram positivamente o desenvolvimento do serviço social.

Por fim, abordamos, por meio dos aspectos históricos das políticas sociais no Brasil, as políticas sociais colocadas em prática no final do século XIX e início do século XX, como a vacinação em massa dos moradores e a derrubada de casas, barracos e cortiços na cidade do Rio de Janeiro. Assim, pudemos compreender um pouco mais sobre as políticas sociais implementadas pelos governos de Getúlio Vargas, JK e João Goulart e pudemos discutir o golpe militar, os vários governos militares, suas políticas sociais e suas formas de reprimir as manifestações e organizações populares. Dessa mesma forma, vimos os avanços alcançados por meio da promulgação da Constituição Federal de 1988 (Brasil, 1988), da Loas, do SUS e dos programas dos governos responsáveis pela colação em práticas desses avanços: Collor, FHC e Lula.

Para saber mais

Filme

ORQUESTRA dos meninos. Direção: Paulo Thiago. Brasil: Paramount Pictures, 2008.

Esse filme retrata uma história real, ocorrida em 1995, em que, por meio de um esforço comunitário, foram desenvolvidas políticas sociais para a juventude de um pequeno lugarejo, denominado de São Caetano, a 150 km de Recife (PE), onde houve um conflito entre Estado, comunidade e os jovens da Orquestra Sinfônica do Agreste.

Livro

PEREIRA, J. M. M. **O Banco Mundial como ator político, intelectual e financeiro**: 1944-2008. Rio de Janeiro: Civilização Brasileira, 2010.

Essa é um livro importante para entender o papel desempenhado pelas instituições multilaterais no destino dos Estados "emergentes" e de suas políticas públicas, principalmente porque o Banco Mundial, nas atribuições de empréstimos, tem exigido políticas que seguem suas orientações, ou ainda que os tomadores de empréstimos utilizem as políticas formuladas pelo próprio Banco, que seguem os ideais de fortalecimento do modo de produção capitalista. Esses ideais seguem as diretrizes estabelecidas pelos seus maiores acionistas, os Estados Unidos e suas corporações, que continuam influenciando as práticas institucionais do Banco.

Questões para revisão

1. O Estado de bem-estar social, estabelecido nos países desenvolvidos, na década de 1940, puxados pelas práticas dos governos que executavam políticas teorizadas por John Maynard Keynes – como Franklin Dellano Roosevelt, nos Estados Unidos –, que fortaleceram as ações do Estado em relação à economia para promover uma maior participação da sociedade no consumo de bens e serviços gerados pela produção capitalista, pela renda resultante dessa produção e por direitos a uma maior participação na sociedade, teve seu desmantelamento fundamentado:
    I. na Conferência Monetária de Bretton Woods (1944), na doutrina Truman e no Plano Marshall (1947), que enfraqueceram as ações do Estado em relação à economia para promover uma maior participação das empresas privadas na determinação das políticas públicas.

II. na teoria disseminada pelo economista Friedrich Von Hayek, por meio de seu livro *O caminho da servidão*, publicado em 1944, defendendo o fim da intervenção do Estado e dos sindicatos na determinação dos salários, das condições de trabalho nas fábricas e da condução da economia política.
III. na teoria de Milton Friedman, que passou a ser um dos maiores defensores do neoliberalismo – uma corrente de pensamento econômico que defendia o fim da participação do Estado na economia.
IV. na política econômica implementada por Franklin Dellano Roosevelt, em 1936, que tinha como objetivo fortalecer a economia americana nos moldes do *laissez faire, laissez passer*, da economia política clássica do final do século XVIII até meados do século XIX.

Assinale a alternativa que apresenta as afirmações corretas:
a) I e III.
b) II e III.
c) I e IV.
d) II e IV.
e) III e IV.

2. As políticas sociais estabelecidas pelo Estado depois da Constituição Federal de 1988, com forte abertura à participação do terceiro setor na área social, e a parceria com as ONGs, por meio da regulamentação para a realização de serviços sociais e a extinção da LBA, são decorrentes de ações realizadas no mandato de:
a) José Sarney.
b) Fernando Collor de Mello.
c) Itamar Franco.
d) Fernando Henrique Cardoso.
e) Luiz Inácio Lula da Silva.

3. O Banco Nacional de Habitação (BNH), criado no governo militar, passou a ser o responsável por administrar os recursos do sistema financeiro nacional, de forma a aplicá-los na construção de moradias populares. Os recursos utilizados pelo BNH passaram a ser:

I. oriundos da poupança privada voluntária e de uma poupança compulsória, originária de recursos do FGTS.
II. originários da CPMF para sustentar os autos investimentos realizados na construção imobiliária e no crédito aos sem-teto.
III. financiados por recursos a fundo perdidos do FMI, sob a orientação do Ministério da Habitação e do Trabalho.

Está correto o item:
a) I.
b) II.
c) III.
d) I e II.
e) II e III.

4. Jane Addams, em uma de suas viagens a Londres, tomou conhecimento sobre as políticas sociais do Estado inglês. Retornando aos Estados Unidos, tornou-se um dos grandes nomes do serviço social americano. Quais foram as contribuições de Jane Addams?

5. O processo de vacinação implementado no Rio de Janeiro, no início do século XX, pelo presidente da república Rodrigues Alves, provocou uma reação contrária da população, que ficou conhecida como a *Revolta da Vacina*. Quais foram os motivos que provocaram na população essa reação?

Questão para reflexão

1. Em 2001, foi aprovado o Estatuto da Cidade, luta antiga dos movimentos sociais urbanos. Em 2003, o Estado brasileiro criou o Ministério das Cidades, que foi o responsável por organizar a Conferência Nacional das Cidades, na qual foi escolhido o Conselho Nacional das Cidades. Conforme Garbossa e Silva (2016), com o cumprimento do que apregoa o Estatuto da Cidade e os mecanismos criados para melhorar as condições de vida em meio a urbanização, foram introduzidos uma série de planos de

desenvolvimento e políticas urbanas que incluem a participação popular na gestão e fiscalização dos recursos públicos. Como o Estatuto pode contribuir para melhorar a atuação do profissional de serviço social?

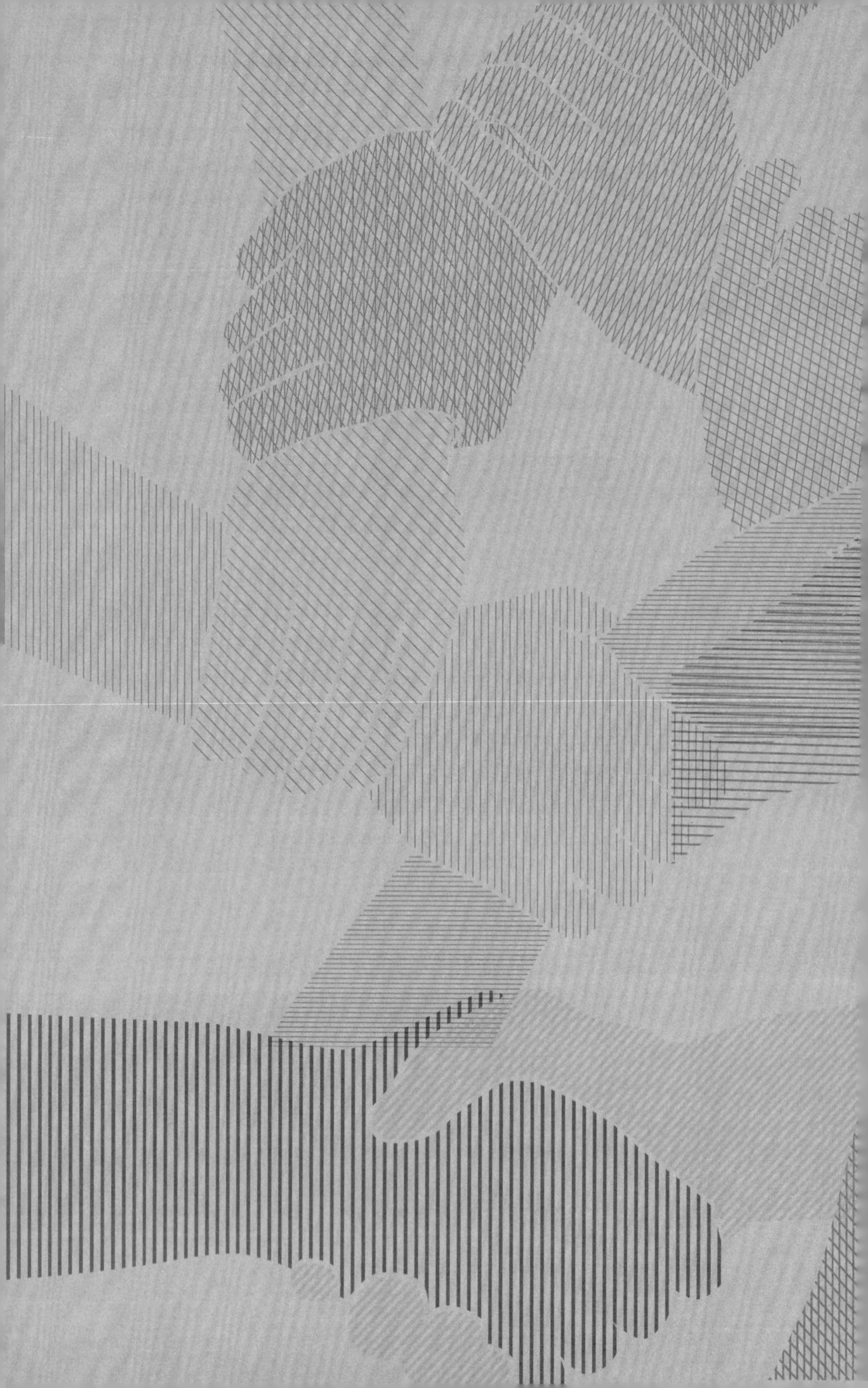

CAPÍTULO 4

Políticas sociais no Brasil rural e urbano

Conteúdos do capítulo:

- Reforma agrária e a democratização da terra.
- Política de segurança alimentar e nutricional no Brasil.
- Programas de transferência de renda.
- Assistência social.
- Previdência Social.
- A saúde como política social e direito de todos.
- Educação, emancipação e cidadania.
- Política social de habitação popular e saneamento no Brasil.

Após o estudo deste capítulo, você será capaz de:

1. compreender os processos de construção/implementação de algumas políticas sociais no âmbito rural e urbano no Brasil;
2. situar as políticas sociais no contexto histórico, social e político;
3. refletir sobre o caráter interdisciplinar das políticas sociais;
4. estabelecer conexões entre as políticas sociais, o Estado e o serviço social.

Nos capítulos anteriores, discutimos sobre a concepção de *Estado* e as políticas sociais dentro de um contexto histórico e teórico. Neste capítulo, apresentaremos algumas políticas sociais que foram sendo desenvolvidas pelo Estado ou conquistadas pela luta de trabalhadores, grupos organizados que, pela pressão, conquistaram tais direitos. Como já mencionamos nos capítulos anteriores, no Estado capitalista burguês, muitas vezes as políticas sociais tomam forma de "concessões" às classes dominadas e menos favorecidas, para que continuem produzindo e reproduzindo o capital, em um clima "harmônico" e "pacífico". Como afirma Faleiros (2013, p. 80):

> Na correlação de forças existente nos países capitalistas, as classes proprietárias da terra, das fábricas, dos bancos articulam um bloco dominante que tem a direção política da sociedade, ou seja, sua hegemonia, porém não constituem um bloco monolítico, sem rachaduras e divisões. Para manter esta hegemonia, ela deve atender, nas conjunturas em que as forças dominadas se tornem ameaçadoras, a certos interesses das classes populares, mesmo que isso signifique a redução de certas vantagens para alguns parceiros do bloco dominante.

Essa correlação de forças é histórica e pode se apresentar de diferentes modos – dependendo do contexto e da conjuntura em que os atores envolvidos se encontram – e estabelecer confrontos ou acordos. Tratam-se, portanto, dos resultados de lutas e conquistas em circunstâncias duras e penosas, que acontecem pela organização e mobilização dos grupos organizados na sociedade civil.

> As políticas de saúde, educação, habitação, trabalho, assistência, previdência, recreação, nutrição são objeto de luta entre diferentes forças sociais, em cada conjuntura [...]. Elas não caem do céu, nem são um presente ou uma outorga do bloco do poder. Elas são ganhos conquistados em duras lutas e resultados de processos complexos de relação de forças. (Faleiros, 2013, p. 82)

Existe, assim, um movimento por parte da população organizada que se mobiliza e reivindica a efetivação de condições melhores de existência. Essas lutas articuladas podem colocar em risco a ordem capitalista vigente e por isso, em muitas circunstâncias, para conter a suposta "desordem", o Estado capitalista se utiliza da força para reprimir e conter conflitos e adota estratégias que se equilibram entre o uso da força e a concessão de reivindicações, a fim de manter a "ordem" na sociedade (Faleiros, 2013).

O profissional do serviço social, no exercício de sua atividade profissional, tem um contato direto com as políticas sociais. A sua atividade requer o conhecimento, planejamento e ação, assim como uma postura crítica diante de cenários e contextos em que as políticas se desenvolvem.

> a política social não se dá num vácuo teórico, conceitual e ideológico, e nem está isenta de ingerências econômicas e correlações de forças políticas. Pelo contrário, são essas ingerências e correlações que a orientam e a animam num contexto movido por mudanças estruturais e históricas. (Pereira, 2008, p. 16)

O serviço social contemporâneo encontra inúmeros desafios no processo de efetivação da cidadania, dos direitos do cidadão, da participação democrática, num cenário ainda marcado por desigualdades sociais, privilégios das elites, violência etc. O tema das políticas sociais tem uma abrangência multidisciplinar e envolve, tanto na sua discussão quanto na sua elaboração, profissionais de outras especialidades. No serviço social, a grande aproximação da temática está relacionada a sua trajetória histórica e a seus fundamentos, inclusive enquanto campo de atuação – assim não constitui temática exclusiva do serviço social. Após a Constituição de 1988 (Brasil, 1988), emergiu "uma nova reflexão sobre a política social, de viés democrático na perspectiva da cidadania e dos direitos, uma marca da produção profissional a partir dos anos 1980" (Behring; Boschetti, 2011, p. 16)

Neste capítulo, apresentaremos, numa perspectiva multidisciplinar, algumas políticas sociais, entre as quais estão as políticas relacionadas à reforma agrária, à segurança alimentar e nutricional, à distribuição de renda, à educação, à habitação e à seguridade social expressa nos direitos referentes à saúde, à previdência social e à assistência social.

4.1 Reforma agrária: a redemocratização da terra

A trajetória histórica da estrutura fundiária no Brasil, expressa na forma de distribuição e acesso à terra, tem sido marcada profundamente por desigualdade e conflitos. Os povos indígenas que aqui habitavam eram os verdadeiros donos dessas terras, apesar de desprovidos da ideia de posse e acumulação, foram os primeiros a sofrer as consequências do projeto português, expansionista e predatório. Como observa Ribeiro (1995, p. 47), "Para os índios, a vida era uma tranquila fruição da existência, num mundo dadivoso e numa sociedade solidária [...] para os recém-chegados [...] a vida era uma tarefa, uma sofrida obrigação, que a todos condenava ao trabalho e tudo subordinava ao lucro".

Um verdadeiro desencontro de perspectivas e interesses evidenciou-se no fato de que a posse e o domínio da terra passaram a ser uma prerrogativa do colonizador, assim como a tentativa de subjugação dos povos indígenas ao trabalho. As estratégias adotadas pelos colonizadores para assegurar o domínio, a posse e a exploração das terras inicialmente se deu por meio das capitanias hereditárias e de seus donatários e, depois, com as sesmarias, consideradas como o germe da grande maioria dos latifúndios existentes herdados do Brasil colonial (Morissawa, 2008). Assim, a concentração fundiária e a restrição ao acesso à terra predominaram no modelo colonial dos engenhos, da casa grande e da senzala. Com a proclamação da independência e o fim da escravidão, no século XIX, manteve-se a ordem vigente da concentração fundiária.

Com a criação da Lei de Terras – Lei n. 601, de 18 de setembro de 1850 (Brasil, 1850), ficou determinado que a posse da terra se daria por meio do processo de compra e venda, com pagamento em dinheiro. Isso inviabilizou o acesso à terra pelos escravos, agora homens e mulheres livres, mas desprovidos de qualquer recurso material, além de seu próprio corpo. Parafraseando Darci Ribeiro (1995), as "ninguendades" que foram se formando no processo de formação do povo brasileiro estão diretamente ligadas à concentração da terra, dentro de um projeto agroexportador alavancado na exploração do trabalho, da natureza e da desigualdade instituída.

Uma prática comum, no Brasil, em relação à posse da terra foi a chamada

> burla legal que os latifundiários fazem para obter extensões de terra maiores do que a lei permite. Um bom exemplo é a "técnica da procuração", ou seja, o latifundiário consegue um procurador, ou ele mesmo torna-se procurador de certo número de pessoas, às vezes de sua própria família. [...] Com as procurações ele dá entrada nos Institutos de Terras para adquirir para aquelas pessoas de quem é procurador. Os órgãos públicos emitem os títulos e ele torna-se proprietário dos títulos emitidos em nome de outras pessoas. (Oliveira, 1994, p. 65)

As formas de legitimação da posse da terra que foram sendo adotadas no percurso do cenário agrário brasileiro privilegiaram a grande propriedade. Segundo Wanderley (2009), ainda hoje a grande propriedade fundiária é forma dominante no Brasil e se caracteriza por um expressivo montante de terras improdutivas, que chegam a equivaler a 60% das apropriações. Além disso, as grandes propriedades rurais são posse de proprietários urbanos, o que, por sua vez, contribui para a descaracterização das formas de sociabilidade rural.

Entre os anos de 1954 e 1964, surgiram, no Brasil, organizações de trabalhadores do campo, que tinham como propósito a reforma agrária, a luta pela posse da terra – como as Ligas Camponesas, a União de Lavradores e Trabalhadores (Ultab) e o Movimento dos Agricultores Sem-Terra (Master). Essas organizações reivindicaram a reforma agrária e se expandiram por todo o Brasil.

Em 1962, foi realizada a regularização da sindicalização rural. Os sindicatos já existentes tiveram seu reconhecimento e outros foram sendo criados. Em 1963, foi criado o Estatuto do Trabalhador Rural, que estabelecida a concessão de aposentadoria por invalidez ou velhice, no valor de meio salário mínimo, ao trabalhador do campo. Nesse mesmo ano, foi realizado, em Belo Horizonte, o I Congresso dos Trabalhadores Rurais, que contou com a participação de 1.500 delegados. Nessa ocasião, as organizações do campo reivindicavam a reforma agrária sob a égide do lema *Reforma agrária na lei ou na marra* (Morissawa, 2001). No início da década de 1960, o Presidente João Goulart (Jango), frente às pressões vindas em resposta dessas organizações sociais, propôs reformas de base, entre elas a reforma agrária. Era uma resposta às reivindicações dos trabalhadores, aos conflitos pela posse da terra, à falta de assistência técnica e de apoio financeiro. A proposta de reforma agrária de Jango gerou insatisfação por parte dos latifundiários, dado ao fato de que as terras que não fossem produtivas seriam distribuídas aos camponeses. Essas propostas também geraram desconforto e preocupação nas classes dominantes, como empresários, inclusive os estadunidenses, banqueiros e latifundiários, que, com isso, passaram a articular a queda Jango (Morissawa, 2001).

A resposta ao apelo de democratização da terra veio em forma de golpe militar, quando então, em 31 de março de 1964, a ditadura militar foi instalada no Brasil.

> Depois do golpe militar de 1964, os setores organizados dos trabalhadores da terra receberam as mais duras penas. As ações coletivas foram desorganizadas, permanecendo apenas em lugares específicos, com o caráter de guerrilha, comandada por grupos de extrema esquerda que professavam aqueles métodos de luta. (Gohn, 2003, p. 142)

A questão da reforma agrária foi silenciada, assim como todas as formas de organizações democráticas no país. As lideranças foram presas ou exiladas, quando não exterminadas – muitas delas, a mando dos latifundiários sob a proteção dos militares. Sobraram alguns sindicatos, que mudaram completamente sua *performance*, passando a exercer um papel assistencialista. Ainda em 1964, o então Presidente Marechal Castelo Branco criou o Estatuto da Terra – Lei 4.504, de 30 de novembro de 1964 (Brasil, 1964) –, que constituiu um belo discurso progressista, mas que nunca foi implantado concretamente (Morissawa, 2001). Nesse mesmo contexto, segmentos da Igreja Católica, sensibilizados com a realidade dos menos favorecidos do campo, em 1975, criaram a Comissão Pastoral da Terra (CPT).

4.1.1 O Movimento dos Trabalhadores Rurais Sem Terra (MST) e a luta pela terra

Desde sua criação, a Comissão Pastoral da Terra (CPT) teve o papel de promover debates e acompanhar de perto a luta dos trabalhadores rurais do Brasil inteiro e, nessa dinâmica, surgiu o Movimento dos Trabalhadores Rurais Sem Terra (MST) como um movimento social. A Carta de Goiânia, fruto de um Seminário no Centro de Formação da Diocese de Goiânia, reuniu agentes da CPT e lideranças, realizada em 1982, deixou claro os reais propósitos do movimento em fase de elaboração, com abrangência nacional. Assim, em janeiro de 1984, em Cascavel, no Paraná, foi realizado o I Encontro Nacional dos Sem Terra, que ficou reconhecido como o momento de criação oficial do MST, movimento que estabeleceu como bandeira a luta pelo acesso à terra e à reforma agrária no Brasil inteiro. Assim, ao longo dos anos subsequentes, por meio da organização e luta do MST, muitas famílias conquistaram acesso à terra (Morissawa, 2001).

Com o fim da ditadura no Brasil, o então Presidente José Sarney assinou o Decreto n. 91.766, de 10 de outubro de 1985 (Brasil, 1985), dando origem ao novo Plano Nacional de Reforma Agrária (PNRA), que foi alvo de críticas dos empresários rurais e latifundiários, já que previa uma mudança profunda na estrutura fundiária do Brasil. Novamente, a reforma agrária ficou no papel e o governo cedeu às pressões da elite agrária brasileira. Como afirma Faleiros (2013, p. 80), "As classes economicamente dominantes também o são politicamente, mas esta dominação é um processo complexo de acordos, concessões, repressões, legitimações" e, assim, o Estado capitalista acabou se posicionando politicamente segundo os interesses das forças dominantes, como a própria história já confirmou em outros momentos.

> Então o Estado é o resultado de um processo pelo qual a classe economicamente mais forte – isto é a que detém os meios de produção decisivos nesta determinada sociedade – afirma todo o seu poder sobre a

sociedade inteira e estabelece também juridicamente esse poder, essa preponderância de caráter econômico. (Gruppi, 1996, p. 30)

A União Democrática Ruralista (UDR), criada em 1985, constituiu-se como uma resposta conservadora dos latifundiários situados em São Paulo, Goiás, Minas Gerais, sul do Pará e Maranhão em relação às questões fundiárias no Brasil com o propósito derrotar as propostas do PNRA e eleger representantes para a assembleia constituinte. Contudo, os resultados obtidos por meio do PNRA foram insignificantes e, conforme relata Morissawa (2001), depois de um ano de sua criação, em 1986, a violência no campo havia crescido e, do montante de 1 milhão de hectares desapropriados, apenas 300 mil estavam com emissão de posse.

A Constituição Federal de 1988 (Brasil, 1988) estabeleceu, no art. 184, que "Compete à União desapropriar por interesse social, para fins de reforma agrária, o imóvel rural que não esteja cumprindo sua função social". Esse documento afirma também que:

> Art. 186. A função social é cumprida quando a propriedade rural atende, simultaneamente, segundo critérios e graus de exigência estabelecidas em lei, aos seguintes requisitos:
>
> I – aproveitamento racional e adequado;
>
> II – utilização adequada dos recursos naturais disponíveis e preservação do meio ambiente;
>
> III – observância das disposições que regulam as relações de trabalho;
>
> IV – exploração que favoreça o bem-estar dos proprietários e dos trabalhadores. (Brasil, 1988)

Assim, foi reforçada a concepção de que a terra é bem com fim social, mas, objetivamente, o comprometimento do Estado com a questão fundiária no Brasil não foi garantido. A Constituição (Brasil, 1988) deixou brechas na interpretação com relação aos parâmetros para classificar uma propriedade como produtiva ou improdutiva e para determinar o que constituiria uma propriedade grande, média e pequena. O MST, em 1989, por meio de um segundo congresso nacional, reafirmou sua luta pela reforma agrária com palavras de ordem *ocupar, resistir, produzir*.

Nesse contexto, Fernando Collor de Mello, eleito presidente da república em 1989, fazia promessas de assentar 500 mil famílias, contudo, ao implementar o Programa Terra Brasil, esse número caiu para 50 mil famílias. Em 1993, a Câmara dos Deputados aprovou a Lei n. 8.629, de 25 de fevereiro de 1993 (Brasil, 1993a), que apresentava alguns avanços no processo da reforma agrária, conforme relato de Morissawa (2001, p. 148):

> Recolocava a questão da função social da propriedade da terra como principal critério de desapropriação; definia que os títulos dos assentados seriam de concessão de uso individual ou coletivo por 10 anos, ficando eles proibidos de vender a terra; estabelecia os critérios de utilização da terra que caracterizavam uma propriedade produtiva; garantia que os sem-terra seriam assentados em suas regiões de moradia.

Com isso, uma reação contrária à possibilidade de democratização da terra, nos moldes da reforma agrária, se tornou evidente no contexto nacional brasileiro, por conta de uma estrutura fundiária concentradora e elitista que abrigava os interesses de grandes latifundiários e empresários rurais amparados pelo Estado – o qual, por sua vez, fez o papel de mediador desses conflitos, não assumindo o projeto de reforma agrária.

> O entrelaçamento entre o capital industrial e o capital agrário; o interesse da burguesia nacional, monopolista ou não monopolista, na especulação fundiária; a espoliação dos pequenos agricultores por via do capital mercantil sob forma ainda frequentemente pré-capitalistas; o vassalamento das novas áreas de fronteira agrícola pelo grande capital nacional e estrangeiro – tudo isso torna impensável que a burguesia brasileira tenha qualquer interesse numa reforma agrária feita para transformar a atual estrutura fundiária. (Gorender, 1994, p. 40-41)

Nesse ritmo de pouco comprometimento do Estado com a reforma agrária (e nenhum interesse da burguesia brasileira com a sua efetivação), Fernando Henrique Cardoso (FHC) conduziu seu governo de primeiro mandato, de 1995 a 1998. Considerando os interesses neoliberais de grandes grupos econômicos e de instituições financeiras internacionais, que contavam com o apoio dos meios de comunicação e dos latifundiários, certamente nenhuma mudança na estrutura fundiária aconteceria. Nessa conjuntura, o Ministro da Agricultura do governo FHC, José Eduardo de Andrade Vieira – banqueiro, dono de 254.410 hectares de terra –, considerou que seria impossível assentar 40 mil famílias. Para isso, relata Morissawa (2001), o governo FHC adotou a estratégia de desapropriar terras em regiões longínquas, pouco agricultáveis e com pouca água, em que os agricultores não tinham interesse em morar por conta da precariedade de condições naturais e de acesso. Dessa forma, grande parte da posse da terra aconteceu mais por meio da organização e da pressão do MST do que por iniciativas governamentais, conforme o ilustrado na Tabela 4.1.

Tabela 4.1 – Ocupações e número de famílias no país (1990-1996)

Período	Número de ocupações	Número de famílias
1990	43	11.484
1991	51	9.862
1992	49	18.885
1993	54	17.587
1994	52	16.860
1995	93	31.531
1996	176	45.218
Total	518	151.427

Fonte: Adaptado de MST, 1996, citado por Gohn, 2003, p. 144.

A Tabela 4.1 demonstra que o número de ocupações, de 1990 a 1996, cresceu de modo significativo, devido ao sucesso das estratégias usadas pelo MST para conseguir acesso à terra, que eram muito bem planejadas. As ocupações de terras consideradas improdutivas, públicas ou privadas, forçavam os órgãos públicos à negociação, contudo a ocupação da terra não significava a sua posse. Alguns grupos ficavam acampados por anos até conseguirem definitivamente a posse da terra, sem contar que muitos sofreram e ainda sofrem repressão por parte do aparato policial do Estado. Os indivíduos que se juntavam ao movimento para conquistar a terra e dela tirar seu sustento eram, em sua maioria, trabalhadores que haviam sido expulsos do campo pela modernização, pela expansão de empresas capitalistas no campo e pelo desemprego de fazendas que mudaram sua atividade para a monocultura e passaram a adotar novas tecnologias agrícolas (Gohn, 2003).

A organização dos trabalhadores sem-terra, e a clareza de seus objetivos enquanto movimento social foram se consolidando conforme o caminho foi sendo construído. Nesse processo, uma identidade foi sendo incorporada, indo além da condição social de sujeitos sem-terra e da superação dessa condição. Nas palavras de Caldart (2001, p. 130), "esta identidade fica mais forte, à medida que se materializa em um modo de vida, ou seja, que se constitui como cultura, que projeta transformações no jeito de ser da sociedade atual e nos valores (ou antivalores) que a sustentam".

Como movimento social, esses trabalhadores abraçaram também outras bandeiras, como a constituição de uma sociedade sem exploração do trabalho, a distribuição das riquezas, a justiça social, os valores humanistas e socialistas, a sustentabilidade, o respeito ao meio ambiente, a agroecologia e a economia solidária. Contudo, o movimento foi muitas vezes considerado pelos meios de comunicação e segmentos da sociedade mais conservadora como "baderneiros", "desordeiros", "invasores da propriedade privada". (Morissawa, 2001) No embalo dessa visão, o Estado muitas vezes usou a força para manter a "ordem", tratando esses trabalhadores sob repressão e força, criminalizando seus atos, manifestações e resistências.

Conforme Morissawa (2001), nos anos de 1990, dois casos refletiram bem esse cenário. Um deles foi um caso ocorrido em Corumbiara, no sul de Rondônia, quando 514 famílias ocuparam a fazenda Santa Elina, cujo o proprietário, que residia em São Paulo, comprou 4 mil hectares de terra, num projeto de colonização nos anos 1970, mas apropriou-se de 16 mil hectares. Durante a ocupação, uma ordem de despejo e o desembarque de 300 policiais, no dia 8 de agosto de 1995, culminou com a morte de 10 trabalhadores sem-terra, dois policiais, nove desaparecidos e muitos feridos por bala e espancamento. Outro triste episódio ocorreu em Eldorado dos Carajás, no Pará, no dia 17 de abril de 1995, e resultou na morte de 19 trabalhadores sem-terra, que, segundo os laudos, foram imobilizados e mortos à queima roupa. O ataque contou com 155 policiais dos batalhões de Paraupebas e Marabá e marcou a data que se tornou o dia internacional de luta camponesa.

A resistência, a organização e o compromisso com a reforma agrária e outras questões sociais fizeram do MST um dos movimentos sociais de maior expressão do Brasil, com reconhecimento inclusive internacional. Contudo, frente ao cenário de violência, a preocupação do governo federal era muito mais conter os conflitos no campo e suas repercussões políticas do que resolver a concentração fundiária existente no Brasil. Assim, nos anos seguintes, o governo passou a vincular nos meios de comunicação atributos ao MST, tais como "O MST depreda prédios públicos", "O MST fere o Estado de Direito", "O Governo FHC foi o que mais desapropriou. (Morissawa, 2001). Cabe aqui a reflexão de Faleiros (2013), a respeito dos que detêm o poder hegemônico na sociedade e que, diante de lutas por mudanças na ordem vigente, articulam estratégias para enfraquecer, despolitizar, fragmentar, enfraquecer e controlar esses movimentos.

4.1.2 A reforma agrária no século XXI

O século XXI iniciou com novos ares, quando, em 2002, foi eleito o primeiro presidente representante da classe trabalhadora, Luiz Inácio Lula da Silva (Lula). O Partido dos Trabalhadores (PT) sempre se manifestou crítico à concentração fundiária no Brasil e favorável à concretização da reforma agrária, contudo, objetivamente falando, esses propósitos não se materializaram a contento das metas estabelecidas ou ideologias defendidas. De certa forma, manteve-se o mesmo modelo de reforma agrária adotado pelo governo anterior de FHC. Não houve um enfrentamento com a grande propriedade, porém houve um investimento maior de recursos para o orçamento anual do Instituto Nacional de Reforma Agrária (Incra), que passou de 1,5 bilhões, em 2003, para 4,6 bilhões, em 2009 (Terence, 2013). Os dados apresentados pelo Incra (2016) em relação ao número de famílias assentadas, no período de 2000 a 2015, demonstram que, principalmente no governo de Dilma Rousseff, houve uma queda no número de famílias assentadas.

Tabela 4.2 – Assentamentos de trabalhadores rurais de 2000 a 2015

Ano	Número de famílias
2000	60.521
2001	63.477
2002	43.486
2003	36.301
2004	81.254
2005	127.506
2007	67.535
2008	70.157
2009	55.498
2010	39.479
2011	22.021
2012	23.075
2013	30.239
2014	32.019
2015	26.336
Total	778.904

Fonte: Adaptado de Incra, 2016.

Os dados que podemos observar na Tabela 4.2 demonstram que os assentamentos de trabalhadores rurais dos últimos anos mantiveram-se baixos. Segundo Nakatani, Faleiros e Vargas (2012), o projeto de mudança na estrutura fundiária no Brasil não foi contemplado. Estão sendo desenvolvidos programas que viabilizem a pequena propriedade, como é o caso do Programa Nacional de Fortalecimento da Agricultura Familiar (Pronaf), sem fazer um enfrentamento aos latifundiários do agronegócio.

> A opção parece ser a de "congelar" a estrutura fundiária com políticas de compensação que garantam a viabilidade das pequenas propriedades, mas que não as ampliem, ou as ampliem até o ponto em que não ameacem a preponderância absoluta da grande propriedade ligada ao agronegócio de exportação. Políticas como o Pronaf – Programa de Fortalecimento da Agricultura Familiar, o Ater – Assistência Técnica e extensão Rural, o Bolsa Verde (que inclui um benefício de R$ 300,00 mensais, sementes e cisternas), e o próprio Bolsa-Família, que acaba abarcando parcelas da população rural, são exemplos dessa estratégia. (Nakatani; Faleiros; Vargas, 2012)

Isso significa que o projeto de democratização da terra por meio da reforma agrária, no Brasil, é uma meta ainda a ser atingida. Existem forças poderosas que extrapolam projetos políticos ou projetos políticos incapazes de fazer as rupturas necessárias e o enfrentamento ao grande capital, aos latifundiários, aos grupos empresariais rurais, que, historicamente, sempre se opuseram à mudança na estrutura fundiária brasileira.

4.2 Política de segurança alimentar e nutricional no Brasil

O problema da fome não é exclusivo da contemporaneidade. Está associado a vários fatores, contextos históricos, políticos, sociais e econômicos, desde tempos remotos. Com o advento do modo de produção capitalista e as novas tecnologias de produção dos alimentos, houve algumas melhorias na alimentação e nutrição de uma parte da população, mas, em muitos países, as populações de baixa renda têm um acesso ao alimento.

Tartaglia (1996) explica que, com a revolução industrial, a energia humana deixou de ser a grande força produtiva, pois as máquinas (vapor, eletricidade, combustível) foram substituindo a força humana como força produtiva. Assim, no modo de produção capitalista que foi se consolidando a partir do século XVIII, a produção de alimentos ocorreu no mesmo nível prioritário ao das outras fontes de energia, como o carvão, o petróleo e a eletricidade.

> No passado remoto o ato da alimentação era um ato natural, ou seja, o homem trabalhava algumas horas para conseguir os alimentos necessários à sua alimentação. A evolução trouxe a divisão do trabalho e a troca entre os produtores, o que começou a transformar o ato natural da alimentação. Esse aspecto se aprofundou com o capitalismo através da mercantilização e com isso não basta ao homem trabalhar para comer. O trabalho significa salário e este é transformado em produtos, onde os preços, qualidade e quantidade de mercadorias disponíveis sofrem processos complexos de determinação. (Tartaglia, 1996, p. 123)

No modo capitalista de produção, o alimento se tornou um valor de troca, como qualquer outra mercadoria, e o acesso a ele está ligado aos recursos econômicos que os indivíduos possuem. Assim, para grande parte da população mundial, fragilizada economicamente, o acesso ao alimento depende de um conjunto de fatores, como políticas adotadas pelo Estado, subsídios para a agricultura, e reforma agrária. A pobreza estrutural, assim com o é definida por Santos (2003, p. 73), é "produzida politicamente pelas empresas e instituições globais [...] com a colaboração passiva ou ativa dos governos nacionais". Assim, a fome está associada à condição de miserabilidade, reflexo de problemas conjunturais e estruturais dos países, associada às desigualdades econômicas e sociais produzidas pelo modelo capitalista e legitimadas pelo poder político.

> Portanto a produção da miséria é fruto da organização econômica, política e social de determinada formação social, e na qual, diferentes grupos sociais, hegemônicos ou não, atuam defendendo seus interesses. Isso significa que se a pobreza continua sendo produzida, ela é resultante da hegemonia de interesses de determinados grupos

sociais, ou seja, os excluídos não se originam pela ação de um sistema idealizado e inatingível, acima dos homens mortais, mas pela ação de grupos sociais perfeitamente reconhecíveis pelas suas finalidades. (Feliciello; Garcia, 1996, p. 220)

Com base nisso, podemos dizer que a fome não é um fenômeno natural, mas resultado da ação humana na criação e implantação de um modo de produção e distribuição centralizador da riqueza e dos bens produzidos. Os interesses hegemônicos de uma camada da sociedade se sobrepõem à dinâmica cidadania e as necessidades reais da coletividade.

4.2.1 Políticas sociais de alimentação no Brasil

Ainda existem interpretações e ações na sociedade brasileira que consideram o assistencialismo e a caridade como soluções plausíveis para a fome e a miséria. Nesse sentido, a ação caritativa cristã foi herdada do período medieval e tomou forma de assistencialismo nas sociedades capitalistas, que mantêm um nível de superficialidade na compreensão da pobreza, limitando a condição do indivíduo ao seu próprio fracasso, sem considerar que se trata de uma questão econômica-estrutural.

No Brasil, na década de 1970, políticas públicas assistencialistas foram criadas a fim de amenizar as questões relacionadas à fome e à desnutrição. Em 1972, foi criado o Instituto Nacional de Alimentação e Nutrição (Inan), com a finalidade de apresentar uma proposta de alimentação para o I Plano Nacional de Desenvolvimento, em que integraria o I Programa Nacional de Alimentação (Pronan), seguido do II Pronan. Conforme explicam Feliciello e Garcia (1996), a crise dos anos 1970 e o desemprego crescente haviam intensificado o quadro da pobreza e miséria e esses programas tinham como propósito atenuar as condições de miserabilidade das populações mais pobres por meio do sistema de produção e distribuição de alimentos básicos. No entanto, esses programas foram ineficientes e as desigualdades não deixaram de existir.

Os anos 1990 foram marcados por mobilizações da sociedade civil em torno da questão da fome da miséria com um clamor de ética na política. Nesse sentido, o sociólogo Herbert de Souza, popularmente conhecido como Betinho, lançou a campanha da ação da cidadania contra a fome e a miséria. Como resultado da pressão popular, foi criado, em maio de 1993, o Conselho Nacional de Segurança Alimentar e Nutricional (Consea) – extinto pelo Presidente FHC, em 1995, e substituído pelo Conselho Comunidade Solidária, trazendo uma fragmentação das políticas relacionadas à fome e à miséria.

Em 2001, o governo FHC criou o Programa Nacional de Renda Mínima Vinculado à Educação, o Bolsa Escola, destinado a famílias com renda *per capita* de meio salário mínimo, dando-lhes o direito de receber R$ 15,00 por criança. (Belik; Silva; Takagi, 2001). Em meados de 2001, houve também a implantação do programa Bolsa Alimentação, vinculado ao Ministério da Saúde, com o intuito de melhorar as condições de saúde e nutrição das famílias pobres.

Em 2003, no governo de Lula, ocorreu a implantação do Programa Fome Zero, que havia sido elaborado em 2001 pelo Instituto de Cidadania com a participação de organizações não governamentais (ONGs), sindicatos, movimentos sociais, entre outros. Uma das grandes temáticas inovadoras abordadas nesse programa foi a responsabilização do Estado e da sociedade civil como um todo no que diz respeito à segurança alimentar e nutricional das populações menos favorecidas. Assim, em 2003, o Consea foi reaberto e naquele mesmo ano foi criado o Cartão Alimentação, como uma das políticas que compõem o Fome Zero. Dessa forma, toda família com renda *per capita* mensal de até meio salário mínimo tinha o direito de receber R$ 50,00 durante até seis meses, prazo que poderia ser estendido por, no máximo, mais dois períodos de seis meses. Também em 2003 foi instituído o Programa Ação Emergencial, destinado principalmente a famílias pobres afetadas pela seca (Silva; Yazbek; Giovani, 2007).

Num primeiro momento, esses programas emergenciais tentaram amenizar a triste realidade das populações historicamente marginalizadas no Brasil. Contudo, para a superação da chaga da fome, da miséria e da desnutrição é preciso avançar em mudanças estruturais, ampliar a extensão dos programas e estabelecer uma integração com outras políticas.

> Na formulação do Programa Fome Zero é ainda apontado que essas políticas emergenciais devem ser articuladas a três outros tipos de políticas:
>
> a. Políticas estruturais: são aquelas que interferem no aumento da renda familiar, na redução das desigualdades de renda, na universalização dos direitos sociais, como Geração de Emprego e Renda, Previdência Social Universal, Incentivo à Agricultura Familiar, Reforma Agrária, Bolsa Escola e Renda Mínima;
>
> b. Políticas específicas: são aquelas destinadas a promover a segurança alimentar e a combater diretamente a fome e a desnutrição de grupos populacionais mais carentes como o Programa Cupom-Alimentação, Doações de Cestas Emergenciais, Segurança e Qualidade dos Alimentos, Ampliação do Programa de Alimentação do Trabalhador – PAT, Combate à Desnutrição Infantil e Materna, Ampliação da Merenda Escolar e outros;
>
> c. Políticas locais: são políticas já em andamento em âmbito estadual e municipal, incluindo a parceria com a sociedade civil. (Silva; Yazbek; Giovani, 2007, p. 123-124)

Nessa ótica da articulação de políticas, o Programa Fome Zero se manifestou inovador, pois tentava trabalhar alinhado com a premissa de que a fome e a miséria, tanto no campo como na cidade, estão vinculadas a questões estruturais. Assim, políticas referentes a saúde, educação, emprego e renda, agricultura e acesso à terra precisavam também serem efetivadas – mas seriam suficientes para erradicar a fome e a miséria? Obviamente não, porque problemas estruturais de concentração de renda são históricos no Brasil e as políticas sociais, em muitas circunstâncias, tomam a forma paliativa.

Em 2006, no governo Lula, a segurança alimentar passou a ser considerada lei, na qual o termo segurança alimentar foi definido da seguinte forma:

Art. 3º A segurança alimentar e nutricional consiste na realização do direito de todos ao acesso regular e permanente a alimentos de qualidade, em quantidade suficiente, sem comprometer o acesso a outras necessidades essenciais, tendo como base práticas alimentares promotoras de saúde que respeitem a diversidade cultural e que sejam ambiental, cultural, econômica e socialmente sustentáveis. (Brasil, 2006b)

Nesse sentido, é responsabilidade do Estado criar condições favoráveis para garantir o direito do acesso a alimentos de qualidade que assegurem a saúde da população. Qualquer brasileiro que se sentir privado desse direito pode reivindicar o compromisso assumido pelo Estado e responsabilizá-lo por isso.

4.2.2 A segurança alimentar e a produção de alimentos pela agricultura familiar

O tema da segurança alimentar se relaciona também com a questão agrária. Conforme nos explica Silva (1996), a partir dos anos 1970, a concentração fundiária, a modernização da agricultura e o agronegócio contribuíram para expropriar do meio rural milhares de brasileiros caracterizados como meeiros, parceiros e posseiros, que passaram a engrossar as fileiras da miséria nos centros urbanos. Em algumas regiões do Brasil, os sitiantes, pequenos agricultores, no afã da modernização desse período, viram suas terras dar lugar ao grande negócio e foram deixados à própria sorte.

Com a modernização da agricultura no Brasil, foi se intensificando uma caracterização de reserva de valor da terra, sobrepondo-se ao seu caráter produtivo. Segundo Wanderley (2009), a propriedade da terra nesse cenário estava desvinculada da sua finalidade produtiva, não cumprindo, assim, a sua função social. Os níveis de produtividade mesmo de terras consideradas produtivas, estavam baixos, bem como a diversidade significativa de produtores distribuídos nas mais variadas regiões do Brasil.

a grande propriedade fundiária é a forma dominante de controle da terra no meio rural brasileiro. Os imóveis rurais com mais de mil

> hectares, correspondentes a 14% do total, possuem 50% de toda a área dos imóveis rurais do País (Brasil, Incra, 1996). Esta concentração fundiária se agrava com a significativa dimensão das áreas improdutivas, que correspondem aproximadamente a 60% das terras apropriadas, o que indica a existência de grandes áreas rurais socialmente "desertificadas", isto é, sem vida social, ou nas quais a vida social é extremamente reduzida. (Wanderley, 2009, p. 298-299)

Podemos perceber ainda que, em muitas circunstâncias, em detrimento do agricultor familiar, caracterizado pela pequena propriedade, predominam os interesses do agronegócio, da monocultura exportadora e dos grandes latifúndios. No entanto, o agricultor familiar é responsável por 70% dos alimentos consumidos no Brasil (Portal Brasil, 2015) e é um importante ator na produção dos alimentos e na segurança alimentar.

Dentre os programas do governo federal para a agricultura familiar, podemos mencionar o Pronaf, criado no governo de FHC e em funcionamento até os dias de hoje. Esse programa se destina principalmente ao pequeno agricultor familiar, geralmente descapitalizado, com baixa produtividade e baixos rendimentos, sem condições de efetuar empréstimos das agências bancárias a taxas de mercado. Embora os agricultores familiares representem boa parte dos alimentos produzidos no país, apenas um quarto das terras brasileiras pertencem a esse grupo (Consea, 2010). Em 2006, os dados coletados pelo censo agropecuário foram os seguintes:

> Os agricultores familiares forneciam 87% da produção nacional de mandioca, 70% da produção do feijão, 46% de milho, 38% do café, 34% do arroz, 21% do trigo, 58% do leite de vaca, 67% do leite de cabra, possuíam 59% do plantel de suínos, 50% do plantel de aves e 30% dos bovinos. A agricultura familiar era ainda responsável por 63% do valor produzido em horticultura. (Consea, 2010, p. 63)

Em 2003, o governo Lula criou o Programa de Aquisição de Alimentos (PAA), que está em vigência até os dias de hoje e tem como propósito valorizar os produtos do agricultor familiar, que são comercializados e destinados ao público em situação de insegurança alimentar. Dessa forma, o agricultor familiar tem um canal de comercialização direto, que o "liberta" de comerciantes intermediários que o exploram, pagando-lhe preços baixos (Consea, 2010). Ao mesmo tempo em que produz os alimentos e contribui para a eficácia da segurança alimentar, esse agricultor consegue também melhorar a sua condição socioeconômica, diminuindo os índices de pobreza no campo.

No governo de Dilma Rousseff, houve uma extensão da aquisição dos alimentos da agricultura familiar para compor a merenda escolar. A partir de 2009, os estados e municípios foram obrigados a usar 30% do valor da verba do Programa Nacional de Alimentação (Pnae) na compra de produtos produzidos pelo agricultor familiar (Brasil, 2009).

Em 2012, pensando também na produção de alimentos saudáveis, livres de agrotóxicos, foi criada a Política Nacional de Agroecologia e Produção Orgânica (Pnapo). Esse comprometimento com a sustentabilidade proporcionou uma alternativa para o agricultor familiar, que poderia fazer sua transição para um modelo de agricultura sustentável, protegendo a si mesmo, ao solo e à natureza como um todo.

O Brasil é considerado um dos países com maior consumo de agrotóxicos no mundo. O que representa um grave problema, pois o uso intenso dessas substâncias afeta e destrói os inimigos naturais que compõem os agroecossistemas, principalmente nas monoculturas. Além disso, traz diversos danos à saúde e gera custos altos com o tratamento de enfermidades e doenças causadas pelos envenenamentos e outras patologias (Altieri, 2012).

No contexto da agricultura familiar, estão inseridos também os assentamentos da reforma agrária, que, pelo processo de democratização e acesso à terra, se tornaram importante produtores de alimentos, gerando empregos e conseguindo também garantir sua seguridade alimentar. Percebemos assim que a conexão e a integração das políticas estruturais com políticas específicas se aproximam com mais propriedade das possíveis soluções emancipatórias da superação da miséria, da fome e da insegurança alimentar.

O Relatório de Insegurança Alimentar no Mundo de 2014, publicado pela FAO [Organização das Nações Unidas para a Agricultura e Alimentação], revela que o Brasil reduziu de forma muito expressiva a fome, a desnutrição e subalimentação nos últimos anos. O Indicador de Prevalência de Subalimentação, medida empregada pela FAO há cinquenta anos para dimensionar e acompanhar a fome em nível internacional, atingiu nível abaixo de 5%, o limite estatístico da medida, abaixo do qual se considera que um país superou o problema da fome. (FAO, 2014)

Segundo esse relatório da FAO (2014), o Brasil conseguiu superar a fome e a extrema pobreza. Mesmo com muitas fragilidades no processo, isso demonstra que, por meio de políticas sociais que vislumbram a comprometimento político e a construção da cidadania, é possível construir um caminho de superação do flagelo da fome e da pobreza.

4.3 Programa de transferência de renda – o caso do Programa Bolsa Família

O Programa Bolsa Família é vinculado ao Ministério de Desenvolvimento Social e Combate à Fome e é o principal programa de transferência de renda já criado pelo governo federal, unificando quatro programas federais já existentes: Programa Bolsa Escola, Programa Bolsa Alimentação, Programa Vale Gás e o Cartão Alimentação – em 2005, houve a incorporação também do Programa de Erradicação do Trabalho Infantil (PETI) e do Programa Agente Jovem. Os beneficiários desse programa ainda eram famílias em condição de extrema pobreza, com renda *per capita* de R$ 50,00, ou em condição de pobreza, com renda *per capita* de R$ 50,00 a R$ 100,00, com gestantes ou nutrizes, crianças e adolescentes entre 0 a 15 anos. Visava à inclusão de milhares de famílias pobres e em condição de insegurança alimentar. Com a unificação dos programas já existentes, a proposta era manter um único programa de transferência de renda articulado com as instâncias nacionais, estaduais e municipais.

§ 2º Aplicam-se aos Programas Remanescentes as atribuições referidas no art. 2º deste Decreto, cabendo ao Ministério do Desenvolvimento Social e Combate à Fome disciplinar os procedimentos necessários à gestão unificada desses programas.

Art. 4º Os objetivos básicos do Programa Bolsa Família, em relação aos seus beneficiários, sem prejuízo de outros que venham a ser fixados pelo Ministério do Desenvolvimento Social e Combate à Fome, são:

I – promover o acesso à rede de serviços públicos, em especial, de saúde, educação e assistência social;

II – combater a fome e promover a segurança alimentar e nutricional;

III – estimular a emancipação sustentada das famílias que vivem em situação de pobreza e extrema pobreza;

IV – combater a pobreza; e

V – promover a intersetorialidade, a complementaridade e a sinergia das ações sociais do Poder Público. (Brasil, 2004a)

Desde 2001, o governo federal se propôs a desenvolver uma "rede de proteção social", unificando vários programas sociais direcionados especificamente para as camadas mais pobres do país. Com a unificação de algumas políticas, foi criado o Cadastro Único para Programas Sociais (CadÚnico), unificando as políticas de saúde, educação e assistência social, com o grande desafio de proporcionar a gestão e o atendimento a todos os beneficiários. Assim, consta que "O Cadastro Único para Programas Sociais do Governo Federal [...] é um instrumento de identificação e caracterização socioeconômica das famílias brasileiras de baixa renda" (Brasil, 2012, p. 7).

O CadÚnico pode ser usado tanto pelos municípios e estados quanto pelo governo federal para efetuar a inclusão de famílias em situação vulnerável. Entretanto, o município é considerado, de certa forma, o grande protagonista, pois faz todo o processo de identificação e cadastramento das famílias. A Caixa Econômica Federal é o agente operador do CadÚnico e o pagador do benefício, priorizando as mulheres como responsáveis. Ao final de 2010, o Bolsa Família já havia atingido 13 milhões de famílias brasileiras e, como esse programa é voltado para a família inteira, exige que esta tenha também comprometimento com outros programas sociais, como a educação e a assistência social.

> Compromissos da família em relação à Educação [...]:
> - matricular as crianças e adolescentes de 6 a 15 anos na escola;
> - garantir a frequência escolar mínima de 85% para crianças e adolescentes entre 6 e 15 anos e mínima de 75% para adolescentes entre 16 e 17 anos; e
> - informar ao gestor do Programa Bolsa Família sempre que alguma criança ou adolescente mudar de escola, de forma a permitir o acompanhamento da frequência
>
> Compromissos das famílias em relação à Assistência Social:
> - frequência mínima de 85% da carga horária relativa aos serviços socioeducativos para crianças e adolescentes de até 15 anos em risco ou retiradas do trabalho infantil. (Consea, 2010, p. 209).

Em 2011, a Presidenta Dilma Rousseff criou o Programa Brasil sem Miséria, que seria um reforço para tentar erradicar a extrema pobreza. Com o intuito de construir mais uma alternativa para a pobreza extrema, em 2012, foi anexado ao Bolsa Família o Benefício de Superação da Extrema Pobreza, destinado às famílias que não possuíam renda *per capita* superior a R$ 70,00 (Campello; Neri, 2013). Triste realidade que ainda persiste em várias regiões do Brasil como demonstra a Tabela 4.1:

Tabela 4.1 – Famílias beneficiárias do Programa Bolsa Família, por faixa de renda, segundo as grandes regiões (março de 2013)

Renda *per capita*	Brasil	Norte	Nordeste	Sudeste	Sul	Centro-Oeste
Extrema pobreza	72,4	78,1	82,2	59,5	54,4	56,1
Pobreza	20,5	16,8	12,9	30,8	33,9	32,3
Baixa renda	7,1	5,0	5,0	9,7	12,1	11,6

Fonte: CadÚnico, citado por Camargo et al., 2013, p. 164.

Com base nos dados que podemos observar na Tabela 4.1, 72,4% das famílias beneficiárias do Bolsa Família vivem na extrema pobreza, com os maiores índices nas regiões Norte e Nordeste – isso significa que possuíam uma renda familiar *per capita* de até R$ 70,00. As Regiões Sudeste, Sul e Centro-Oeste, consideradas mais ricas, apresentam índices menores de extrema pobreza. O Sul apresenta o menor índice de pobreza extrema (54,4%) e o Nordeste o maior, com 82,2% dos beneficiários do Bolsa Família em situação de extrema pobreza.

4.4 A assistência social: um direito do cidadão e um dever do Estado

A Constituição Federal de 1988 (Brasil, 1988) responsabiliza o Estado no que tange à seguridade social expressa nos direitos referentes à assistência social, à saúde e à previdência. Com isso, a assistência social toma a forma de um direito de todo cidadão. O desafio, contudo, foi e continua sendo se desvencilhar do legado conservador, de décadas anteriores, em que a questão social ou era caso de polícia ou era caridade. Esse entendimento ainda não foi superado, pois é muito comum que, nos dias atuais, questões sociais ainda sejam tratadas como caso de polícia – exemplo disso são os casos envolvendo o MST em que o Estado responde com o uso da força aos apelos dos trabalhadores rurais pelo acesso à terra.

Fazendo um recorte histórico, podemos observar que, no final do século XIX, houve forte participação e presença do clero no operariado industrial, com capelas no interior das fábricas e missas diárias obrigatórias, oferecendo atividades assistencialistas em parceira com os sindicatos patronais, a fim de rebater os sindicatos inspirados no anarcossindicalismo. No século XX, aproximadamente até a década de 1930, a assistência social tinha uma conotação de ajuda, solidariedade e caridade e contava com pouco comprometimento do Estado. Muitas obras de caridade e auxílio aos menos favorecidos eram mantidas pela Igreja Católica, tradição desde os tempos coloniais. Em 1920, foi criada Associação das Senhoras Brasileiras, em São Paulo, e, em 1923, a Associação das Senhoras Católicas no Rio de Janeiro, objetivando não somente a ação tradicional caritativa, mas uma resposta aos apelos da Igreja no exercício do apostolado social (Iamamoto; Carvalho, 2007).

A Constituição de 1934 (Brasil, 1934) minimamente sinalizou para a responsabilidade do Estado no enfrentamento dos problemas sociais, apontando para alguns avanços, como a criação do salário mínimo, a jornada de trabalho de oito horas e garantia do voto às mulheres. Na ditadura do Estado Novo e por meio da Constituição de 1937 (Brasil, 1937), Getúlio Vargas criou associações, sindicatos e institutos. Assim, em 1938, foi criado o Conselho Nacional de Serviço Social (CNSS), que era composto por membros ligados ao serviço social e tinha como atribuição acompanhar, opinar em relação às questões sociais.

Em 1942, foi criada a Legião Brasileira de Assistência (LBA), sob a liderança de Darcy Vargas, esposa de Getúlio Vargas. A LBA foi extinta em 1995 e, de certa forma, se apresentou com um perfil muito mais clientelista e emergencial do que voltado para o resgate de direitos do cidadão (Sposati, 2004). Na sequência, em 1946, foi criado Serviço Social da Indústria (Sesi), e o Serviço Social do Comércio (Sesc).

> As grandes instituições assistenciais e previdenciárias emergem assim como parte de esforços reformadores do Estado para responder às pressões das novas forças sociais urbanas. O Estado passa não só a intervir na regulamentação da força de trabalho, mas também no estabelecimento e controle de uma política assistencial intimamente vinculada às organizações representativas das "classes produtoras". Estas, progressivamente, confirmam sua adesão à política de controle social da ditadura varguista, ao perceberem que a "paz social" imposta através de uma legislação simultaneamente paternalista e repressiva reverte em rentabilidade econômica da empresa. (Iamamoto, 2002, p. 31)

Assim, o Estado passou a intervir na seguridade social e o serviço social foi incorporado nas políticas de assistência, que tomaram uma forma mais institucional reformista e intervencionista do que a execução do apostolado social ou a prática da caridade. Também em 1946, com o propósito desenvolver um trabalho com as populações menos favorecidas das favelas carioca, foi criada a Fundação Leão XIII, no Rio de Janeiro, considerada a primeira instituição assistencial oficializada pela Presidência da República. Nessa fundação, a educação foi considerada o grande alvo, o que por sua vez ignorava todo o contexto restante de desigualdade social produzida e os antagonismos de classe existentes. (Iamamoto; Carvalho, 2007).

Com o golpe de 1964, instalou-se a ditadura militar no Brasil, cujo caráter centralizador, coercitivo, e opressor comprometeu as liberdades democráticas. Como a política adotada era totalmente favorável ao grande capital monopolista nacional e internacional, teve como consequência uma intensa exploração dos trabalhadores, uma brutal concentração de renda, migrações internas, aglomerações urbanas com condições precárias e intensa polarização entre riqueza e miséria (Sader, 1990).

Em 1969, a LBA foi transformada em fundação e com isso passou a ser vinculada ao Ministério do Trabalho e Previdência Social. Em 1974, o então presidente da república, Ernesto Geisel, criou o Ministério da Previdência e Assistência Social (MPAS), no qual foi estruturada uma secretaria de assistência social, com o propósito de apresentar propostas de contenção da pobreza, diante da pauperização de grande contingente da população brasileira, intensificada nesse período (Mestriner, 2001).

Na década de 1980, acentuaram-se também as manifestações pela redemocratização política no Brasil e pelo fim da ditadura. Movimentos sociais urbanos e rurais, sindicalistas e intelectuais, frente ao cenário da crise econômica e política, reivindicavam a democracia. Em 1985, com o fim da ditadura, intensificaram-se os movimentos participativos em torno da Constituinte, que se estendeu por mais três anos.

Essas expressões reivindicatórias, somadas a outras existentes na sociedade civil (como na saúde, na educação e na reforma agrária), contribuíram para que em dia 5 de outubro de 1988 fosse promulgada a nova Constituição Federal, que, em seu art. 194 trata da seguridade social e afirma: "A seguridade social compreende um conjunto integrado de ações de iniciativa dos poderes públicos e da sociedade, destinadas a assegurar os direitos relativos à saúde, à previdência e à assistência social" (Brasil, 1988).

A seguridade social é considerada um dos maiores avanços na área social promovidos pela Constituição de 1988. Com base nisso, novas políticas foram criadas na área da saúde, como o Sistema Único de Saúde (SUS), e na previdência social houve a ampliação e a inclusão dos trabalhadores rurais e o reconhecimento da assistência social como uma política pública. O termo *seguridade social*, apresentado pela Organização Internacional do Trabalho (OIT), de 1952, estabeleceu um parâmetro a ser observado pelos países que a ratificavam. O Brasil ratificou a Convenção n. 102 da OIT, que define a seguridade social como:

> A proteção que a sociedade proporciona a seus membros, mediante uma série de medidas públicas, contra as privações econômicas e sociais que, de outra maneira, derivariam do desaparecimento ou da forte redução de seus rendimentos em consequência de enfermidade, maternidade, acidente de trabalho, enfermidade profissional, desemprego, invalidez, velhice e morte, bem como da proteção em forma de assistência médica e de apoio a famílias com filhos. (Delgado; Jaccoud; Nogueira, 2009, p. 22)

Assim a seguridade social passou a ser um compromisso do Estado e da sociedade no intuito de criar condições favoráveis para o exercício da cidadania e se estende a todos os brasileiros. Trata-se, portanto, de um direito e não de caridade nem de benevolência.

4.4.1 A política de assistência social depois da Constituição Federal de 1988

A proposta de universalização de direitos sociais apresentados na Constituição Federal de 1988 (Brasil, 1988) sem dúvida constituiu um significativo avanço em relação à cidadania, num

Brasil tão desigual e polarizado. Assim, os arts. 203 e 204 da Constituição (Brasil, 1988) apontam que:

> **Art. 203.** A Assistência Social será prestada a quem dela necessitar, independentemente de contribuição à seguridade social, e tem por objetivos:
>
> I – a proteção à família, à maternidade, à infância, à adolescência e à velhice;
>
> II – o amparo às crianças e [aos] adolescentes carentes;
>
> III – a promoção da integração ao mercado de trabalho;
>
> IV – a habilitação e a reabilitação das pessoas portadoras de deficiência e a promoção de sua integração à vida comunitária;
>
> V – a garantia de um salário mínimo de benefício mensal à pessoa portadora de deficiência e ao idoso que comprovem não possuir meios de prover à própria manutenção ou de tê-la provida por sua família, conforme dispuser a lei.
>
> **Art. 204.** As ações governamentais na área da assistência social serão realizadas com recursos do orçamento da seguridade social, previstos no art. 195, além de outras fontes, e organizadas com base nas seguintes diretrizes:
>
> I – descentralização político-administrativa, cabendo a coordenação e as normas gerais à esfera federal e a coordenação e a execução dos respectivos programas às esferas estadual e municipal, bem como a entidades beneficentes e de assistência social;
>
> II – participação da população, por meio de organizações representativas, na formulação das políticas e no controle das ações em todos os níveis. (Brasil, 1988)

Trata-se, portanto, de entender a assistência como proteção social, um direito dos cidadãos e um dever do Estado. Assim, pensar as políticas sociais alinhadas com a construção da cidadania é um longo caminho a ser conquistado. A Constituição Federal de 1988 deu suporte legal para assegurar os direitos civis, políticos e sociais, que são os direitos fundamentais da cidadania e devem se estender a todos, independentemente de cor, credo, condição social etc. "A cidadania é o próprio direito à vida no sentido pleno. Trata-se de um direito que precisa ser construído coletivamente, não só em termos do atendimento às necessidades básicas, mas de acesso a todos os níveis de existência" (Manzini-Covre, 1995, p. 11). No entanto, há de se considerar que, em muitas circunstâncias, em uma sociedade capitalista, de classes sociais, desigualdades, exploração de trabalho, o acesso aos direitos básicos não é suficiente para a emancipação dos sujeitos. O Estado capitalista contribui para o reforço e reprodução das classes sociais, apresentando políticas sociais de sua responsabilidade, com a finalidade de assegurar a ordem e a estrutura vigente. Como afirma Faleiros (2000, p. 78, grifo do original), "A categoria **despesas sociais**, tem como função a manutenção da harmonia social, servindo a legitimação do Estado, como a Assistência Social [...] mas também favorecem a acumulação de capital".

Após a promulgação a Constituição de 1988, um longo caminho, com inúmeros debates, precisou ser percorrido até a aprovação da Lei Orgânica de Assistência Social (Loas) (Brasil, 1993b). Nesse percurso de cinco anos, alguns eventos foram realizados a fim de assegurar consistência e profundidade ao tema. Entre eles, temos:

- I Simpósio Nacional sobre Assistência Social – realizado no período de 31 de maio a 1º de junho de 1989, em Brasília.
- I Seminário de Assistência Social – realizado em 1991, em Brasília; a organização dos seminários regionais começou a partir de maio de 1993 e foi encabeçada pelo Ministério do Bem-Estar Social.
- Conferência Nacional de Assistência Social – realizada em junho de 1993, em Brasília.

Por fim, em 26 de agosto de 1993, a Presidência da República encaminhou ao Congresso Nacional o projeto da Loas, que foi sancionado em dezembro daquele ano e extinguiu o Conselho Nacional de Serviço Social, que havia sido criado em 1938. Foi criado então o Conselho Nacional de Assistência Social (CNAS), que, entre suas atribuições, exerce o controle da política de assistência social.

Na década de 1990, houve um alinhamento da política econômica brasileira ao neoliberalismo, reflexo das pressões do Consenso de Washington. Com isso, intensificou-se a proposta da intervenção mínima do Estado, de redução da autonomia nacional e de adoção de um projeto privatizador. Esse cenário se mostrou totalmente inóspito para o processo de construção da seguridade social e, com a eleição do Presidente Collor, reforçou-se o minimalismo do Estado.

No governo FHC, o Programa Comunidade Solidária refletiu o descompasso com a proposta da Loas e acabou ficando na esfera neoliberal funcional. Nesse período, pouco se avançou em relação à assistência social como política pública, direito do cidadão e dever do Estado (Couto; Yasbek; Raichelis, 2012).

Na primeira década dos anos 2000, mais precisamente em 2004, no governo Lula, foi aprovada a Política Nacional de Assistência Social (PNAS), por meio da Resolução n. 145, de 15 de outubro de 2004 (Brasil, 2004d), na qual são apresentados como objetivos:

- Prover serviços, programas, projetos e benefícios de proteção social básica e, ou, especial para famílias, indivíduos e grupos que deles necessitarem.
- Contribuir com a inclusão e a equidade dos usuários e grupos específicos, ampliando o acesso aos bens e serviços socioassistenciais básicos e especiais, em áreas urbana e rural;
- Assegurar que as ações no âmbito da assistência social tenham centralidade na família, e que garantam a convivência familiar e comunitária. (Brasil, 2004d)

Nessa dinâmica, em 2005, o CNAS aprovou, por meio da NOB n. 130, de 15 de julho de 2005 (Brasil, 2005), o Sistema Único de Assistência Social (Suas), que "é um sistema público não contributivo, descentralizado e participativo que tem por função a gestão do conteúdo específico da Assistência Social no campo da proteção social brasileira". O Estado colocou-se assim como o grande gestor responsável na efetivação das políticas de assistência social e de proteção por meio de programas sociais.

No universo da proteção social insere-se o Programa de Proteção Social Básica destinado às famílias em situação de vulnerabilidade social como pobreza, privação, vínculos afetivos fragilizados. Às pessoas que vivem num contexto de risco social e pessoal e sofrem

maus tratos de ordem física, psíquica ou sexual há um atendimento exclusivo por meio do Programa de Proteção Social Especial.
Os Centros de Referência da Assistência Social (Cras) são unidades localizadas em áreas que apresentam vulnerabilidade social. Essas unidades executam serviços de proteção social básica, responsabilizando-se pela coordenação e organização dos serviços socioassistenciais locais da política de assistência social. Os Centros de Referência Especializados de Assistência Social (Creas) são unidades públicas de assistência social com atendimento a pessoas ou famílias que vivem em situação de risco social ou que tiveram seus direitos violados (Brasil, 2004d).

4.5 Previdência social: uma política de seguridade social

Conforme nos relatam Rangel et al. (2009), no Brasil do início do século XX, foi criada a Lei dos Acidentes de Trabalho, sob o Decreto n. 3.724, de 15 de janeiro de 1919 (Brasil, 1919), e a Lei Eloy Chaves, sob o Decreto n. 4.628 de 24 de janeiro de 1923 (Brasil, 1923), foi criada a Caixa de Aposentadorias e Pensões (CAP), destinada aos trabalhadores de empresas ferroviárias e aos estivadores e marítimos em 1926. Getúlio Vargas, na década de 1930, criou os Institutos de Aposentadorias e Pensões (IAPs), divididos por categorias profissionais. Em 1960, com a Lei n. 3.807, de 26 de agosto de 1960 (Brasil, 1960), foi criada a Lei Orgânica da Previdência Social (Lops), que propunha a uniformidade das contribuições, estabelecendo um valor de 8% de desconto do salário. Durante o período da ditadura militar, em 1966, foi criado o Instituto Nacional de Previdência Social (INPS), que congregou numa mesma estrutura os IAPs, que ainda existiam. Nesse período, o atendimento médico-hospitalar vinculava-se à previdência. Em 1971, o Presidente Emílio

Garrastazu Médici criou o Fundo de Assistência ao Trabalhador Rural (Funrural), órgão de previdência voltado para o trabalhador rural. Em 1974, foi criado o Ministério da Previdência e Assistência Social (MPAS).

Com a Constituição de 1988 (Brasil, 1988), a previdência social passou a ser um dos itens do tripé da seguridade social, constituído como um direito do cidadão juntamente com a saúde e a assistência social. Assim, esse documento, em seu art. 201, afirma que:

> A previdência social será organizada sob a forma de regime geral, de caráter contributivo e de filiação obrigatórias, observados critérios que preservem o equilíbrio financeiro e atuarial, e atenderá, nos termos da lei, a:
>
> I – cobertura dos eventos de doença, invalidez, morte e idade avançada;
>
> II – proteção à maternidade, especialmente à gestante;
>
> III – proteção ao trabalhador em situação de desemprego involuntário;
>
> IV – salário-família e auxílio-reclusão para os dependentes dos segurados de baixa renda
>
> V – pensão por morte do segurado, homem ou mulher, ao cônjuge ou companheiro e dependentes, observado o disposto no § 2º. (Brasil, 1988)

Essa Constituição é considerada a primeira grande experiência do Brasil no que diz respeito à universalidade de direitos sociais básicos referentes à cidadania. Por meio dela, a seguridade social deixou de ser caracterizada como assistencialista e social-trabalhista e passou a ser concebida como um direito do cidadão. Em relação à previdência, houve uma universalização de direito tanto para trabalhadores públicos ou privados, urbanos ou rurais.

Em parceria com o governo e a sociedade, em 1991, foi criado o Conselho Nacional de Previdência Social (CNPS), que, em tese, abriu espaço para a participação social democrática na gestão, o que, na prática, não aconteceu. Em 1998, depois de três anos de amplo debate no Congresso Nacional, foi aprovada a Emenda Constitucional n. 20, de 15 de dezembro de 1998 (Brasil, 1998), que trata da previdência social e considera o seguinte:

- substituição do critério de tempo de serviço pelo critério de tempo de contribuição;
- extinção da aposentadoria por tempo de serviço proporcional para ambos os regimes (RGPS e RJU) e estabelecimento de limite de idade para aposentadoria por tempo de serviço integral para os servidores públicos; [...]
- eliminação da aposentadoria especial dos professores universitários;
- desconstitucionalização da fórmula de cálculo dos benefícios;
- unificação das regras previdenciárias para União, estados e municípios;
- previsão de criação de regimes complementares para os servidores públicos voltados para a reposição dos proventos superiores ao teto de benefícios vigente para o RGPS. (Rangel et al., 2009)

Em 1999, no governo FHC, foi aprovado um novo cálculo de benefícios, sob a Lei n. 9.876, de 26 de novembro de 1999 (Brasil, 1999), denominado de *fator previdenciário*, o qual foi considerado danoso aos trabalhadores, porque punia principalmente os que se inseriram precocemente no mercado de trabalho, dado ao fato de que leva em conta o período de contribuição e a expectativa de sobrevida. Assim, o Congresso Nacional aprovou a Lei n. 13.183, de 4 de novembro de 2015 (Brasil, 2015) que foi sancionada no governo Dilma, criando uma alternativa ao fator previdenciário, estipulando que a soma de idade e do tempo de contribuição deveria ser equivalente a 95 anos para homens e 85 anos para mulheres.

O sistema de aposentadoria, segundo Faleiros (2000), iniciou-se no contexto de produção capitalista das grandes empresas em forma de caixas patronais, visando gerar harmonia dentro da empresa e manter o controle dos trabalhadores.

> O movimento operário foi se tornando mais combativo nas grandes empresas, por causa da própria concentração exigida pela produção. As caixas de aposentadoria surgiram nos setores de mais concentração e de mais contestações da classe operária. As caixas industriais dos ferroviários, dos mineiros e dos marinheiros (em alguns países) foram as primeiras a serem organizadas pelos patrões transformando a sua "política de pessoal". [...] As caixas aparecem como iscas para

atrair os trabalhadores e como o "cabresto" depois que são contratados. Para se ter direito às prestações exigiam-se vários anos de serviço e mesmo boa conduta, a juízo dos patrões. (Faleiros, 2000, p. 97)

Seguindo esse raciocínio, podemos dizer que as políticas sociais podem se transformar também em instrumentos que se alinham a interesses específicos da produção de capital e da acumulação, criando condições favoráveis à reprodução da força de trabalho necessária ao capitalismo. Com o Estado assegurando serviços e benefícios, a "ordem" na sociedade é garantida e o setor produtivo é mantido. Podemos observar que, no Brasil, muitas conquistas trabalhistas e benefícios vieram em mérito de organizações sociais, como sindicatos, e dos movimentos sociais, que ainda hoje enfrentam o embate entre o capital e trabalho.

A adoção de políticas econômicas neoliberais afeta diretamente as políticas sociais, pois, geralmente, repercute na contenção de gastos públicos destinados a programa sociais e na desregulamentação dos direitos do trabalho em favor do grande capital e de sua lucratividade. A privatização do patrimônio público e a minimização do Estado são medidas adotadas no neoliberalismo no mundo globalizado, prevalecendo assim o interesse das grandes corporações. Dessa forma, os individualismos e a competitividade afloram e comprometem a construção de uma sociedade cidadã e democrática capaz de assegurar os direitos fundamentais sociais do ser humano.

Nesse contexto, cabe ao Estado ter clareza de seu projeto nacional, com base em suas demandas internas. Como afirma Santos (2003, p. 78) "não é verdade que a globalização impeça a constituição de um projeto nacional. Sem isso os governos ficam à mercê de exigências externas, por mais descabidas que sejam". Assim, o Estado, por meio das concepções políticas de seus governantes, tem o poder de decisão e escolha de qual projeto nacional pretende construir.

4.6 A saúde como política social e direito de todos

A Organização Mundial de Saúde (OMS) assim define saúde: um estado de completo bem-estar físico, mental e social. Não consiste apenas na ausência de doença ou de enfermidade. Gozar do melhor estado de saúde, que é possível atingir, constitui um dos direitos fundamentais de todo o ser humano, sem distinção de raça, de religião, de credo político, de condição econômica ou social. (OMS, 1946)

Assim, temos que a saúde é um dos direitos fundamentais de todo ser humano no gozo pleno do bem-estar físico, mental e social. Interpretando a saúde dessa forma, percebemos que falar de saúde é falar também de segurança alimentar, qualidade da alimentação, saneamento básico, educação, respeito à diversidade, entre outros. Trata-se, portanto, de um direito fundamental de seguridade social, de mãos dadas com outros direitos sociais.

A inclusão da saúde como responsabilidade do Estado no processo de desenvolvimento do capitalismo industrial foi uma conquista dos trabalhadores. Segundo Bravo (2007), no Brasil do século XVIII, a filantropia era a prática adotada. Não havia o envolvimento do Estado com a saúde. Já no século XIX, surgiram algumas iniciativas públicas, mas ainda bastante fragilizadas. Com a industrialização e as mudanças econômicas do século XIX, os trabalhadores, começaram a pressionar para ter acesso a esse benefício e, no início do século XX, sinalizou-se para um ordenamento do setor de saúde, que somente em 1930 foram consolidadas.

Neste contexto o setor de saúde apresentou-se com dois focos: um voltado à saúde pública (1930-1940) e um à medicina previdenciária (a partir de 1966). Assim, em 1953, foi criado o Ministério da Saúde e, nesse período em que se enfatizou a saúde pública, desenvolveram-se campanhas sanitárias para o combate a endemias como a malária e a febre amarela. Com isso, os anos subsequentes não foram expressivos no combate a esses males.

> A situação da saúde da população no período de 1945 a 1964 (com algumas variações nos anos de 50, 56 e 63, em que os gastos com saúde pública foram mais favoráveis, havendo melhoria das condições sanitárias), não conseguiu eliminar o quadro de doenças infecciosas e parasitárias e as elevadas taxas de morbidade e mortalidade infantil, como também mortalidade geral. (Bravo, 2007, p. 92)

Como já vimos, no período da ditadura militar, em 1966, unificou-se a previdência social com os IAPs, originando o INPS. A unificação desses institutos possibilitou a concentração de recursos financeiros e a compra de serviços da rede privada, que por sua vez já havia se estruturado desde a década de 1950 e poderia vender seus serviços ao setor público de saúde. Assim, havia uma política privatizadora da saúde, alimentada pela política previdenciária adotada pela previdência social por meio de convênios, credenciamentos e compra de serviços do setor privado pelo Estado (Cohn; Elias, 2005). No ano de 1975, foi implementado o Sistema Nacional de Saúde, que definia atribuições da assistência individual e curativa à previdência social e cuidados preventivos ao Ministério da Saúde, distribuídos nas secretarias estaduais e municipais de saúde.

4.6.1 A Constituição Federal de 1988 e a criação do Sistema Único de Saúde (SUS)

Com a superação do regime ditatorial, o processo de redemocratização política e a elaboração da Constituição de 1988 (Brasil, 1988), a saúde passou a ser considerada um direito que se estende a todos os cidadãos. Assim, além de assegurar esse direito, cabe ao Estado regulamentar, fiscalizar e controlar as ações e os serviços de saúde. Muitos atores estiveram envolvidos no processo que antecedeu a promulgação da Constituição e, graças ao amplo debate em torno da democratização do acesso à saúde, foi possível assegurar seu caráter universal. Segundo Bravo (2007, p. 96-97) "A Constituição Federal introduziu avanços que buscaram corrigir as históricas injustiças sociais, acumuladas secularmente, incapaz de universalizar direitos, tendo em vista a longa tradição de privatizar a coisa pública pelas classes dominantes".

> Assim, um dos legados da Constituição de 1988 (Brasil, 1988) foi a criação do Sistema Único de Saúde (SUS), um sistema com base nos princípios de universalidade, integralidade, equidade, descentralização e participação da comunidade. A Leis 8.080, de 19 de setembro 1990 (Brasil, 1990) e 8.142 de 28 de dezembro de 1991 (Brasil, 1991), conhecidas como Leis Orgânicas do SUS (LOS) apresentaram as diretrizes operacionais desse sistema, distribuído na esfera nacional, estadual e municipal.
>
> Assim à esfera nacional compete a formulação de políticas nacionais, o planejamento, a normalização, a avaliação e o controle do sistema nacional; à esfera estadual compete a formulação da política estadual de saúde e a coordenação e o planejamento do Sistema de abrangência estadual; e à esfera municipal compete a formulação da política municipal de saúde, a provisões das ações e serviços de saúde. (Cohn; Elias, 2005, p. 68)

Por ser um processo amplo e complexo, vários problemas apresentaram-se na implantação do Sistema Único de Saúde (SUS), traduzindo-se num projeto a ser construído frente a falhas e limitações, que ainda persistem. As políticas adotadas pelos governantes, na década de 1990, estiveram muito alinhadas com a política neoliberal e, por mais expressivas que tenham sido as propostas de avanços constitucionais, a hegemonia neoliberal no Brasil "tem sido responsável pela redução de direitos sociais e trabalhistas, desemprego estrutural, precarização do trabalho, desmonte da previdência pública, sucateamento da saúde e educação" (Bravo, 2007, p. 100). Assim, a saúde pensada como direito fundamental e universal na Constituição de 1988 sofreu o embate com a vertente privatista, que concebe a saúde como um negócio lucrativo e mercantil, limitando o acesso a saúde pela condição econômica de milhares de brasileiros.

O setor privado da saúde, segundo Cohn e Elias (2005), apresentou-se de duas formas: a lucrativa e a não lucrativa. A maneira não lucrativa geralmente tem um perfil filantrópico – por exemplo, as Santas Casas de Misericórdia, que normalmente prestam serviços vinculados ao SUS – e são instituições que surgem por motivação civil ou religiosa. Já a porção lucrativa da saúde não mantém nenhum vínculo com o SUS, definido como Sistema Supletivo de Assistência Médica (SSAM) que compreende as cooperativas médicas, seguro saúde, medicina de grupo, entre outros recursos, e que, geralmente, são criados por pessoas jurídicas com caráter empresarial.

No novo milênio, com a eleição de Lula para a presidência, ocorreram algumas mudanças na saúde, mas não a ponto de propor maior valorização da seguridade social e articulação entre a saúde, assistência social e previdência. Por outro lado, a questão da reforma sanitária voltou, ao menos no campo teórico, e foram criadas várias secretarias, como a Secretaria de Gestão de Trabalho em Saúde e a Secretaria de Atenção à Saúde, ligadas ao Ministério da Educação, e a Secretaria de Gestão Participativa, ligada ao Ministério da Saúde. Percebe-se que "A ênfase do governo está em programas 'focais'. As grandes questões do SUS não estão sendo enfrentadas, como a universalização das ações, o financiamento efetivo, a política de recursos humanos e a política nacional de medicamentos" (Bravo, 2007, p. 106).

Nessa perspectiva, a saúde continua sendo tratada como uma mercadoria e, dessa forma, é tida como subserviente às exigências do mercado, ocasionando assim em uma grande concentração de médicos no setor privado e uma concentração de profissionais da saúde, principalmente de médicos, nos grandes centros urbanos. Essa configuração gera uma escassez desses profissionais nas regiões mais distantes, comprometendo o acesso ao atendimento. Em 2013, frente a esse quadro e às pressões sociais, a Presidenta Dilma Rousseff, por meio da Lei n. 12.871, de 22 de outubro de 2013 (Brasil, 2013) , criou o Programa Mais Médicos.

Art. 1º. É instituído o Programa Mais Médicos, com a finalidade de formar recursos humanos na área médica para o Sistema Único de Saúde (SUS) e com os seguintes objetivos:
I – diminuir a carência de médicos nas regiões prioritárias para o SUS, a fim de reduzir as desigualdades regionais na área da saúde;

II – fortalecer a prestação de serviços de atenção básica em saúde no País;

III – aprimorar a formação médica no País e proporcionar maior experiência no campo de prática médica durante o processo de formação;

IV – ampliar a inserção do médico em formação nas unidades de atendimento do SUS, desenvolvendo seu conhecimento sobre a realidade da saúde da população brasileira;

V – fortalecer a política de educação permanente com a integração ensino-serviço, por meio da atuação das instituições de educação superior na supervisão acadêmica das atividades desempenhadas pelos médicos;

VI – promover a troca de conhecimentos e experiências entre profissionais da saúde brasileiros e médicos formados em instituições estrangeiras;

VII – aperfeiçoar médicos para atuação nas políticas públicas de saúde do País e na organização e no funcionamento do SUS; e

VIII – estimular a realização de pesquisas aplicadas ao SUS. (Brasil, 2013)

Essas medidas não deixaram de ser paliativas, mas apresentaram também resultados positivos, como a presença de médicos em localidades mais distantes e a diminuição do tempo para a marcação de consultas.

O Programa aprovisionou 14.462 médicos brasileiros e estrangeiros em 3.785 municípios (julho 2014). Ao analisar a distribuição destes médicos, observa-se que o número de municípios com escassez desses profissionais na APS passou de 1.200 em março de 2013, para 558 em setembro de 2014 (redução de 53,5%). O programa contribuiu para reduzir iniquidades, pois na região Norte 91,2% dos municípios que apresentavam escassez em 2013 foram atendidos, com provimento de 4,9 médicos por município, em média (a maior razão entre regiões). Em suma, o programa atendeu aqueles municípios mais necessitados, que tinham as piores razões de médico/habitante, em situação de extrema miséria e com altas necessidades de saúde. (Santos; Costa; Girardi, 2015, p. 3549)

Existe ainda um longo caminho para a democratização da saúde como um direito fundamental e universal no Brasil. O Programa Mais Médicos chama a atenção para a necessidade de um redimensionamento em relação ao processo de formação desses profissionais e à atuação médica voltada para as políticas públicas e a saúde coletiva. O sistema de saúde vivenciado no cotidiano está ainda bastante distante do sistema de saúde constitucional e esse é um dos grandes desafios da atualidade, considerando a forte inclinação, à privatização da saúde, da educação, e das riquezas brasileiras.

4.7 A educação, emancipação e cidadania

No período colonial, a educação no Brasil teve forte influência da ordem dos padres jesuítas, que chegaram ao Brasil em 1549. O propósito era catequizar os indígenas e assegurar a educação da elite colonizadora, com um número muito limitado de escolas. Em 1822, quando da proclamação de independência, não havia nenhuma organização de educação escolar. Em 1834, o Ato Adicional à Constituição de 1824 autorizou as províncias a implantarem e promoverem a educação básica e delegou ao poder central a responsabilidade do ensino superior.

Ao final do Império, o quadro geral do ensino era o seguinte: poucas escolas primárias (com 250 mil alunos para um país com cerca de 14 milhões de habitantes, dos quais 85% eram analfabetos), liceus

> provinciais nas capitais, colégios particulares nas principais cidades, alguns cursos normais e os cursos superiores que forjavam o projeto elitista (para formação de administradores, políticos, jornalistas e advogados), que acabou se transformando num elemento poderoso de unificação ideológica da política imperial. (Oliveira, 2004, p. 949)

No final do século XIX, grande parte da população brasileira era analfabeta. O acesso à educação era um privilégioda elite brasileira, ou seja, de poucos. Com a proclamação da república, em 1889, iniciou-se uma nova fase política no Brasil. Em 1891, foi elaborada a primeira Constituição (Brasil, 1891), a qual estabelecia que a União deveria criar instituições de ensino superior e secundário e, assim, a educação primária e o ensino profissional seria responsabilidade dos estados. Foi somente no século XX, mediante um novo cenário de industrialização, urbanização e pressões sociais que o poder político começou a se atentar para a educação das camadas médias e populares, "mudando" o perfil elitista que durante vários séculos prevaleceu na educação brasileira (Oliveira, 2004).

Em 1930, foi criado o Ministério da Educação e da Saúde, que, de certa forma, expressou o entendimento político de que a educação seria responsabilidade do Estado. A Constituição de 1934 (Brasil, 1934) reconheceu que a educação seria um direito, assim como a necessidade de elaboração de um plano nacional de educação e, em 1961, foi criada a primeira Lei de Diretrizes Básicas (LDB), no governo de João Goulart.

O acesso à educação era ainda limitado a poucos e, em 1950, a taxa nacional de analfabetismo era de 50,6%. Diante dessa realidade, o filósofo e educador Paulo Freire, de Recife, apresentou um método inovador para a educação de jovens e adultos, numa perspectiva libertadora, crítica e inovadora, destinado principalmente às camadas populares, excluídos historicamente não só da educação, mas também de outros direitos sociais fundamentais. A metodologia de Freire considerava o saber já existente e propunha, com base nele, o desenvolvimento da compreensão de si e do entorno social (Beluzo; Toniosso, 2015). Assim, dizia Freire (1987, p. 75):

esta educação, em que educadores e educandos, se fazem sujeitos do seu processo superando o intelectualismo alienante, superando o autoritarismo do educador "bancário", supera também a falsa consciência do mundo. O mundo, agora já não é algo sobre que se fala com falsas palavras, mediatizador dos sujeitos da educação, a incidência da ação transformadora dos homens, de que resulte a sua humanização. Esta é a razão porque a concepção problematizadora da educação não pode servir ao opressor. Nenhuma "ordem" opressora suportaria que os oprimidos todos passassem a dizer: Por quê?

Em 1963, Freire foi responsabilizado a elaborar o Plano Nacional de Alfabetização para todo o Brasil. Nele, o analfabetismo, em vez de ser interpretado como causa da pobreza, passou a ser interpretado como consequência da pobreza e da estrutura social desigual e injusta. Com o golpe de 1964 e a ditadura militar que se estendeu até 1985, não houve a efetivação de tal programa e a educação tomou uma forma mais tecnicista. Assim, para dar conta do analfabetismo, foi criado o Movimento Brasileiro de Alfabetização (Mobral), que teve duração até o final da ditadura em 1985 e constituiu numa proposta de educação funcional e continuada. Posterior ao Mobral, foi criada a Fundação Nacional para Educação de Jovens e Adultos (Educar).

A Constituição de 1988 (Brasil, 1988) define o caráter universalizante da educação como um direito de todos e a caracteriza como uma condição para o exercício da cidadania: "A educação, direito de todos e dever do Estado e da família, será promovida e incentivada com a colaboração da sociedade, visando o pleno desenvolvimento da pessoa, seu preparo para o exercício da cidadania e sua qualificação para o trabalho".

A Lei n. 9.394, de 20 de dezembro de 1996 (Brasil, 1996), que estabeleceu as Diretrizes e Bases da Educação Nacional (LDBEN), previa a obrigatoriedade e a gratuidade do ensino dos 4 aos 17 anos (pré-escola, ensino fundamental e ensino médio). Nesse mesmo ano, foi criado o primeiro Plano Nacional de Educação (PNE) e, na gestão de FHC (de 1995 a 2001), houve um alinhamento das políticas educacionais de subordinação aos organismos internacionais, ao neoliberalismo e ao livre mercado.

> A burguesia brasileira encontra na figura de Fernando Henrique Cardoso a liderança capaz de construir seu projeto hegemônico de longo prazo, ao mesmo tempo associado e subordinado à nova (des)ordem da mundialização do capital. [...]
>
> Em seu conjunto, o projeto educativo do Governo Cardoso encontra compreensão e coerência lógica quando articulado com o projeto de ajuste da sociedade brasileira às demandas do grande capital. (Frigotto; Ciavatta, 2003, p. 106)

O governo de Lula priorizou mudanças em relação ao ensino superior e criou o Programa Universidade para Todos (Prouni), com a finalidade de facilitar o acesso ao ensino superior por meio da concessão de bolsas de estudo para estudantes de baixa renda. Às instituições privadas aderentes ao programa foram oferecidas isenções de alguns tributos e, assim, houve um crescimento de instituições de ensino superior, possibilitando a oferta de um número maior de vagas. Ampliou-se também a oferta de crédito educativo por meio do Fundo de Financiamento Estudantil (Fies) e foi implantada também a política afirmativa de cotas, destinadas a estudantes negros e oriundos de escolas públicas. Em relação ao ensino superior, houve uma ampliação do acesso, principalmente na rede privada de ensino superior, o que permitiu questionar a via um tanto controversa da democratização da educação (Neves; Raizer; Fachinetto, 2007).

Analisando a conjuntura atual da política educacional no Brasil, podemos dizer que esse continua sendo um aspecto de grande desafio. Trata-se, contudo, de um elemento importante para o fortalecimento da democracia, pois, numa sociedade ainda marcada por tantas desigualdades, a educação tem um importante atributo em relação à democratização e ao processo de construção da cidadania, já que sua contribuição vai muito além de formar um sujeito competitivo para atender as demandas da ordem globalizada capitalista.

4.8 Política social de habitação popular e saneamento no Brasil

A industrialização intensificou os processos de urbanização que, desde a Revolução Industrial tem se intensificado no mundo todo, trazendo demandas relacionadas à infraestrutura, como habitação e saneamento. No Brasil, foi a partir do século XX, quando já numa dinâmica industrial surgiram a primeiras políticas sociais relacionadas a essas necessidades.

A primeira política nacional de habitação no Brasil foi criada em 1946, com a Fundação da Casa Popular, que tinha como propósito atender à demanda de habitação das camadas populares da população brasileira. Com recursos muito escassos, essa política de habitação teve poucas chances de se consolidar, ficando limitada a alguns estados. Em 1964, foi criado o Banco Nacional de Habitação (BNH) e, com isso, uma nova política habitacional em que o sistema de financiamento ocorria pela captação de recursos do Fundo de Garantia de Tempo de Serviço (FGTS) e o Sistema Brasileiro de Poupança e Empréstimo (SBPE).

> A criação do BNH, além de colaborar na legitimação da nova ordem política, previa inúmeros efeitos positivos na esfera econômica: estímulo à poupança; absorção, pelo mercado de trabalho, de um maior contingente de mão de obra não qualificada; desenvolvimento da indústria de material de construção; fortalecimento, expansão e diversificação das empresas de construção civil e das atividades associadas (empresas de incorporações, escritórios de arquitetura, agências imobiliárias etc.). (Azevedo, 1988, p. 110)

Além da questão econômica, a motivação da criação do BNH também foi política, com a intenção de gerar um clima mais harmônico, principalmente em relação às grandes massas contrárias ao golpe militar. Nesse período, as Companhias Habitacionais (Cohab), empresas mistas controladas pelos governos estaduais e municipais, tinham como finalidade atender às demandas de habitação popular a nível local.

Em 1986, o BNH foi extinto e suas atribuições foram transferidas para a Caixa Econômica Federal, mas a habitação continuou vinculada ao Ministério do Desenvolvimento Urbano e Meio Ambiente. Em 1988, foi criado o Ministério da Habitação e do Bem-Estar Social (MBES), que foi extinto em 1989, dando origem à Secretaria Especial de Habitação e Ação Comunitária (Seac), ligada ao Ministério do Interior. Com a descentralização dos programas sociais, a habitação passou a ser também administrada pelos Estados e municípios.

Em 1994, foram criados os Programas Habitar Brasil e o Pró-Moradia. O Programa Habitar Brasil foi financiado com recursos do Orçamento Geral da União (OGU) e o Pró-Moradia, com verbas advindas do Imposto Provisório sobre Movimentações Financeiras (IPMF). Ambos os programas apresentaram resultados insatisfatórios e, em 1995, houve uma reforma da política habitacional e a criação da Secretaria de Política Urbana (Sepurb). O governo federal manteve o controle das linhas de crédito, mas sem políticas sólidas de articulação com os estados e os municípios, gerando assim uma dependência muito grande desses recursos – sem contar que, em muitos estados, havia um grau baixíssimo de preocupação com as políticas habitacionais (Brasil, 2004c). Em 2001, então, foi aprovado o Estatuto das Cidades, que reforçou o uso do espaço urbano a fim de assegurar o bem coletivo, o bem-estar dos cidadãos e do respeito ao meio ambiente.

Assim, em 2003, com a mudança de governo, foi criado o Ministério das Cidades, o que acenou para um compromisso maior com a questão urbana, já que estabelecia um diálogo com outras áreas, que não somente a habitacional. Em outubro do mesmo ano, foi realizada a 1ª Conferência Nacional das Cidades, na qual que foi criado o Conselho das Cidades e aprovadas as diretrizes para a nova Política Nacional de Desenvolvimento Urbano. Na sequência, houve também a criação da Política Nacional de Habitação, com base nos seguintes princípios:

- direito à moradia, enquanto um direito humano, individual e coletivo, previsto na Declaração Universal dos Direitos Humanos e na Constituição Brasileira de 1988. O direito à moradia deve ter destaque na elaboração dos planos, programas e ações, colocando os direitos humanos mais próximos do centro das preocupações de nossas cidades;
- moradia digna como direito e vetor de inclusão social garantindo padrão mínimo de habitabilidade, infraestrutura, saneamento ambiental, mobilidade, transporte coletivo, equipamentos, serviços urbanos e sociais;
- função social da propriedade urbana buscando implementar instrumentos de reforma urbana a fim de possibilitar melhor ordenamento e maior controle do uso do solo, de forma a combater a retenção especulativa e garantir acesso à terra urbanizada;
- questão habitacional como uma política de Estado uma vez que o poder público é agente indispensável na regulação urbana e do mercado imobiliário, na provisão da moradia e na regularização de assentamentos precários, devendo ser, ainda, uma política pactuada com a sociedade e que extrapole um só governo;
- gestão democrática com participação dos diferentes segmentos da sociedade, possibilitando controle social e transparência nas decisões e procedimentos;
- e articulação das ações de habitação à política urbana de modo integrado com as demais políticas sociais e ambientais. (Brasil, 2004c, p. 31)

Esses princípios procuraram se alinhar à Constituição Federal de 1988 (Brasil, 1988), que reforça o direito à moradia e dignidade humana e afirma que "a política de desenvolvimento urbano, executada pelo poder público municipal, conforme diretrizes gerais fixadas em lei tem por objetivo ordenar o pleno desenvolvimento das funções sociais da cidade e garantir o bem-estar de seus habitantes" (Brasil, 1988). Assim, a Lei n. 11.124 de 16 de junho de 2005 (Brasil, 2005) regulamentou o Sistema Nacional de Habitação de Interesse Nacional (SNHIS) e também o Fundo Nacional de Habitação de Interesse Social (FNHIS) e seu Conselho Gestor (CGFNHIS), com a responsabilidade de coordenar todos os programas destinados à habitação e ao interesse social.

Em 2009, a Presidenta Dilma Rousseff criou o Programa Minha Casa, Minha Vida. Ligado à Secretaria Nacional de Habitação e ao Ministério das Cidades e operacionalizado pela Caixa Econômica Federal, esse programa foi destinado principalmente às famílias de baixa renda e é pautado pelas diretrizes de redução do déficit habitacional; pela distribuição de renda e inclusão social; pela geração de empregos e renda; e pela movimentação do setor da construção civil (Brasil, 2011).

4.8.1 Saneamento básico

Em razão das mudanças ocorridas em relação ao dinamismo da industrialização e à aglomeração nas cidades, as questões relacionadas ao saneamento foram tomando forma de política estatal. Assim, em 1934, Getúlio Vargas criou o Código de Águas, autorizando-lhe a tarifar a água, tornando o abastecimento público prioridade e efetivando a estatização do setor. Em 1940, foi criado o Departamento de Obras de Saneamento (DNOS) e, em 1942, em parceria com o governo estadunidense, foi criado o Serviço Especial de Saúde Pública (Sesp), com o propósito inicial de levar o saneamento para as regiões do Rio Amazonas e do Rio Doce, expandindo também para outras regiões do Brasil.
Em 1960, o Sesp, que passou a ser denominado *Fundação Especial de Saúde Pública* (FSESP), tinha o atributo de captar recursos para os serviços de saneamento sob a responsabilidade dos municípios. Em 1968, foi criado o Plano Nacional de Saneamento do Brasil (Planasa), com o propósito de ampliar o acesso à água potável numa realidade em que, segundo o censo de 1970 (Ferreira et al., 2015), somente 50,4% da população urbana usufruía de água de qualidade. Assim, na década de 1960 e até meados de 1970, praticamente todos os estados brasileiros criaram suas companhias estaduais de água e esgoto. No Paraná, em 1963, foi criada a Companhia de Água e Esgotos do Paraná (Agepar), que teve seu nome alterado, em 1964, para Companhia de Saneamento do Paraná (Sanepar). Em 1970, foi criado o Plano

de Metas e Bases para Ação com a intenção de, até 1980, criar serviços de água para 80% da população e esgoto para 50% dos brasileiros (Gleizer, 2001).

A Lei n. 6.938 de 31 de agosto de 1981 (Brasil, 1981) estabeleceu a Política Nacional do Meio Ambiente e a Lei n. 9.433 de 8 de janeiro de 1997 (Brasil, 1997) criou a Política Nacional de Gerenciamento de Recursos Hídricos, que tomou por base os seguintes fundamentos:

> Art. 1º A Política Nacional de Recursos Hídricos baseia-se nos seguintes fundamentos:
>
> I – a água é um bem de domínio público;
>
> II – a água é um recurso natural limitado, dotado de valor econômico;
>
> III – em situações de escassez, o uso prioritário dos recursos hídricos é o consumo humano e a dessedentação de animais;
>
> IV – a gestão dos recursos hídricos deve sempre proporcionar o uso múltiplo das águas;
>
> V – a bacia hidrográfica é a unidade territorial para implementação da Política Nacional de Recursos Hídricos e atuação do Sistema Nacional de Gerenciamento de Recursos Hídricos;
>
> VI – a gestão dos recursos hídricos deve ser descentralizada e contar com a participação do Poder Público, dos usuários e das comunidades. (Brasil, 1997)

Associada a essa questão da água, existe a discussão da sustentabilidade, nas suas mais variadas abordagens e enfoques. De qualquer forma, podemos dizer que, neste milênio, é necessária e urgente a reflexão a respeito da relação do homem com o meio ambiente, a forma como vem explorando os recursos naturais, destruindo ecossistemas, poluindo os solos, com uso abusivo de agrotóxicos, e também mares rios e lagos. A água é imprescindível à existência da vida não só humana, mas como de todos os seres vivos. Assim, pensar o saneamento também é pensar a necessidade de preservação dos recursos hídricos e assegurar sua qualidade e, nesse sentido, o tratamento do esgoto é um dos caminhos para tal.

Segundo o V Relatório Nacional de Acompanhamento dos Objetivos de Desenvolvimento do Milênio (Ipea, 2014), apresentado pela Secretaria de Assuntos Estratégicos, em 2014, a meta de "reduzir à metade a percentagem tanto da população sem acesso à agua quanto da sem acesso a saneamento" foi alcançada. Assim, 85% da meta de acesso à água foi alcançado e, em relação ao acesso a esgoto e fossa séptica, 77%.

Ainda assim, muitos investimentos precisam ser feitos para atender às demandas de saneamento, habitação etc. e ainda é necessário desenvolver e implementar ações planejadas que atendam a requisitos técnicos, ambientais, sociais e econômicos. Pensar o desenvolvimento sustentável envolve pensar a preservação e conservação do meio ambiente, dos recursos hídricos e da biodiversidade e também passa pelo questionamento do modelo de sociedade produtivista, capitalista, que destrói a natureza, polui e se nutre da exploração dos homens pelos próprios homens, naturalizando a pobreza e a desigualdade social.

Síntese

Neste capítulo, foram apresentadas algumas políticas sociais desenvolvidas no Brasil ao longo da sua trajetória histórica, política, social e econômica. Para isso, iniciamos nossa análise pela reforma agrária, que remete ao processo de concentração fundiária existente desde o início da colonização. Dessa forma, vimos que a Constituição de 1988 (Brasil, 1988) tratou a questão da terra apontando para a necessidade do cumprimento de sua função social e produtiva. Ainda assim, o Estado brasileiro, geralmente alinhado aos interesses dos grandes latifundiários, mostrou-se reticente à reforma agrária. Assim, na década de 1980, o MST surgiu como um movimento social que abraçou a causa da reforma agrária, consolidou-se como um ator social de enfrentamento, luta e conquistas em nome de uma causa que foi além da posse da terra, apostando também na construção de uma sociedade sustentável, justa e solidária.

Abordamos também a questão do direito à alimentação e à segurança alimentar e vimos que não é apenas responsabilidade do

Estado assegurar esse direito, trata-se de um compromisso que envolve toda a sociedade. Numa tentativa de assegurar esse direito à população mais pobre, foi criado o Programa Bolsa Família, que visa combater a fome e promover a segurança alimentar e nutricional, inserindo essas populações no processo de emancipação, como sujeitos de direitos.

Na Constituição de 1988, a seguridade social ganhou um caráter universalizante e foi ampliada para os campos da saúde, da previdência social e da assistência social. Um dos legados dessa Constituição foi a criação do SUS, um sistema fundamentado em princípios de universalidade, integralidade, equidade, descentralização e participação da comunidade. As LOS apresentaram as diretrizes operacionais desse sistema, distribuídas nas esferas nacional, estadual e municipal. Em relação à assistência social, em 26 de agosto de 1993, a Presidência da República encaminhou ao Congresso Nacional o projeto da Loas – Lei n. 8.742, de 7 de dezembro de 1993 (Brasil, 1993b), criando então o CNAS, que, entre suas atribuições, tem a missão de exercer o controle da política de assistência social.

Conforme estipulado na Constituição de 1988 (Brasil, 1988), a educação passou a ser direito de todos, constituindo uma importante ferramenta para a construção da cidadania num país tão desigual e polarizado. Nesse sentido, o Prouni se caracteriza como um importante programa de inclusão e acesso ao ensino superior para os estudantes de baixa renda. Às instituições privadas aderentes a esse programa, foram oferecidas isenções de alguns tributos. Assim, foi também ampliada a oferta de crédito educativo, por meio do Fies, e implantada a política afirmativa de cotas, destinadas a estudantes negros ou oriundos de escolas públicas.

Outras políticas, como habitação popular, saneamento básico e previdência social, também foram abordadas no capítulo. Priorizamos assim proporcionar uma reflexão sobre as políticas sociais dentro de uma perspectiva crítica e dialética. Um olhar que considera a totalidade e se insere no contexto das relações econômicas, políticas, sociais e culturais da sociedade brasileira.

Para saber mais

Filmes

TERRA para Rose. Direção: Tetê Moraes. Brasil: Sagres Filmes, 1987. 84 min.

Esse um documentário acompanhou a ocupação de um latifúndio improdutivo da Fazenda Anonino, no Rio Grande do Sul, e aborda a questão da reforma agrária e o surgimento do Movimento dos Trabalhadores Rurais Sem Terra (MST) no Brasil. As filmagens aconteceram nos anos 1980, num período de transição do período da ditadura militar para o período de redemocratrização política no Brasil.

SICKO: O Saúde. Direção: Michael Moore. EUA: Lionsgate, 2007. 113 min.

Esse documentário retrata o sistema de saúde nos Estados Unidos, onde não existe um sistema de saúde universal e gratuito, como no Brasil. Para ter acesso à saúde é necessário estar conveniado a um plano de saúde e pagar valores altíssimos para mantê-los. Ou seja, nem todos conseguem ter acesso à saúde, devido a questões de ordem econômica. Nesse sentido, o documentário retrata como a saúde é tratada como um negócio lucrativo e não um direito assegurado pelo Estado a todos os cidadãos.

Livros

RIBEIRO, D. **O povo brasileiro**: a formação e o sentido do Brasil. São Paulo: Companhia das Letras, 1995.

Sugerimos a leitura desta obra devido à congruência e sensibilidade com a qual Darcy Ribeiro, importante antropólogo brasileiro, apresenta o processo de formação do povo brasileiro, possibilitando uma compreensão elaborada e aprofundada das lacunas sociais e das desigualdades "ninguendades" que foram se formando por meio de um modelo europeu de colonização. Nos capítulos iniciais dessa obra, Ribeiro se remete ao início da colonização, ao confronto dos portugueses com os indígenas, ao projeto salvacionista dos padres jesuítas, à vinda dos escravos africanos e aos processos miscigenatórios. Na sequência, aborda a formação das cidades e vilas e discute os efeitos da urbanização caótica, assim como as questões de classe, cor e preconceito e distância social que foram se sedimentando desde o início da história brasileira. Por fim, o autor faz uma apresentação dos "Brasis" que foram se configurando ao longo da história, como o Brasil crioulo, o Brasil sertanejo, o Brasil caboclo, o Brasil caipira e os Brasis sulinos, com a figura do gaúcho, matuto e gringo. Grande parte das questões sociais que hoje são discutidas são reflexos dessas chagas que, ao longo da formação do povo brasileiro, foram constituindo uma relação de poder, de classe e de preconceito.

GOHN, M. da G. **Os sem-terra, ONGs e cidadania**. São Paulo: Cortez, 2003.

A autora dessa obra, Maria da Gloria Gohn, estuda os movimentos sociais e tem várias obras produzidas sobre o tema. Segundo ela, os movimentos sociais são ações sociais coletivas que têm um caráter sociopolítico e cultural. Com base nisso, ela se discute sobre um dos maiores movimentos sociais existentes no Brasil, o Movimento dos Trabalhadores Rurais Sem Terra (MST). Assim, a autora debate sobre as reivindicações feitas pelos movimentos sociais, principalmente em relação às populações menos assistidas, girando em torno da conquista da cidadania e dos direitos ignorados pelo Estado – tendo em vista que, no caso do MST, muitas conquistas de terra aconteceram devido à organização e luta do próprio movimento.

Questões para revisão

1. Em relação à questão das políticas sociais voltadas para a reforma agrária, segurança alimentar e distribuição de renda estudadas neste capítulo, idique as alternativas verdadeiras (V) e as falsas (F):
   - ( ) A segurança alimentar é um direito de todo cidadão e foi assegurado pela Constituição Federal de 1988. Cabe assim ao indivíduo garantir tais condições.
   - ( ) A questão da concentração fundiária no Brasil é de longa data e por isso a reforma agrária é ainda uma questão a ser resolvida. Contudo, o Estado e seus governantes, principalmente no século XX, não mediram esforços para resolver tal questão, opondo-se fortemente aos interesses de grandes latifundiários e empresários do agronegócio.
   - ( ) O Movimento dos Trabalhadores Rurais Sem Terra tem uma trajetória de lutas e conquistas. Sua resistência, organização e compromisso com a reforma agrária e outras questões sociais o levaram a ser considerado um dos movimentos sociais de maior expressão do Brasil, com reconhecimento inclusive internacional.

( ) A pobreza e a desigualdade social são reflexos de estruturas econômicas centralizadoras da riqueza que se consolidaram historicamente. O Brasil, assim como os demais países da América Latina, moldou desde os tempos coloniais até nossos dias as expressões desses fenômenos sociais e econômicos que, atualmente, são considerados irreversíveis.

2. O CadÚnico tem como finalidade principal cadastrar famílias em condição de baixa renda. A responsabilidade de efetuar esse cadastramento é do(s):
   a) governos federal e estadual.
   b) governos estadual, municipal e federal.
   c) governo municipal.
   d) governos estadual e municipal.

3. O Fome Zero foi criado na primeira gestão do Presidente Luiz Inácio Lula da Silva, em 2003. As bases desse programa já haviam sido elaboradas em 2001 pelo Instituto de Cidadania, com a participação de ONGs, sindicatos e movimentos sociais. Sobre esse programa, é correto afirmar:
   a) O Fome Zero deu continuidade, na íntegra, ao Programa Bolsa Alimentação, que havia sido criado no governo de Fernando Henrique Cardoso.
   b) Os programas emergenciais são autossuficientes no combate à condição de insegurança alimentar e vulnerabilidade social das famílias pobres.
   c) A condição de vulnerabilidade das famílias pobres exigiu a criação de políticas emergenciais, que deveriam estar articuladas com políticas estruturais, específicas e locais.
   d) A fome e a miséria são condições de precarização da dignidade humana e da vida e os únicos responsáveis por tal condição são os próprios atores envolvidos.

4. O Bolsa Família unificou políticas nas áreas de saúde, educação e assistência social e apresenta algumas condições que as famílias precisam cumprir para continuar inseridas no programa, tais como garantir que as crianças e adolescentes, na faixa

etária de 6 a 15 anos, tenham uma frequência escolar mínima de 75%. Disserte sobre a forma de execução do programa Bolsa Família e sua conexão com outras políticas sociais.

5. A Constituição Federal de 1988 (Brasil, 1988), identificada como *Constituição Cidadã*, preconiza a seguridade social. Quais são os campos de abrangência da seguridade social? Qual a relevância para o cidadão?

Questões para reflexão

Leia a seguir um trecho da obra *O que é política social?* de Vicente Faleiros, professor da Universidade de Brasília desde 1984 e pesquisador nas áreas das políticas sociais e do serviço social, e reflita sobre as políticas sociais no universo da sociedade capitalista contemporânea

> As políticas sociais são, assim formas e mecanismos de relação e articulação de processos políticos e econômicos. Os processos políticos de obtenção do consentimento do povo, da aceitação de grupos e classes de manutenção da ordem social estão vinculados aos processos econômicos de manutenção do trabalhador e das relações de produção das riquezas. Através de políticas sociais, como a Previdência Social, o trabalhador repõe certos desgastes de sua força de trabalho, obtém benefícios que contribuem para a reprodução de seus filhos ou para sua manutenção quando estiver temporariamente excluído do mercado de trabalho. É por isso que se afirma que as políticas sociais constituem mecanismos de reprodução da força de trabalho. (Faleiros, 2013, p. 43-44)

1. O que Faleiros quer dizer quando afirma que "as políticas sociais constituem mecanismos de reprodução da força de trabalho"?

2. Como você situa a atuação do assistente social no cenário das políticas sociais no Brasil?

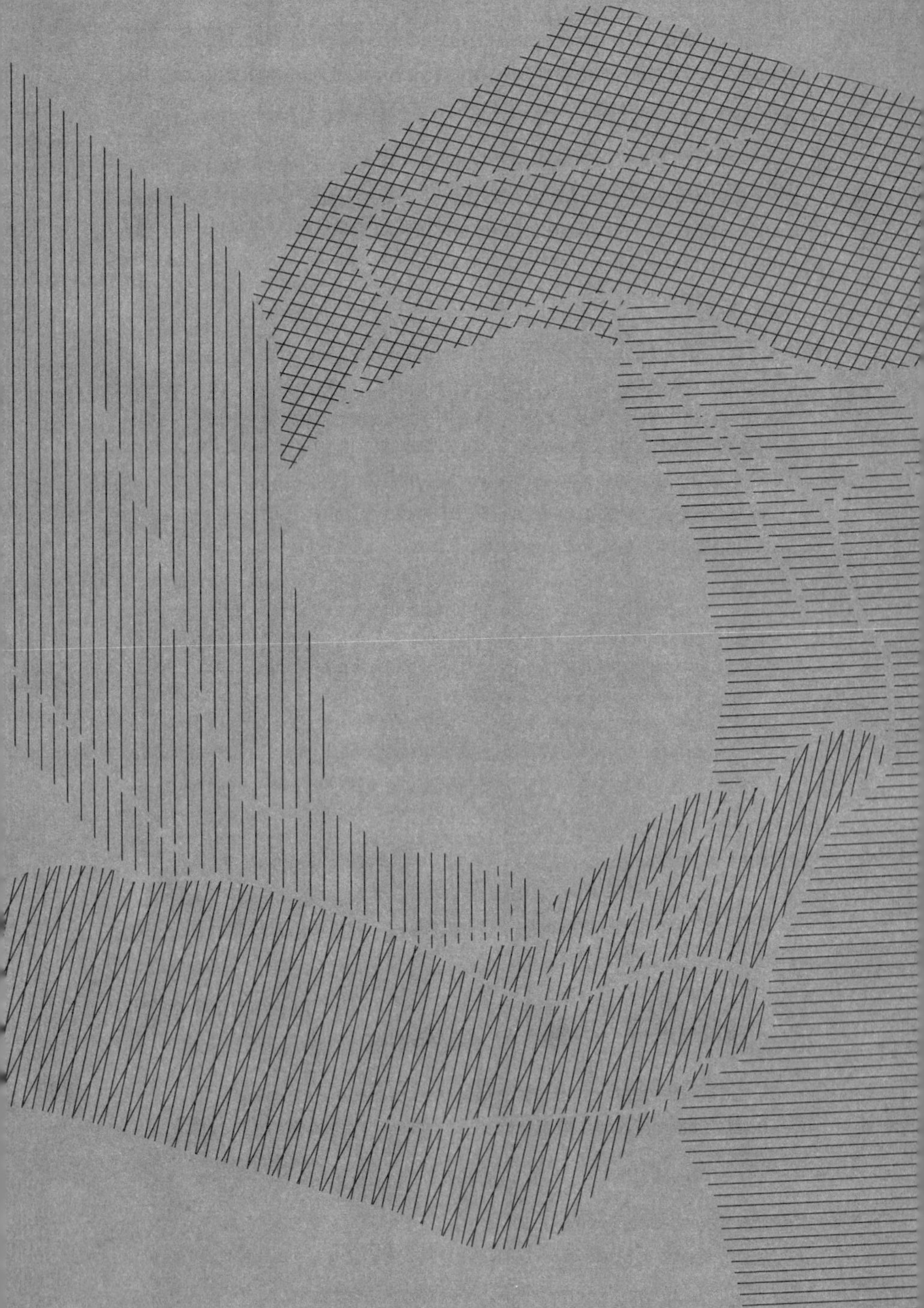

Estudo de caso

Acesso ao ensino superior por meio do Programa Universidade para Todos (Prouni) e da política de ações afirmativas

A família das Neves está em festa pois um filho está se formando no ensino superior. Antônio, o mais novo de três irmãos, filho de uma empregada doméstica e de um auxiliar de serviços gerais, acaba de concluir a graduação em Medicina em uma universidade pública. Ser médico era um sonho que acompanhava Antônio desde a sua infância e que só foi realizado graças à política de ações afirmativas (cotas), que foi regulamentada em 2012 pelo governo federal.
As cotas garantem vagas nas instituições públicas de ensino superior para alunos oriundos de

escolas públicas ou para pessoas afrodescendentes ou indígenas. Durante o período de formação, Antônio enfrentou muitos desafios e quase desistiu do curso pela pressão daqueles que não aceitam a política de cotas na universidade. Agora médico já formado, Antônio pretende especializar-se em pediatria e atuar em sua cidade natal.

Outro exemplo é o caso de Mariana, jovem de classe baixa que sempre estudou em escola pública e foi do interior para a capital, onde trabalhou como empregada doméstica. Ela pensava em cursar Serviço Social, mas a sua renda não era suficiente para pagar o curso. Tendo conhecimento do Programa Universidade para Todos (Prouni), inscreveu-se para realizar o vestibular em uma instituição privada de ensino.

O Prouni foi criado pelo governo federal em 2004 e garante a concessão de bolsa de estudo integral ou parcial em instituições privadas de ensino superior. Mariana conseguiu bolsa integral do programa e assim pode concluir o curso de Serviço Social. Os pais de Mariana estão muito orgulhosos, pois é a primeira integrante da família a concluir o ensino superior.

No Estado de bem-estar social, é pertinente a criação de políticas sociais que favoreçam as camadas menos favorecidas da sociedade. Já no Estado liberal e neoliberal, questiona-se a interferência deste na vida privada, sendo entendido que o Estado deve atuar mais no campo da justiça e da segurança e menos nas áreas de educação e saúde.

Com relação à responsabilidade do Estado e suas atribuições no que diz respeito à educação, a Constituição Federal de 1988 (Brasil, 1988) estabelece que a educação é um direito de todos. Assim, é dever do Estado e da família, com a colaboração da sociedade, proporcionar o desenvolvimento pleno da pessoa, prepará-la para o exercício da cidadania e qualificá-la para o trabalho. O Prouni, criado pelo governo Lula, em 2004, assegura aos jovens de baixa renda o acesso ao ensino superior.

Para concluir...

Nesta obra, buscamos apresentar os elementos constitutivos do Estado e tematizar as políticas sociais elaboradas no Brasil a partir da década de 1940. Assim, no Capítulo 1, abordamos a evolução histórica do conceito de *Estado*, as teorias contratualistas e seus elementos constitutivos e sua finalidade. Dessa forma, vimos que a teorização do Estado, enquanto instituição política, passou a ocorrer a partir do século XVI, quando o termo apareceu nos escritos de Maquiavel. Antes desse período, existiram formas de organização política distintas. Dessa forma, vimos que, nas civilizações antigas do Oriente e da região mediterrânea, prevaleceram os Estados teocráticos nos quais a família, a religião e o pensamento político formavam uma unidade. Na Grécia Clássica, surgiram as cidade-Estado e a ação política passou a caber aos cidadãos nascidos em Atenas. Os romanos instituíram a *civitas* e valorizavam o papel dos magistrados na organização política do império. Na Idade Média, o cristianismo ampliou suas fronteiras e o poder político e espiritual passaram a ser interligados.

No período Moderno, o Estado foi entendido como uma instituição criada por meio de um pacto, ou contrato, para garantir uma série de direitos que estavam ameaçados na convivência social. Aqui entram os autores contratualistas, com destaque para a contribuição de Hobbes, Locke e Rousseau. Esses autores estavam vinculados ao pensamento liberal, que entende que o Estado surge para garantir a segurança e a posse dos direitos, como o de propriedade de bens materiais e o da própria vida. Dessa forma, pudemos perceber que o contratualismo reforça a centralidade do indivíduo como agente social, fortalecendo o pensamento político liberal.

Para haver a existência do Estado moderno, três condições são necessárias: a existência de um povo, de um território e de um governo autônomo. A história está recheada de conflitos que marcam a constituição dos Estados modernos, basta lembrarmos que, na segunda metade do século XX, inúmeros países da África e do sudoeste asiático vivenciaram conflitos armados que buscavam a separação dos colonizadores e a construção de nações autônomas.

Ampliar e fazer valer a cidadania e o desenvolvimento e construir o bem comum são desafios que atribuídos ao Estado. Assim, fortalecer a soberania nacional, do ponto de vista político, econômico, social e cultural é tarefa complexa no contexto atual, marcado pelo processo de globalização econômica e ampliação do espaço das grandes corporações internacionais.

Para Aristóteles, na Grécia Clássica, a finalidade do Estado era garantir a vida feliz daqueles que estão sob seu domínio. Teóricos do pensamento político atual, como Dallari (2003), sustentam que a finalidade do Estado é oferecer condições para que as pessoas que integram uma comunidade possam realizar seus desejos e aspirações, promovendo a ordem, a justiça e o bem-estar. Esses objetivos são concretizados por meio de funções ou poderes que funcionam de forma independente, mas complementar e, nesse contexto, entram os Poderes Executivo, Legislativo e Judiciário, que têm papel importante na formulação de normativas e na implementação de práticas que promovam uma convivência pacífica e a ampliação da cidadania.

No Capítulo 2, apresentamos os sistemas e as formas de governo, os regimes políticos e as distintas formas de organização do Estado que foram elaboradas historicamente. Nesse contexto, vimos como a relação entre os três poderes no exercício das funções governamentais deu origem aos sistemas de governo parlamentarista e o presidencialista e como a relação entre governantes e governados deu origem aos regimes políticos, que podem ser categorizados em democráticos, autoritários ou totalitários.

Defendemos assim que o primeiro modelo democrático é o mais interessante para a população, pois garante uma maior participação e respeito à vontade popular. Bobbio (1986) bem destaca que há discrepâncias entre o modelo democrático teórico e os modelos reais, pois a complexidade das relações sociais e o avanço do capitalismo financeiro faz com as pessoas deixassem de ser os atores políticos centrais. Assim, as decisões políticas acabam sendo protagonizadas por grandes grupos econômicos ou por organismos internacionais.

Os regimes autoritários ou ditatoriais se proliferam no século XX no mundo todo, trazendo grande prejuízo para as sociedades em que foram instalados. Na América Latina, as ditaduras militares, instituídas a partir da década de 1960, seguiram a doutrina da segurança nacional e perseguiram com violência adversários políticos e ideológicos. No Brasil, o regime militar, por meio de um golpe de Estado, tirou do poder o governo democrático de João Goulart e se manteve no poder até 1985. Na atualidade, regimes democráticos ainda sofrem com a conivência dos meios de comunicação de massa.

Com o desenvolvimento do sistema econômico capitalista, com suas crises e contradições, novas formas de configuração do Estado foram construídas. Dentre os modelos que vimos, podemos destacar o Estado liberal, o Estado de bem-estar social, o Estado neoliberal e o Estado socialista. O Estado liberal e o neoliberal defendem a não intervenção do Estado na economia, partindo da crença de que a busca dos interesses individuais garante o bem-estar coletivo. Marx (citado por Gruppi, 1996) questiona essa visão otimista do egoísmo humano e mostra as injustiças e desigualdades que decorrem dessa visão liberal do Estado. No lugar da ordem capitalista, esse autor propõe a criação de um Estado socialista, que coloca as necessidades da população como elemento central da atividade econômica.

No Capítulo 3, discutimos sobre a implementação das políticas sociais no Brasil, apresentando os elementos conceituais sobre a origem e o desenvolvimento das políticas sociais ao longo da história. Nesse sentido, podemos ver que as políticas sociais têm se moldado, em grande parte, segundo o ordenamento político apresentado pelo Estado e que, historicamente, o Estado brasileiro tem se colocado muito próximo dos anseios e das necessidades de grupos detentores do poder político e econômico. Assim, os pilares de sustentação no processo inicial de formação do povo brasileiro foram fundamentados na desigualdade, no preconceito e na subserviência. Escravos africanos e indígenas ocupavam as camadas inferiores da sociedade, quando nem sequer humanos eram considerados. De certa forma, houve uma naturalização dessa desigualdade, tanto no Brasil Colônia e Imperial quanto na República, com reflexos ainda hoje, em pleno século XXI, na nossa frágil democracia.

Conforme pudemos observar, na história política brasileira, interesses externos moveram as decisões políticas e econômicas internas. Desde o período da colonização, no século XVI, até o século XIX, o país se estruturou com base num projeto agroexportador, formando assim uma sociedade que tem sua base social e a sua organização econômica voltada às necessidades e demandas externas.

Com a independência e a formação do Estado nacional, avançou o liberalismo, mesclado com o conservadorismo das elites brasileiras, que ignoraram qualquer compromisso com os direitos do cidadão. A Velha República seguiu no mesmo ritmo, com o domínio político das oligarquias. No período de 1930 a 1943, foram introduzidas as primeiras políticas sociais estatais, com um perfil corporativo e fragmentado, legitimadas por um Estado intervencionista, populista e nacionalista. De 1946 a 1964, a expansão de direitos se manteve lenta, apesar de ser um período marcado por tensões no campo e por luta de classes, inerente ao capitalismo desenvolvimentista. As reformas de base propostas por João Goulart intensificaram os movimentos que promoveram o golpe militar de 1964. Com a ditadura militar, poucos avanços se deram em relação às políticas sociais, pois o controle social passou a ser uma medida intensificada pelos governos militares, consolidando um período que se caracterizou pela censura, pelas torturas, pelo autoritarismo e pela imposição da ordem social pela força.

As políticas sociais voltaram a ter destaque com o processo de redemocratização e aprovação da Constituição de 1988 (Brasil, 1988), que incentivou a formação de conselhos municipais para discutir e acompanhar a implantação de políticas públicas. Com relação à Constituição de 1988, em que medida esta foi efetivada em ações e políticas sociais e de fato contribuiu para a consolidação da cidadania? As políticas neoliberais adotadas nos anos 1990 deram mostras das limitações e da incompatibilidade da hegemonia neoliberal com a cidadania. Mesmo os governos do Partido dos Trabalhadores (PT), historicamente sensíveis às questões sociais, esbarraram com as imposições do modelo neoliberal.

É preciso reconhecer, porém, que significativas melhorias ocorreram pela implantação de políticas sociais em vários segmentos da sociedade – muitas delas pela organização, pressão e reivindicação da sociedade cível organizada. Com relação ao princípio democrático presente no art. 1º da Constituição de 1988 (Brasil, 1988), "Todo o poder emana do povo", podemos dizer que a universalização dos direitos é um desafio certamente continua exigindo constante organização e vigilância, pois os clamores neoliberais apontam para a redução de gastos sociais, pela perda de direitos, pela precarização do trabalho e outras medidas que afetam diretamente a cidadania.

No Capítulo 4, foram apresentadas algumas políticas sociais que ressaltam os direitos sociais assegurados pela Constituição de 1988, que ficou conhecida como a "Constituição Cidadã", um marco significativo para dar início a uma nova jornada em que exalta o dever do Estado em assegurar os direitos fundamentais de toda sua população indiscriminadamente, garantido que todos os cidadãos tenha acesso à saúde, à educação, à previdência social, à habitação, ao saneamento, à alimentação e à assistência social.

Num movimento dialético, o novo tem provocado a superação dos resquícios assistencialistas, caritativos e clientelistas encalacrados na cultura brasileira. Nesse sentido, parece ser fundamental a atuação do Estado, que pode se orientar por políticas favoráveis ao desenvolvimento puramente econômico ou então ao desenvolvimento humano e social; ou seja, pode escolher privilegiar os apelos das políticas internacionais e às imposições do mercado, ou ser favorável à criação de políticas sociais universalizantes. Assim, podemos dizer que os valores e princípios que pautam a atuação dos atores políticos se refletem nas políticas públicas implementadas pelo Estado e que as tendências presentes na atuação do Estado refletem os interesses beneficiários de sua ação.

O regime democrático, com todas as suas contradições e limitações, é a forma de organização política que valoriza a participação e reconhece os interesses conflitantes presentes na sociedade. A participação da sociedade civil, dos movimentos sociais e dos grupos organizados é um antídoto para combater formas autoritárias do Estado, que sempre busca ampliar o seu espaço. As demandas da sociedade e a consolidação da cidadania exigem do Estado respostas rápidas e complexas, assim, fortalecer o papel dos atores sociais e construir relações sociais mais justas e equânimes é um desafio posto a todos, sociedade civil e instituições estatais.

Por fim, é importante considerar que as políticas sociais se situam no contexto das relações sociais, as quais são permeadas por conflitos e luta de classes no processo de produção e reprodução do capitalismo. Dessa forma, devemos também nos atentar para o fato de que as políticas sociais não são fatos isolados desconectados de uma teia de relações dentro de um contexto complexo histórico-estrutural. As dimensões históricas, econômicas,

políticas e culturais são dimensões que fazem parte de uma totalidade e, com isso, estabelecem conexões e se articulam.
Assim, pensar as políticas sociais nos remete a uma perspectiva multidisciplinar que envolve profissionais de outras áreas para o seu planejamento e execução, dada à complexidade da realidade social. Contudo, por circunstâncias históricas, as políticas sociais têm uma grande proximidade e conectividade com o serviço social, que tem a questão social como foco central da profissão. O desafio que se coloca ao assistente social é assegurar que os direitos do cidadão, estabelecidos constitucionalmente e expressos em forma de políticas sociais, sejam respeitados – o que constitui um grande desafio em uma época de "frágil democracia"!

Referências

ACO – Ação Católica Operária. **Amadurecimento**: 1945 a 1964. Rio de Janeiro: [s.n.], 1983. (História da Classe Operária no Brasil, v. 4).

____. **Idade difícil**: 1920 a 1945. Rio de Janeiro: [s.n.], 1983. (História da Classe Operária no Brasil, v. 6).

____. **Infância dura**: resistência – de 1888 a 1919. Rio de Janeiro: [s.n.], 1983. (História da Classe Operária no Brasil, v. 2).

ADAMMS, J. **Peace and Cread in time of War**. New York: The Macmillan Company, 1922.

ADAS, M. **A fome**: crise ou escândalo? São Paulo: Moderna, 1988.

ADITAL. **Nota sobre dados de assentamentos do governo**. 19 fev. 2010. Disponível em: <http://site.adital.com.br/site/noticia.php?lang=PT&cod=45262&langref=PT&cat>. Acesso em: 29 dez. 2016.

AGNEW, E. N. **From Charity to Social Work**: Mary E. Richmond and the Creation of an American Profession. Chicago: Illinois University, 2000.

ALTIERI, M. **Agroecologia**: bases científicas para uma agricultura sustentável. 3. ed. rev. e ampl. São Paulo: Expressão Popular; Rio de Janeiro: AS-PTA, 2012.

ANTUNES, R. **Crise e poder**. São Paulo: Cortez, 1986.

ARANHA, M. L. de A.; MARTINS, M. H. P. **Filosofando**: introdução à filosofia. 4. ed. São Paulo: Moderna, 2009.

ARAÚJO, E. S. de. As reformas da previência de FHC e Lula e o sistema brasileiro de proteção social. **Revista de Políticas Públicas**, São Luis, v. 13, n. 1, p. 31-41, jan./jun. 2009.

ARISTÓTELES. **Política**. São Paulo: M. Claret, 2005.

AZEVEDO, S. de. Vinte e dois anos de Política de Habitação Popular (1964-86): criação, trajetória e extinção do BNH. **Revista Administração Pública**, Rio de Janeiro, v. 22, n. 4, p. 107-119, out./dez. 1988. Disponível em: <http://bibliotecadigital.fgv.br/ojs/index.php/rap/article/viewFile/9391/8458>. Acesso em: 24 mar. 2017.

BASTOS, C. R. **Curso de teoria do Estado e ciência política**. 4. ed. São Paulo: Saraiva, 1999.

BEHRING, E. R.; BOSCHETTI, I. **Política social**: fundamentos e história. São Paulo: Cortez, 2011.

BELIK, W.; SILVA, J. G. da; TAKAGI, M. Políticas de combate à fome no Brasil. **Perspectiva**, São Paulo, v. 15, n. 4, p. 119-129, out./dez. 2001. Disponível em: <http://www.scielo.br/scielo.php?script=sci_arttext&pid=S0102-88392001000400013>. Acesso em: 24 mar. 2017.

BELUZO, M. F.; TONIOSSO, J. P. O Mobral e a alfabetização de adultos: considerações históricas. **Cadernos de Educação**: Ensino e Sociedade, Bebedouro, v. 2, n. 1, p. 196-209, 2015.

BENEVIDES, M. V. de M. **O governo Jânio Quadros**. São Paulo: Brasiliense, 1994.

BOBBIO, N. **Estado, governo, sociedade**: para uma teoria geral da política. 8. ed. Rio de Janeiro: Paz e Terra, 2000.

_____. **O futuro da democracia**: uma defesa das regras do jogo. Rio de Janeiro: Paz e Terra, 1986.

BOBBIO, N.; MATTEUCCI, N.; PASQUINO, G. **Dicionário de política**. 4. ed. Brasília: Ed. da UnB, 1992. 2 v.

BONAVIDES, P. **Ciência política**. São Paulo: Malheiros, 2003.

BOOTH, C. **The Aged Poor in England and Wales**. London: Live, 2008.

BRASIL. Ato Institucional n. 5, de 13 de dezembro de 1968. **Diário Oficial da União**, Brasília, DF, 13 dez. 1968. Disponível em: <http://www.planalto.gov.br/ccivil_03/AIT/ait-05-68.htm>. Acesso em: 24 mar. 2017.

_____. Constituição (1891). **Diário Oficial [da] República dos Estados Unidos do Brasil**, Rio de Janeiro, 24 fev. 1891. Disponível em: <http://www.planalto.gov.br/ccivil_03/constituicao/constituicao91.htm>. Acesso em: 23 mar. 2017.

_____. Constituição (1934). **Diário Oficial [da] República dos Estados Unidos do Brasil**, Rio de Janeiro, 16 jul. 1934. Disponível em: <http://www.planalto.gov.br/ccivil_03/constituicao/constituicao34.htm>. Acesso em: 23 mar. 2017.

_____. Constituição (1937). **Diário Oficial [da] República dos Estados Unidos do Brasil**, Rio de Janeiro, 10 nov. 1937. Disponível em: <http://www.planalto.gov.br/ccivil_03/constituicao/constituicao37.htm>. Acesso em: 23 mar. 2017.

_____. Constituição (1967). **Diário Oficial da União**, Brasília, DF, 24 jan. 1967a. Disponível em: <http://www.planalto.gov.br/CCivil_03/Constituicao/Constituicao67.htm>. Acesso em: 24 mar. 2017.

_____. Constituição (1988). **Diário Oficial da União**, Brasília, DF, 5 out. 1988. Disponível em: <http://www.planalto.gov.br/ccivil_03/Constituicao/Constituicao.htm>. Acesso em: 24 mar. 2017.

_____. Constituição (1988). Emenda Constitucional n. 20, de 15 de dezembro de 1998. **Diário Oficial da União**, Poder Legislativo, Brasília, DF, 16 dez. 1998. Disponível em: <http://www.planalto.gov.br/ccivil_03/constituicao/emendas/emc/emc20.htm>. Acesso em: 24 mar. 2017.

_____. Decreto n. 1.641, de 7 de janeiro de 1907. **Diário Oficial [da] República dos Estados Unidos do Brasil**, Poder Executivo, Rio de Janeiro, 9 jan. 1907. Disponível em: <http://www2.camara.leg.br/legin/fed/decret/1900-1909/decreto-1641-7-janeiro-1907-582166-publicacaooriginal-104906-pl.html>. Acesso em: 24 mar. 2017.

BRASIL. Decreto n. 3.724, de 15 de janeiro de 1919. **Diário Oficial [da] República dos Estados Unidos do Brasil**, Poder Executivo, Rio de Janeiro, 18 jan. 1919. Disponível em: <http://www2.camara.leg.br/legin/fed/decret/1910-1919/decreto-3724-15-janeiro-1919-571001-publicacaooriginal-94096-pl.html>. Acesso em: 24 mar. 2017.

_____. Decreto n. 4.628, de 24 de janeiro de 1923. **Coleção das Leis do Brasil**, Poder Legislativo, Rio de Janeiro, 24 jan. 1923. Disponível em: <http://www.planalto.gov.br/ccivil_03/decreto/Historicos/DPL/DPL4682.htm>. Acesso em: 24 mar. 2017.

_____. Decreto n. 5.209, de 17 de setembro de 2004. **Diário Oficial da União**, Poder Executivo, Brasília, DF, 20 set. 2004a. Disponível em: <http://www.planalto.gov.br/ccivil_03/_ato2004-2006/2004/decreto/d5209.htm>. Acesso em: 24 mar. 2017.

_____. Decreto n. 91.766, de 10 de outubro de 1985. **Diário Oficial da União**, Poder Legislativo, Brasília, DF, 11 out. 1985. Disponível em: <http://www2.camara.leg.br/legin/fed/decret/1980-1987/decreto-91766-10-outubro-1985-441738-publicacaooriginal-1-pe.html>. Acesso em: 24 mar. 2017.

_____. Decreto-Lei n. 314, de 13 de março de 1967. **Diário Oficial da União**, Poder Executivo, Brasília, DF, 13 mar. 1967b. Disponível em: <http://www.planalto.gov.br/ccivil_03/decreto-lei/1965-1988/Del0314.htm>. Acesso em: 24 mar. 2017.

_____. Decreto-Lei n. 5.697, de 22 de julho de 1943. **Diário Oficial da União**, Poder Executivo, Rio de Janeiro, 24 jul. 1943. Disponível em: <http://www2.camara.leg.br/legin/fed/declei/1940-1949/decreto-lei-5697-22-julho-1943-415752-publicacaooriginal-1-pe.html>. Acesso em: 24 mar. 2017.

_____. Lei n. 601, de 18 de setembro de 1850. **Coleção das Leis do Brasil**, Rio de Janeiro, 18 set. 1850. Disponível em: <http://www.planalto.gov.br/ccivil_03/Leis/L0601-1850.htm>. Acesso em: 24 mar. 2017.

_____. Lei n. 3.807, de 26 de agosto de 1960. **Diário Oficial da União**, Poder Legislativo, Brasília, DF, 5 set. 1960. Disponível em: <http://www.planalto.gov.br/ccivil_03/leis/1950-1969/L3807.htm>. Acesso em: 24 mar. 2017.

BRASIL. Lei n. 4.380, de 21 de agosto de 1964. **Diário Oficial da União**, Poder Legislativo, Brasília, DF, 11 set. 1964a. Disponível em: <http://www.planalto.gov.br/ccivil_03/leis/L4380.htm>. Acesso em: 25 mar. 2017.

_____. Lei n. 4.504, de 30 de novembro de 1964. **Diário Oficial da União**, Poder Legislativo, Brasília, DF, 30 nov. 1964b. Disponível em: <http://www.planalto.gov.br/ccivil_03/leis/L4504.htm>. Acesso em: 24 mar. 2017.

_____. Lei n. 5.250, de 9 de fevereiro de 1967. **Diário Oficial da União**, Poder Legislativo, Brasília, DF, 10 fev. 1967c. Disponível em: <http://www.planalto.gov.br/ccivil_03/leis/L5250.htm>. Acesso em: 24 mar. 2017.

_____. Lei n. 6.260, de 6 de novembro de 1975. **Diário Oficial da União**, Poder Legislativo, Brasília, DF, 7 nov. 1975a. Disponível em: <https://www.planalto.gov.br/ccivil_03/leis/1970-1979/L6260.htm>. Acesso em: 24 mar. 2017.

_____. Lei n. 6.226, de 14 de julho de 1975. **Diário Oficial da União**, Poder Legislativo, Brasília, DF, 15 jul. 1975b. Disponível em: <http://www.planalto.gov.br/CCivil_03/LEIS/L6226.htm>. Acesso em: 24 mar. 2017.

_____. Lei n. 6.339, de 1º de julho de 1976. **Diário Oficial da União**, Poder Legislativo, Brasília, DF, 2 jul. 1976. Disponível em: <http://www.planalto.gov.br/ccivil_03/leis/1970-1979/L6339.htm>. Acesso em: 24 mar. 2017.

_____. Lei n. 6.938, de 31 de agosto de 1981. **Diário Oficial da União**, Poder Legislativo, Brasília, DF, 2 set. 1981. Disponível em: <http://www.planalto.gov.br/ccivil_03/LEIS/L6938.htm>. Acesso em: 24 mar. 2017.

_____. Lei n. 8.142, de 28 de dezembro de 1990. **Diário Oficial da União**, Poder Legislativo, Brasília, DF, 31 dez. 1990. Disponível em: <http://www.planalto.gov.br/ccivil_03/leis/L8142.htm>. Acesso em: 24 mar. 2017.

_____. Lei n. 8.629, de 25 de fevereiro de 1993. **Diário Oficial da União**, Poder Legislativo, Brasília, DF, 26 fev. 1993a. Disponível em: <http://www.planalto.gov.br/ccivil_03/leis/L8629.htm>. Acesso em: 24 mar. 2017.

BRASIL. Lei n. 8.742, de 7 de dezembro de 1993. **Diário Oficial da União**, Poder Legislativo, Brasília, DF, 8 dez. 1993b. Disponível em: <http://www.planalto.gov.br/ccivil_03/leis/L8742compilado.htm>. Acesso em: 24 mar. 2017.

_____. Lei n. 9.394, de 20 de dezembro de 1996. **Diário Oficial da União**, Poder Legislativo, Brasília, DF, 23 dez. 1996. Disponível em: <http://www.planalto.gov.br/ccivil_03/LEIS/l9394.htm>. Acesso em: 24 mar. 2017.

_____. Lei n. 9.433, de 8 de janeiro de 1997. **Diário Oficial da União**, Poder Legislativo, Brasília, DF, 9 jan. 1997. Disponível em: <http://www.planalto.gov.br/ccivil_03/leis/L9433.htm>. Acesso em: 25 mar. 2017.

_____. Lei n. 9.876, de 26 de novembro de 1999. **Diário Oficial da União**, Poder Legislativo, Brasília, DF, 26 nov. 1999. Disponível em: <http://www.planalto.gov.br/ccivil_03/leis/L9876.htm>. Acesso em: 23 mar. 2017.

_____. Lei n. 10.257, de 10 de julho de 2001. **Diário Oficial da União**, Poder Legislativo, Brasília, DF, 17 jul. 2001. Disponível em: <http://www.planalto.gov.br/ccivil_03/leis/LEIS_2001/L10257.htm>. Acesso em: 25 mar. 2017.

_____. Lei n. 10.836, de 9 de janeiro de 2004. **Diário Oficial da União**, Poder Legislativo, Brasília, DF, 12 jan. 2004b. Disponível em: <http://www.planalto.gov.br/ccivil_03/_ato2004-2006/2004/lei/l10.836.htm>. Acesso em: 25 mar. 2017.

_____. Lei n. 11.124, de 16 de junho de 2005. **Diário Oficial da União**, Poder Legislativo, Brasília, DF, 17 jun. 2006a. Disponível em: <http://www.planalto.gov.br/ccivil_03/_ato2004-2006/2005/lei/l11124.htm>. Acesso em: 25 mar. 2017.

_____. Lei n. 11.346, de 15 de setembro de 2006. **Diário Oficial da União**, Poder Legislativo, Brasília, DF, 18 set. 2006b. Disponível em: <http://www.planalto.gov.br/ccivil_03/_ato2004-2006/2006/lei/l11346.htm>. Acesso em: 23 mar. 2017.

_____. Lei n. 11.947, de 16 de junho de 2009. **Diário Oficial da União**, Poder Legislativo, Brasília, DF, 17 jun. 2009. Disponível em: <http://www.planalto.gov.br/ccivil_03/_ato2007-2010/2009/lei/l11947.htm>. Acesso em: 23 mar. 2017.

BRASIL. Lei n. 12.424, de 16 de junho de 2011. **Diário Oficial da União**, Poder Legislativo, Brasília, DF, 17 jun. 2011. Disponível em: <http://www.planalto.gov.br/ccivil_03/_ato2011-2014/2011/Lei/L12424.htm>. Acesso em: 23 mar. 2017.

_____. Lei n. 12.871, de 22 de outubro de 2013. **Diário Oficial da União**, Poder Legislativo, Brasília, DF, 23 out. 2013. Disponível em: <http://www.planalto.gov.br/ccivil_03/_ato2011-2014/2013/lei/L12871.htm>. Acesso em: 23 mar. 2017.

_____. Lei n. 13.183, de 4 de novembro de 2015. **Diário Oficial da União**, Poder Legislativo, Brasília, DF, 5 nov. 2015. Disponível em: <http://www.planalto.gov.br/ccivil_03/_ato2015-2018/2015/lei/L13183.htm>. Acesso em: 23 mar. 2017.

BRASIL. Ministério das Cidades. **Política Nacional de Habitação**. Brasília, 2004c. Disponível em: <http://www.cidades.gov.br/images/stories/ArquivosSNH/ArquivosPDF/4PoliticaNacionalHabitacao.pdf>. Acesso em: 25 mar. 2017.

BRASIL. Ministério do Desenvolvimento Social e Combate à Fome. Conselho Nacional de Assistência Social. Resolução n. 130, de 15 de julho de 2005. **Diário Oficial da União**, Brasília, DF, 19 set. 2005. Disponível em: <http://www.lex.com.br/doc_504145_RESOLUCAO_CNAS_N_130_DE_15_DE_JULHO_DE_2005.aspx>. Acesso em: 25 mar. 2017.

_____. Resolução n. 145, de 15 de outubro de 2004. **Diário Oficial da União**, Brasília, DF, 26 out. 2004d. Disponível em: <http://www.mds.gov.br/cnas/legislacao/resolucoes/arquivos-2004/CNAS%202004%20-%20145%20-%2015.10.2004.doc>. Acesso em: 25 mar. 2017.

BRASIL. Ministério do Desenvolvimento Social e Combate à Fome. Secretaria Nacional de Renda de Cidadania. **Manual de gestão do cadastro único para programas sociais do governo federal**. Brasília, 2012.

BRASIL. Ministério do Trabalho e da Previdência Social. **Aposentadoria por tempo de contribuição**. Disponível em: <http://www.previdencia.gov.br/servicos-ao-cidadao/todos-os-servicos/aposentadoria-por-tempo-de-contribuicao/>. Acesso em: 30 dez. 2016.

BRAVO, M. I. S. Política de saúde no Brasil. In: MOTA, A. E. et al. **Serviço social e saúde**: formação e trabalho profissional. São Paulo: OPAS/OMS/Ministério da Saúde, 2007. p. 88-110.

CALDART, R. S. O MST e a formação dos sem-terra: o movimento social como princípio educativo. In: GENTILI, P.; FRIGOTTO, G. **A cidadania negada**: políticas de exclusão na educação e no trabalho. São Paulo: Cortez, 2001. p. 125-145.

CAMARGO, C. F. et al. Perfil socioeconômico dos beneficiários do Programa Bolsa Família: o que o cadastro revela? In: CAMPELLO, T.; NERI, M. C. (Org.). **Programa Bolsa Família**: uma década de cidadania. Brasília: Ipea, 2013. p. 157-178.

CAMBRAIA, H. de O. **A globalização, seus reflexos na soberania dos estados e na institucionalização do estado democrático de direito e os blocos internacionais**: a viabilização de uma alternativa possível. Disponível em: <http://www.fmd.pucminas.br/Virtuajus/1_2008/Discentes/Globalizacao.pdf>. Acesso em: 2 mar. 2017.

CAMPELLO, T.; NERI, M. C. (Org.). **Programa Bolsa Família**: uma década de inclusão e cidadania. Brasília: Ipea, 2013.

CANDIDO FILHO, J. **O movimento operário**: o sindicato e o partido. Petrópolis: Vozes, 1982.

CARNOY, M. **Estado e teoria política**. 2. ed. Campinas: Papirus, 1988.

CASTRO, M. M. **História do serviço social na América Latina**. 5. ed. rev. São Paulo: Cortez, 2000.

CAVALCANTE, P. L. Programa Bolsa Família: descentralização, centralização ou gestão em redes? In: CONGRESSO CONSAD DE GESTÃO PÚBLICA, 2., 2009, Brasília. **Anais**... Brasília: [s.n.], 2009. Disponível em: <http://www.escoladegestao.pr.gov.br/arquivos/File/Material_%20CONSAD/paineis_II_congresso_consad/painel_19/programa_bolsa_familia_descentralizacao_centralizacao.pdf>. Acesso em: 25 mar. 2017.

CHAUI, M. **Convite à filosofia**. 13. ed. São Paulo: Ática, 2003.

_____. Democracia e sociedade autoritária. **Comunicação & Informação**, v. 15, n. 2, p. 149-161, jul./dez. 2012.

COGGIOLA, O. Os inícios das organizações dos trabalhadores. **Aurora**, São Paulo, v. 3, n. 2, 2010.

COHN, A.; ELIAS, P. **Saúde no Brasil**: políticas e organização de serviços. São Paulo: Cortez/Cedec, 2005.

CONSEA – Conselho Nacional de Segurança Alimentar. **A segurança alimentar e nutricional e o direito humano à alimentação adequada no Brasil**. Brasília, 2010.

CORTÉS RODAS, F. El contrato social en Hobbes: ¿absolutista o liberal? **Estudios Políticos**, Medellín, n. 37, p. 13-32, jul./dez. 2010. Disponível em: <http://www.scielo.org.co/scielo.php?script=sci_arttext&pid=S0121-51672010000200002&lng=en&nrm=iso>. Acesso em: 30 dez. 2016.

COSTA, M. N. da. O que Marx nos pode ensinar sobre a nova "classe perigosa": crítica, neoliberalismo e o futuro da emancipação humana. **Novos estudos**, São Paulo, n. 101, p. 97-114, jan./mar. 2015.

COTRIM, G. **Fundamentos da filosofia**: história e grandes temas. 16. ed. São Paulo: Saraiva, 2006.

COUTO, B. R.; YASBEK, M. A.; RAICHELIS, R. A Política Nacional de Assistência e o Suas: apresentando e problematizando fundamentos e conceitos. In: COUTO, B. R. et al. (Org.). **Sistema Único de Assistência Social no Brasil**: uma realidade em movimento. São Paulo: Cortez, 2012. p. 54-87.

DALLARI, D. A. **Elementos de teoria geral do Estado**. 24 ed. São Paulo: Saraiva, 2003.

DAVIS, M. **Planeta favela**. São Paulo: Boitempo, 2006.

DE CICCO, C.; GONZAGA, A. de A. **Teoria geral do Estado e ciência política**. 2. ed. São Paulo: Revista dos Tribunais, 2009.

DELGADO, G.; JACCOUD, L.; NOGUEIRA, R. P. Seguridade social: redefinindo o alcance da cidadania. In: IPEA – Instituto de Pesquisa Econômica Aplicada. **Políticas sociais**: acompanhamento e análise. Brasília, 2009. p. 17-37.

DIAS, R. **Ciência política**. 10. ed. São Paulo: Atlas, 2008.

DRAIBE, S. A política social no periodo FHC e o sistema de proteção social. **Tempo Social**, São Paulo, p. 63-101, nov. 2003. Disponível em: <http://www.scielo.br/pdf/ts/v15n2/a04v15n2.pdf>. Acesso em: 25 mar. 2017.

ELSHTAIN, J. B. **The Jane Addams reader**. New York: Basic Books, 2001.

ESTANQUE, E. Crise, Estado social e desafios do sindicalismo: breve reflexão sobre a Europa. **Educar em Revista**, Curitiba, n. 48, p. 23-37, abr./jun. 2013. Disponível em: <http://www.scielo.br/pdf/er/n48/n48a03.pdf>. Acesso em: 25 mar. 2017.

ESTEVÃO, A. M. R. **O que é serviço social?** São Paulo: Brasiliense, 2013. (Coleção Primeiros Passos).

FAGNANI, E. **A política social do governo Lula (2003-2010)**: perspectiva histórica. Texto para discussão n. 192 Campinas: IE/Unicamp, jun. 2011.

FALEIROS, V. de P. **A política social do estado capitalista**. 8. ed. rev. São Paulo: Cortez, 2000.

_____. **O que é política social?** São Paulo: Brasiliense, 2013. (Coleção Primeiros Passos).

FAO – Organização das Nações Unidas para a Alimentação e Agricultura. **O estado da segurança alimentar e nutricional no Brasil**: um retrato multidimensional. Brasília, ago. 2014. Disponível em: <http://www.fao.org.br/download/SOFI_p.pdf>. Acesso em: 25 mar. 2017.

FEIJÓ, C. A. **Para entender a conjuntura econômica**. Barueri: Manole, 2008.

FELICIELLO, D.; GARCIA, R. W. D. Cidadania e solidariedade: as ações contra a miséria. In: GALEAZZI, M. A. (Org.). **Segurança alimentar e cidadania**. Campinas: Mercado de Letras, 1996. p. 215-231.

FERREIRA, L. F. V. M. et al. O Impacto da Lei 11.445/07 e do PAC na Estrutura de Capital das Companhias Estaduais de Saneamento Básico. In: CONGRESSO USP DE CONTABILIDADE E CONTROLADORIA, 15., 2015, São Paulo. **Anais**... São Paulo: Fipecafi, 2015. Disponível em: <http://www.congressousp.fipecafi.org/anais/artigos152015/151.pdf>. Acesso em: 25 mar. 2017.

FOLHA DE SÃO PAULO. **História do Brasil**: 500 anos do país em uma obra completa, ilustrada e atualizada. São Paulo, 1997.

FREI BETTO. **A mosca azul**: reflexões sobre o poder. Rio de Janeiro: Rocco, 2006.

FREIRE, P. **Pedagogia do oprimido**. Rio de Janeiro: Paz e Terra, 1987.

FRIGOTTO, G.; CIAVATTA, M. Educação básica no Brasil na década de 1990: subordinação ativa e consentida à lógica do mercado. **Educação & Sociedade**, Campinas, v. 24, n. 82, p. 93-130, abr. 2003.

GARBOSSA, R. A.; SILVA, R. dos S. **O processo de produção do espaço urbano**: impactos e desafios de uma nova urbanização. Curitiba: Intersaberes, 2016.

GLEIZER, S. **Ordenamento institucional da gestão dos serviços de saneamento**: o caso do município de Angra dos Reis. Dissertação (Mestrado em Administração Pública e Governo) – Fundação Getúlio Vargas, Rio de Janeiro, 2001.

GOHN, M. G. **Os sem-terra, ONGs e cidadania**. São Paulo: Cortez, 2003.

GORENDER, J. Gênese e desenvolvimento do capitalismo no campo brasileiro. In: STEDILE, J. P. (Org.). **A questão agrária hoje**. Porto Alegre: Ed. da UFRGS, 1994. p.15-44.

GRUPPI, L. **Tudo começou com Maquiavel**: as concepções de Estado em Marx, Lenin e Gramsci. 14. ed. Porto Alegre: L&PM, 1996.

HARVEY, D. **O neoliberalismo**: história e implicações. São Paulo: Edições Loyola, 2008.

HAYEK, F. A. **O caminho da servidão**. São Paulo: Instituto Mises Brasil, 2010.

HELLER, H. **Teoria do Estado**. São Paulo: Mestre Jou, 1968.

HENDERSON, H. **Além da globalização**. São Paulo: Cultrix, 2003.

HOBBES, T. **Leviatã**. São Paulo: Abril Cultural, 1974.

HOFLING, E. de M. Estado e políticas (públicas) sociais. **Cadernos Cedes**, Campinas, v. 21, n. 55, p. 30-41, nov. 2001.

IAMAMOTO, M. V. **Renovação e conservadorismo no serviço social**: ensaios críticos. São Paulo: Cortez, 2002.

IAMAMOTO, M. V.; CARVALHO, R. **Relações sociais e serviço social no Brasil**. São Paulo: Cortez; Lima: Celats, 2007.

INCRA – Instituto Nacional de Colonização e Reforma Agrária. **Assentamentos**. Disponível em: <http://www.incra.gov.br/assentamento>. Acesso em: 30 dez. 2016.

IPEA – Instituto de Pesquisa Econômica Aplicada. **Relatório nacional de acompanhamento dos objetivos de desenvolvimento do milênio**. Brasília, 2014.

JESUS, D. S. V. de. O baile do monstro: o mito da paz de Vestfália na história das relações internacionais modernas. **História**, Franca, v. 29, n. 2, p. 221-232, dez. 2010.

KEYNES, J. M. **Teoria geral do emprego, do juro e da moeda**. São Paulo: Saraiva, 2012.

KRITSCH, R. Rumo ao Estado moderno: as raízes medievais de alguns de seus elementos formadores. **Revista Sociologia Política**, Curitiba, n. 23, p. 103-114, nov. 2004.

LEMOS, M. B. **Política**: entender para transformar. São Paulo: Paulinas, 2010.

LIRA NETO. **Getúlio (1930-1945)**: do governo provisório à ditadura do Estado Novo. São Paulo: Companhia das Letras, 2013.

_____. **Getúlio (1945-1954)**: da volta pela consagração popular ao suicídio. São Paulo: Companhia das Letras, 2014.

LOCKE, J. **Segundo tratado sobre o governo civil**. Petrópolis: Vozes, 1994.

LOYN, H. R. (Org.). **Dicionário da Idade Média**. Rio de Janeiro: J. Zahar, 1997.

MALTHUS, T. **Princípios de economia política e considerações sobre sua aplicação prática**: ensaio sobre a população. São Paulo: Nova Cultural, 1996.

MALUF, S. **Teoria geral do Estado**. 23. ed. São Paulo: Saraiva, 1995.

MANZINI-COVRE, M.L. **O que é Cidadania**. São Paulo: Brasiliense, 1995.

MAQUIAVEL, N. **O príncipe**. São Paulo: M. Claret, 1999.

MARX, K. **Contribuição à crítica da economia política**. São Paulo: Abril Cultural, 1978.

MARX, K.; ENGELS, F. **Obras escolhidas**. Lisboa: Editorial Avante; Moscou: Edições Progresso, 1985. Tomo III.

MASCARO, A. L. **Estado e forma política**. São Paulo: Boitempo, 2013.

MELO, D. T. de. **Movimentos sociais e institucionalização de políticas públicas de saúde no Brasil**. Rio de Janeiro: Mauad, 2015.

MESTRINER, M. L. **O Estado entre a filantropia e a assistência social**. 2. ed. São Paulo: Cortez, 2001.

MIGUEL, L. F. **Impeachment, golpe político e democracia**. 10 dez. 2015. Disponível em: <http://www.cienciapolitica.org.br/impeachment-golpe-politico-e-democracia/#.WJR9H_krLIV>. Acesso em: 25 mar. 2017.

MONTAÑO, C. **A natureza do serviço social**. São Paulo: Cortez, 2009.

MONTAÑO, C.; DURIGUETTO, M. L. **Estado, classe e movimento social**. 3. ed. São Paulo: Cortez, 2011.

MORA, J. F. **Dicionário de filosofia**. São Paulo: Loyola, 2001. v. 3.

MORISSAWA, M. **A história da luta pela terra e o MST**. São Paulo: Expressão Popular, 2001.

MOURA, G. **Tio Sam chega ao Brasil**: a penetração cultural americana. São Paulo: Brasiliense, 1991. (Coleção Tudo é História, n. 91).

NAKATANI, P.; FALEIROS, R. N.; VARGAS, N. C. Histórico e os limites da reforma agrária na contemporaneidade brasileira. **Serviço Social & Sociedade**, São Paulo, n. 110, p. 213-240, abr./jun. 2012.

NAPOLITANO, M. **1964**: história do regime militar brasileiro. São Paulo: Contexto, 2014.

NEVES, C. E. B.; RAIZER, L.; FACHINETTO, R. F. Acesso, expansão e equidade na educação superior: novos desafios para a política educacional brasileira. **Sociologias**, Porto Alegre, ano 9, n. 17, p. 124-157, jan./jun. 2007.

OLIVEIRA, A. O campo brasileiro no final dos anos 80. In: STEDILE, J. P. (Org.). **A questão agrária hoje**. Porto Alegre: Ed. da UFRGS, 1994. p. 45-67.

OLIVEIRA, A. F. de. **Brasil (1960-1980)**. São Paulo: Abril Cultural, 1986. (Enciclopédia Nosso Século).

OLIVEIRA, F. de. **Crítica a razão dualista**: o ornitorrinco. São Paulo: Boitempo, 2013.

OLIVEIRA, M. M. de. **As origens da educação no Brasil**: da hegemonia católica às primeiras tentativas de organização do ensino. **Ensaio**: Avaliação e Políticas Públicas em Educação, Rio de Janeiro, v. 12, n. 45, p. 945-958, out./dez. 2004.

OMS – Organização Mundial da Saúde. **Constituição da Organização Mundial da Saúde (OMS/WHO)**. 1946. Disponível em: <http://www.direitoshumanos.usp.br/index.php/OMS-Organiza%C3%A7%C3%A3o-Mundial-da-Sa%C3%BAde/constituicao-da-organizacao-mundial-da-saude-omswho.html>. Acesso em: 25 mar. 2017.

OUTHWAITE, W.; BOTTOMORE, T. **Dicionário do pensamento social do século XX**. Rio de Janeiro: J. Zahar, 1996.

PATRÃO mata operário na porta da indústria. **O Estado de São Paulo**, São Paulo, 12 out. 1978.

PEREIRA, J. M. M. **O Banco Mundial como ator político, intelectual e financeiro**: 1944-2008. Rio de Janeiro: Civilização Brasileira, 2010.

PEREIRA, P. A. P. **Política social**: temas e questões. São Paulo: Cortez, 2008.

PIGOU, A. C. **The Economics of Welfare**. London: Palgrave Macmillan, 2013. (Palgrave Classics in Economics).

PLATÃO. **A república**. Tradução de J. Guinsburg. São Paulo: Difel, 1965. (Coleção Os Pensadores).

PORTAL BRASIL. **Agricultura familiar produz 70% dos alimentos consumidos por brasileiro**. 24 jul. 2015. Disponível em: <http://www.brasil.gov.br/economia-e-emprego/2015/07/agricultura-familiar-produz-70-dos-alimentos-consumidos-por-brasileiro>. Acesso em: 2 mar. 2017.

RANGEL, L. A. et al. Conquistas, desafios e perspectivas da previdência social no Brasil vinte anos após a promulgação da Constituição Federal de 1988. In: IPEA – Instituto de Pesquisa Econômica Aplicada. **Políticas sociais**: acompanhamento e análise. Brasília, 2009. p. 41-94. v. 1.

REALE, G.; ANTISERI, D. **História da filosofia**: do humanismo a Kant. 6. ed. São Paulo: Paulus, 2003. v. 2.

REZENDE, A. P. **História do movimento operário no Brasil**. São Paulo: Ática, 1986.

RIBEIRO, D. **O povo brasileiro**: a formação e o sentido do Brasil. São Paulo: Companhia das Letras, 1995.

RIBEIRO, R. J. **A democracia**. 2. ed. São Paulo: Publifolha, 2005.

RIBEIRO, M. et al. **Brasil vivo**: a república. Petrópolis: Vozes, 1988.

RIBEIRO, L. C. de Q.; PECHMAN, R. M. **O que é questão da moradia**. São Paulo: Nova Cultural; Brasiliense, 1985.

RIBEIRO, M. V.; ALENCAR, C.; CECCON, C. **Brasil vivo**: uma nova história da nossa gente. Petrópolis: Vozes, 1988.

ROCHA, E. **A Constituição Cidadã e a institucionalização dos espaços de participação social**: avanços e desafios. São Paulo: Ipea, 2000. p. 131-148.

ROUSSEAU, J.-J. **Do contrato social**. São Paulo: Nova Cultural, 1999. (Coleção Os Pensadores).

SADER, E. **A transição no Brasil**: da ditadura à democracia. São Paulo: Atual, 1990.

SANDRONI, P. **Dicionário de economia do século XXI**. São Paulo: Record, 2007.

SANTOS, M. **Por uma outra globalização**: do pensamento único à consciência universal. 10. ed. Rio de Janeiro: Record, 2003.

SANTOS, L. M. P.; COSTA, A. M.; GIRARDI, S. N. Programa Mais Médicos: uma ação efetiva para reduzir iniquidades em saúde. **Ciência & Saúde Coletiva**, Rio de Janeiro, v. 20, n. 11, p. 3547-3552, nov. 2015.

SEMERARO, G. Intelectuais "orgânicos" em tempos de pós-modernidade. **Cad. Cedes**, Campinas, v. 26, n. 70, p. 373-391, set./dez. 2006. Disponível em: <http://www.scielo.br/pdf/ccedes/v26n70/a06v2670.pdf >. Acesso em 27 Mar. 2017.

SILVA, M. A. M. Fome: a marca de uma história. In: GALEAZZI, M. A. (Org.). **Segurança alimentar e cidadania**. Campinas: Mercado de Letras, 1996. p. 31-61.

SILVA, J. G. da; GROSSI, M. E. del; FRANÇA, C. G. de (Org.). **Fome Zero**: a experiência brasileira. Brasília: Ministério do Desenvolvimento Agrário, 2010.

SILVA, M. O. da S. e; YAZBEK, M. C.; GIOVANI, G. di. **A política social brasileira no século XXI**: a prevalência dos programas de transferência de renda. 3. ed. São Paulo: Cortez, 2007.

SIMIONATTO, I. **Gramsci**: sua teoria, incidência no Brasil, influência no serviço social. Florianópolis: Ed. da UFSC; São Paulo: Cortez, 2004.

SMITH, A. **A riqueza das nações**: investigação sobre sua natureza e suas causas. São Paulo: Nova Cultural, 1996.

SOUZA, H. J. de. **Como se faz análise de conjuntura**. Petrópolis: Vozes, 2005.

SOUZA, J. **A radiografia do golpe**: entenda como e por que você foi enganado. São Paulo: Leya, 2016.

SOUZA, P. H. G. F.; OSORIO, R. G. O perfil da pobreza no Brasil e suas mudanças entre 2003 e 2011. In: CAMPELLO, T.; NERI, M. C. (Org.). **Programa Bolsa Família**: uma década de inclusão e cidadania. Brasília: Ipea, 2013. p. 137-156.

SPOSATI, A. O. **A menina Loas**: um processo de construção da assistência social. São Paulo: Cortez, 2004.

SROUR, R. H. **Classes, regimes, ideologias**. São Paulo: Ática, 1987.

STRECK, L. L.; MORAIS, J. L. B. **Ciência política e teoria geral do Estado**. 3. ed. Porto Alegre: Livraria do Advogado, 2003.

TARTAGLIA, J. C. Desenvolvimento, fome e segurança alimentar. In: GALEAZZI, M. A. (Org.). **Segurança alimentar e cidadania**. Campinas: Mercado de Letras, 1996. p.117-130.

TAVARES, J. A. G. **A estrutura do autoritarismo brasileiro**. Porto Alegre: Mercado Aberto, 1982.

TEIXEIRA, F. M. P.; TOTINE, M. E. **História econômica e administrativa do Brasil**. São Paulo: Ática, 1993.

TERENCE, M. F. **Avanços e limites da reforma agrária no sul do Pará**: um estudo a partir do projeto de assentamento Canarana. 211 f. Dissertação (Mestrado em Geografia Humana) – Universidade de São Paulo, São Paulo, 2013.

TOMAZI, Z. T. **O que todo cidadão precisa saber sobre saúde e estado brasileiro**. São Paulo: Global, 2000.

VASCONCELOS, K. E. L.; SILVA, M. C. da; SCHMALLER, V. P. V. (Re)visitando Gramsci: considerações sobre o Estado e o poder. **Revista Katálysis**, Florianópolis, v. 16, n. 1, p. 82-90, jun. 2013.

WANDERLEY, M. N. B. **O mundo rural como um espaço de vida**: reflexões sobre a propriedade da terra, agricultura familiar e ruralidade. Porto Alegre: Ed. da UFRGS, 2009.

WEBER, M. **Ciência e política**: duas vocações. São Paulo: Cultrix, 2011

WEFFORT, F. (Org.). **Os clássicos da política**: Maquiavel, Hobbes, Locke, Montesquieu, Rousseau, "O Federalista". 13. ed. São Paulo: Ática, 2002. v. 1.

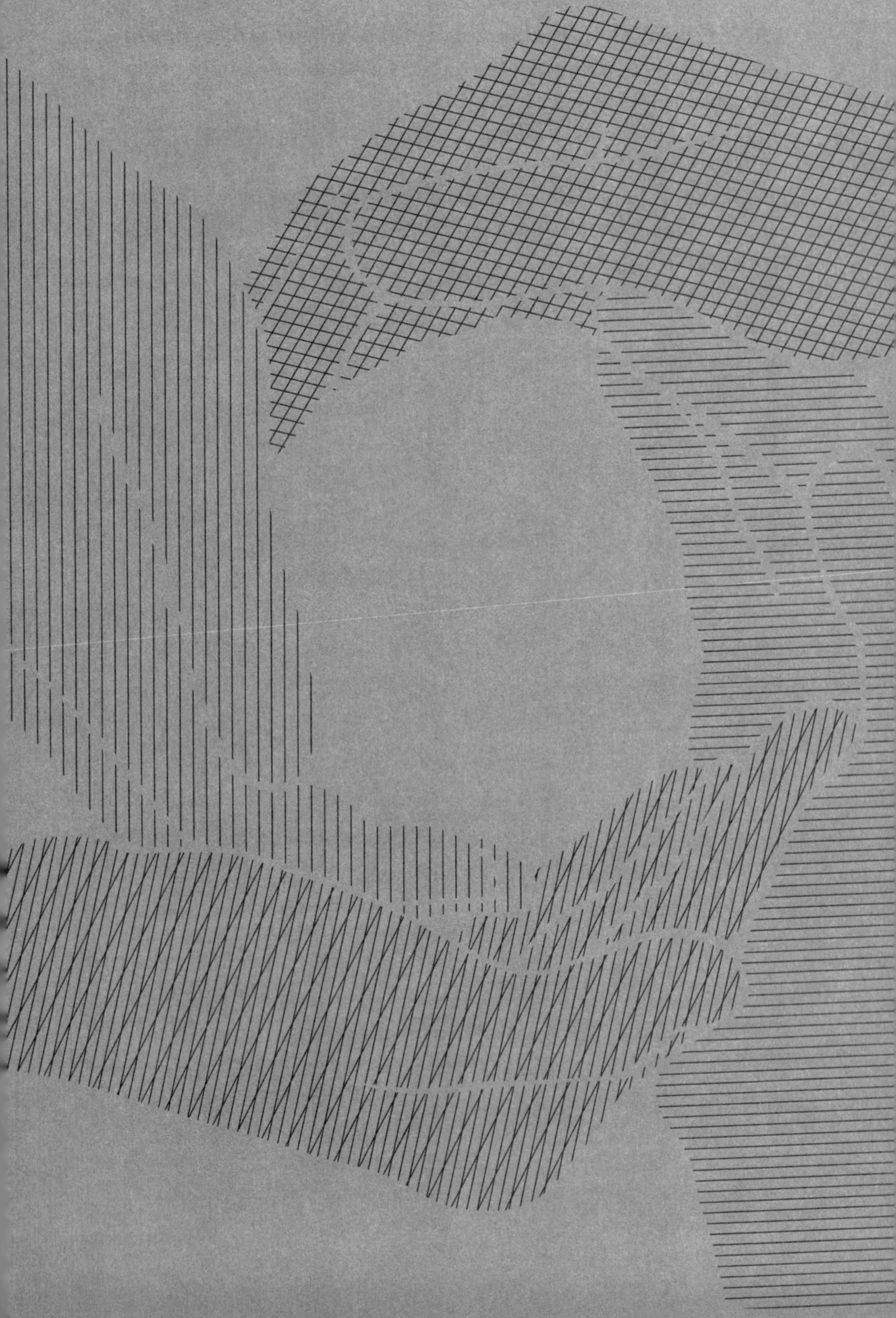

Respostas

Capítulo 1

Questões para revisão
1. c
2. F, V, F, V
3. d
4. A palavra vem do vocábulo latino *status* e significa um corpo administrativo que detém o poder político em determinada sociedade (Dallari, 2003). Diferentes autores já discutiram o tema e propuseram algum tipo de definição sobre este. Uma descrição clássica sobre a temática foi elaborada por Max Weber. Para este autor o Estado é concebido "como uma comunidade humana que, dentro dos limites de determinado território – a noção de território corresponde a um dos elementos essenciais do Estado – reivindica o monopólio do uso legítimo da violência física (Weber, 2011, p. 56).

5. Hobbes entende que no estado de natureza todas as pessoas buscam o próprio interesse, o que redunda na "guerra de todos contra todos". O pensamento de Rousseau vai em outra direção. Para o pensador francês as pessoas vivem felizes no estado de natureza. Como surgimento da propriedade privada surgem os conflitos e a convivência pacífica é ameaçada. Para os dois autores somente um pacto ou contrato social para constituir o Estado pode garantir a convivência pacífica em sociedade. Para Hobbes, o Estado deve ser forte para frear a natureza humana competitiva. Para Rousseau, o poder político é legítimo quando os indivíduos submetem o seu interesse particular à vontade geral.

Questões para reflexão

1. Segundo o texto, há vários impactos negativos da globalização sobre os Estados nacionais. Ao privilegiar as trocas econômicas em detrimento dos elementos culturais e sociais a globalização aprofunda as desigualdades entre os países ricos e pobres. A globalização neoliberal também reforça a ideia do Estado mínimo que reduz as despesas públicas e defende a flexibilização das relações de trabalho. A soberania nacional fica comprometida e as grandes empresas multinacionais ganham força.

2. Análise pessoal.

Capítulo 2

Questões para revisão

1. a
2. b
3. d

4. A teoria neoliberal critica o Estado de bem-estar social e defende que o Estado deve intervir pouco na economia. Por isso não é papel do Estado investir muito em políticas sociais e deixar que o mercado regulamente o funcionamento da sociedade. Nesse modelo a classe trabalhadora é a mais prejudicada pois busca-se a desregulamentação da legislação trabalhista para favorecer os ganhos das grandes corporações.

5. Para os socialistas utópicos é possível reformar a sociedade sem passar pela luta de classes. Os principais autores desta teoria são Owen, Saint-Simon, Fourier e Proudhon. O socialismo científico foi criado Karl Marx e F. Engels. Eles criticam a visão ingênua dos socialistas utópicos e utilizam o método materialista histórico e dialético para entender as contradições presentes na sociedade. Na perspectiva do socialismo utópico, a luta de classes é o motor que vai transformar a história e acabar com a exploração dos trabalhadores e a implantação da sociedade igualitária e sem classes.

Questões para reflexão

1. Para Luis. F. Miguel o processo de *impeachment* de Dilma Rousseff configura-se em um atentado ao estado democrático. Os argumentos que apresenta são os seguintes. Primeiramente as práticas golpistas sempre fizeram parte da nossa história e este foi mais um "atalho" para alcançar o poder sem o voto popular. A presidenta é acusada de praticar "pedalas fiscais" e por isso deveria ser afasta. Essas práticas, contudo, não se configuram crime de responsabilidade. Assim, o julgamento é meramente político e busca alojar no poder grupos que perderam as eleições na última década. Além de ser um oportunismo, afirma o autor, o processo de *impeachment* rompe com o frágil equilíbrio entre os Poderes Executivo e Legislativo no regime presidencialista.

2. Análise pessoal.

Capítulo 3

Questões para revisão

1. b
2. d
3. a
4. Jane Addams foi um dos nomes que despontou no campo social, denunciando a ineficácia das obras de caridade e defendendo que somente o Estado, por meio de políticas públicas planejadas e coordenas, estabelecidas em lei, seria capaz de resolver em parte os problemas sociais estadunidenses. Ela deu uma forte contribuição para a definição do serviço social como uma atividade preocupada com a necessidade de transformações da sociedade e não apenas com os problemas de seus indivíduos.
5. A população tinha receio de tomar vacina pelo fato de esta ser muito dolorida, de os aspectos das seringas serem assustadores e de, principalmente, pela vacina ser compulsória e de estar atrelada a outros fatores, como o processo de higienização – por meio da derrubada de barracos e cortiços sem indenização por parte do Estado.

Questão para reflexão

1. Sancionado pela Lei n. 10.257, de 10 de julho de 2001 (Brasil, 2001), o Estatuto das Cidades normatiza e regulamenta o uso da propriedade urbana, buscando o bem-estar dos cidadãos e da coletividade e obrigando os municípios a elaborarem planos diretores com a realização de audiências públicas com a interação entre o Estado e os representantes da sociedade civil. Dessa forma, reforça a necessidade de haver uma gestão democrática com a participação popular e das entidades representativas na formulação, na execução e no acompanhamento dos planos e projetos urbanos. Além disso, o Estatuto das Cidades prevê uma

"adequação dos instrumentos de política econômica, tributária e financeira e dos gastos públicos aos objetivos do desenvolvimento urbano, de modo a privilegiar os investimentos geradores de bem-estar geral e a fruição dos bens pelos diferentes segmentos sociais" (Brasil, 2001). Assim, os profissionais de serviço social podem incentivar a população a participar dos mecanismos de controle do orçamento público como das audiências públicas, da Lei Orçamentária Anual e do Plano Plurianual, tendo em vista a Lei de Diretrizes Orçamentárias.

Capítulo 4

Questões para revisão

1. F, F, V, F
2. c
3. c
4. Análise pessoal.
5. Previdência social, assistência social e saúde. Para a consolidação da cidadania é dever do Estado comprometer-se e empenhar-se na efetivação de direitos do cidadão a fim de propiciar condições favoráveis à sua existência.

Questões para reflexão

1. Faleiros é um autor que faz uma leitura crítica das políticas sociais no cenário da sociedade capitalista. Considera a relação antagônica entre trabalho e capital em que o Estado faz o papel de mediador, em que as políticas sociais tomam forma de proteção aliviando as tensões existentes entre as classes sociais. Dessa forma mantêm-se as desigualdades dentro de um cenário onde o discurso da igualdade de oportunidades leva a pensar que estas são iguais para todos – ricos e pobres – e que o êxito depende de cada um. Nessa linha de raciocínio, como afirma Faleiros

(2013, p. 41). "O cidadão pobre tem apenas certos direitos iguais aos ricos; porém, para manter sua subsistência e o processo de produção de riquezas, é preciso que venda sua força de trabalho ao capitalista". Assim as políticas sociais possibilitam condições razoáveis para que o trabalhador continue disponível e o Estado assuma no plano político o atendimento de condições mínimas da reprodução da força de trabalho

6. Análise pessoal.

Sobre os autores

Loivo José Mallmann é graduado em Filosofia e Teologia pela Faculdade Jesuíta de Filosofia e Teologia (Faje) e em Psicologia pela Universidade Federal do Paraná (UFPR); licenciado em Ciências Sociais pela Universidade Federal do Rio Grande do Sul (UFRGS); e mestre em Teologia Moral pela Universidad Pontificia Comillas. Atualmente, é professor colaborador do Centro Universitário Autônomo do Brasil (UniBrasil) e acumula experiência docente nas áreas de teologia, psicologia, filosofia, ética e psicologia.

Nádia Luzia Balestrin é graduada em Ciências Sociais (UFPR), mestre e doutoranda em Sociologia pela UFPR. Além disso, é especialista em Espaço, Sociedade e Meio Ambiente pelo Instituto Brasileiro de Pós-Graduação e Extensão

(Ibpex) e em Coordenação de Dinâmica de Grupo pela Sociedade Brasileira de Dinâmica dos Grupos (SBDG). Desde 2002, é professora de Ciências Sociais no UniBrasil.

Rodolfo dos Santos Silva é graduado em Ciências Econômicas pela Faculdade Católica de Administração e Economia (FAE); especialista em Magistério Superior pelo Ibpex; mestre em Tecnologia pela Universidade Tecnológica Federal do Paraná (UTFPR); e doutorando em Geografia pela UFPR. É coautor da obra *O processo de produção do espaço urbano: impactos de uma nova urbanização* (2016); autor do livro *Pinhais 20 anos: fatos e histórias de uma cidade emancipada* (2012); e organizador e autor do livro *Identidade Pinhais* (2010). Já atuou profissionalmente em sua área de especialização em empresas privadas, organizações não governamentais (ONGs) e Secretarias de Estado do Paraná. Atualmente, é professor do ensino superior (presencial e a distância) de graduação e pós-graduação em instituições privadas do município de Curitiba.

Os papéis utilizados neste livro, certificados por instituições ambientais competentes, são recicláveis, provenientes de fontes renováveis e, portanto, um meio sustentável e natural de informação e conhecimento.

FSC
www.fsc.org
MISTO
Papel produzido a partir de fontes responsáveis
FSC® C114026

Impressão: Optagraf
Abril/2022